서울대 한국어+

Student's Book

서울대학교 언어교육원 지음

장소원 | 이현의 | 김미숙 | 이혜지

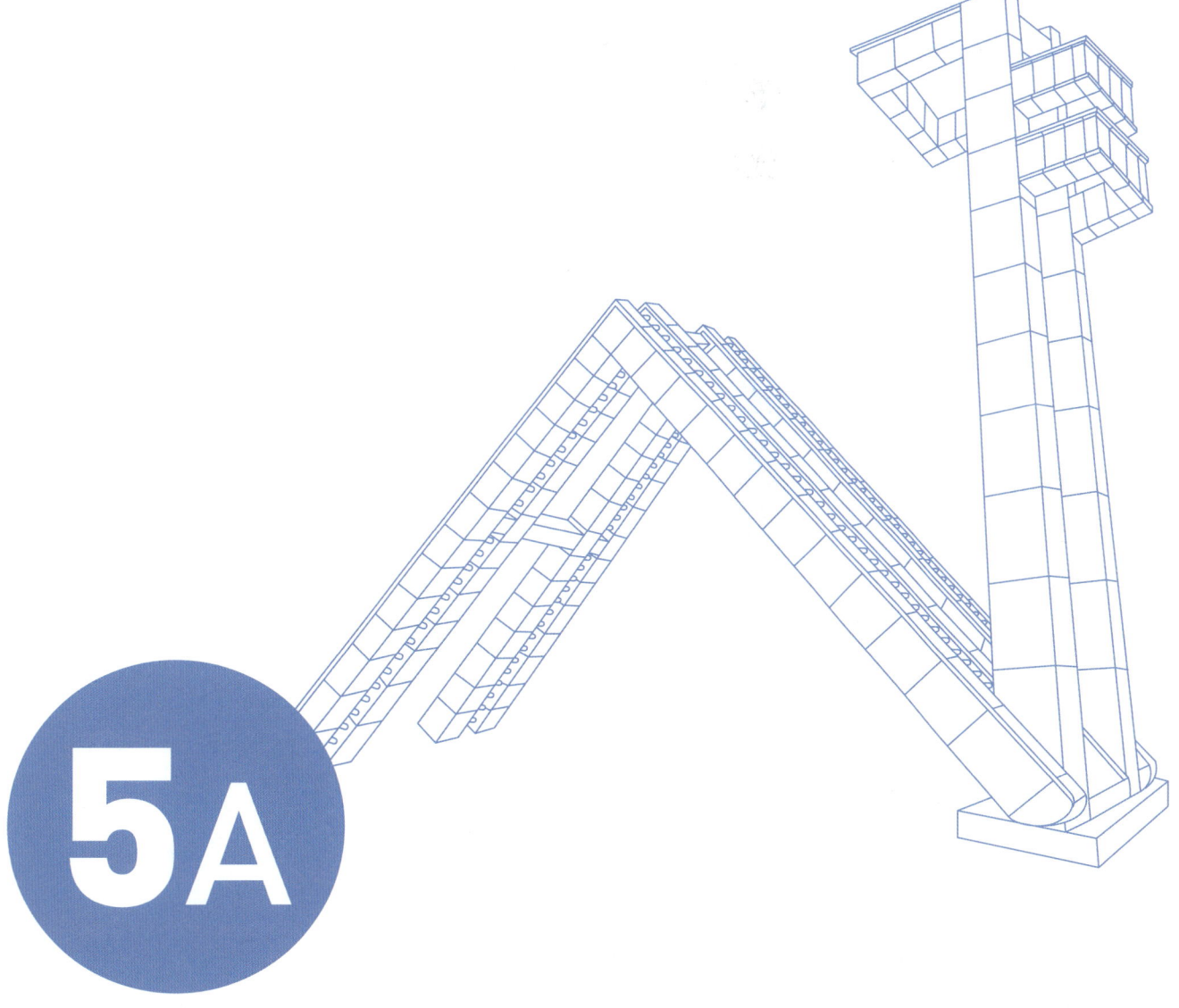

5A

서울대학교출판문화원

머리말

《서울대 한국어⁺》는 한국어 학습자들이 한국어 능력을 효과적으로 향상할 수 있도록 서울대학교 언어교육원의 축적된 한국어 교육 경험을 녹여 낸 교재입니다. 이 시리즈를 통해 한국어 학습자들은 한국어의 표현 영역인 말하기, 쓰기 기술과 이해 영역인 듣기, 읽기 기술을 단계적이고 주도적으로 발전시킬 수 있습니다.

《서울대 한국어⁺ Student's Book 5A》는 800시간의 한국어 정규 과정을 이수했거나 그에 준하는 한국어 능력을 가진 일반 목적의 성인 한국어 학습자들을 위한 교재로서, 200시간의 정규 과정을 통해 한국어 숙달도 5급 수준의 한국어를 학습할 수 있게 구성한 교재입니다. 이 교재는 사회적, 추상적인 주제에 대해 정확하고 유창하게 의사소통을 하고 전문적인 분야에서도 다양한 일을 잘 수행할 수 있도록 만들어졌습니다.

각 단원은 경제, 문화, 역사, 과학, 환경, 심리 등 고급 학습자들에게 필요한 주제를 중심으로 구성되었습니다. 해당 주제와 관련된 어휘를 다양한 활동과 함께 제시함으로써 학습자들이 어휘를 사용하며 익힐 수 있도록 유도하였습니다. 또한 고급 학습자 수준에 맞는 유용한 문법과 표현을 선정하여 텍스트와 함께 제시하였으며 학생들이 편리하게 사용할 수 있도록 문법과 표현을 별도의 책으로 제공하기로 하였습니다.

각 단원은 그 단원의 주제를 심층적으로 다루는 두 과로 구성하여 각각 듣기와 말하기, 읽기와 쓰기에 초점을 두었습니다. 듣기와 읽기 단계에서는 다양한 장르의 담화를 접하면서 담화 구조와 표현을 익히도록 하였으며 중심 내용 파악하기, 개요 파악하기, 세부 내용 파악하기, 추론하기 등의 다양한 문제를 풀도록 구성하였습니다. 말하기와 쓰기 단계에서는 듣기, 읽기 단계에서 노출되었던 담화 구조와 표현을 명시적으로 제시하고 실제적인 담화를 생성할 수 있도록 하여 이해 영역과 표현 영역이 긴밀하게 연계되도록 집필하였습니다.

　이 책이 나오기까지 정말 많은 분들의 수고가 있었습니다. 서울대학교 국어국문학과 장소원 교수님은 《서울대 한국어⁺》 1~6급 교재의 기획, 교재 개발을 위한 사전 연구와 집필, 출판에 이르는 전체적인 과정을 총괄해 주셨고, 5급 교재의 집필을 총괄한 이현의 선생님을 비롯해서 김미숙, 이혜지 선생님은 오랜 기간 원고 집필뿐 아니라 편집, 출판 작업을 꼼꼼하게 진행해 주셨습니다. 또 5급 교재 전권의 내용뿐 아니라 녹음 과정까지 일일이 챙겨 주신 김은애 교수님의 감수와 한재영 교수님, 최은규 교수님의 자문이 없었다면 지금과 같은 책의 완성도를 기대하기 어려웠음을 잘 알고 있습니다. 깊이 감사드립니다. 그리고 영어 번역을 맡아 주신 이소명 번역가 님과 멋진 삽화 작업으로 빛나는 책을 만들어 주신 ㈜예성크리에이티브 분들, 녹음을 담당해 주신 성우 이상운, 조경아 선생님께도 감사드립니다. 2022년 가을학기에 새 교재의 시범 단원으로 수업을 하신 후 소중한 의견을 주신 5급 정규반의 김민애, 선우용, 송계령, 유재선, 유재준, 윤소휘, 함창덕 선생님과 여러 가지로 도움을 주신 이상욱 선생님께도 진심으로 감사의 말씀을 드립니다. 마지막으로 학술 도서와 전혀 성격이 다른 한국어 교재의 출판을 결정하고 물심양면으로 지원해 주신 서울대학교출판문화원 이경묵 원장님과, 밤낮을 가리지 않고 고생을 감수하신 편집진분들께 깊이 감사드립니다.

2023년 10월
서울대학교 언어교육원 원장
장윤희

일러두기

《서울대 한국어+ Student's Book 5A》는 1단원부터 8단원까지 8개의 단원으로 구성되었으며 각 단원은 두 개의 과로 나누어진다. 각 단원의 1과는 '들어가기, 주제 어휘, 듣기(들어 보세요 1·2), 말하기', 2과는 '들어가기, 주제 어휘, 읽기(읽어 보세요 1·2), 쓰기'로 구성된다. 각 과는 각각 4시간 수업용이다.

해당 단원의 주제 및 각 과의 세부 주제와 함께 첫 번째 과에서 초점을 둔 듣기와 말하기, 두 번째 과에서 초점을 둔 읽기와 쓰기의 목표를 제시하였다.

들어가기

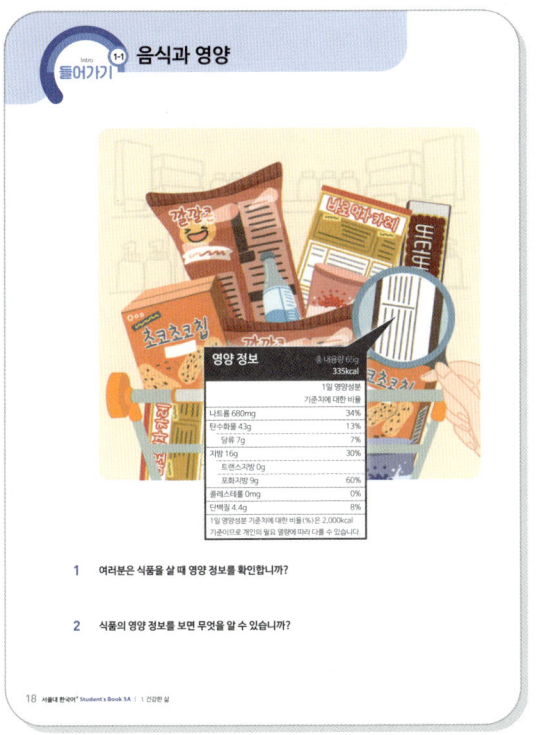

그림, 사진, 인포그래픽 등 여러 시각 자료와 함께 질문을 제시하여 해당 과의 주제에 대해 생각해 볼 수 있도록 구성하였다. 학습자는 질문에 대한 답을 생각해 보면서 배경지식을 활성화하고 학습 주제와 목표를 이해할 수 있다.

주제 어휘

주제별로 선정된 목표 어휘를 시각 자료, 질문, 문제 등과 함께 제시하여 학습자가 맥락을 통해 어휘의 의미를 추측하고 어휘를 사용하여 이야기할 수 있도록 구성하였다.

듣기

'들어 보세요 1·2', '이야기해 보세요'로 구성되어 있다.

준비
듣기 전 단계로, 들을 내용을 예측할 수 있는 질문 또는 시각 자료를 제시하여 학습자의 배경지식을 활성화한다.

듣기
여러 주제와 관련된 대화, 강연, 대담, 발표 등 실제적이고 다양한 종류의 구어 텍스트를 제시하여 의사소통 능력 향상에 도움을 주고자 하였다. 중심 내용 파악하기, 세부 내용 파악하기, 추론하기, 확장 활동하기 등 다양한 유형의 문제를 제시하여 학습자 스스로 이해 수준을 점검해 볼 수 있게 하였다.

문법과 표현
듣기 텍스트에서 사용된 목표 문법과 표현을 명시적으로 제시하였다.

이야기해 보세요
듣기 후 단계로 듣기 주제와 연계된 질문을 제시하여 학습자들이 자유롭게 대화하며 배운 내용을 심화할 수 있도록 하였다.

말하기

'준비해 보세요', '표현을 연습해 보세요', '이야기해 보세요'로 구성되어 있다.

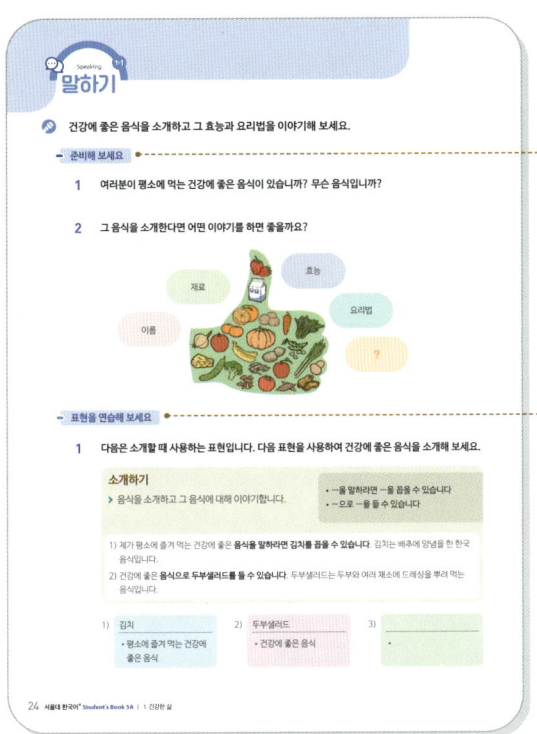

준비해 보세요

주어진 질문에 대답함으로써 다음 단계인 '표현을 연습해 보세요'를 준비할 수 있도록 하였다.

표현을 연습해 보세요

소개하기, 토의하기, 토론하기, 발표하기 등 목표 기능을 수행하기 위한 표현을 담화 구조에 맞춰 익히고 연습하도록 하였다.

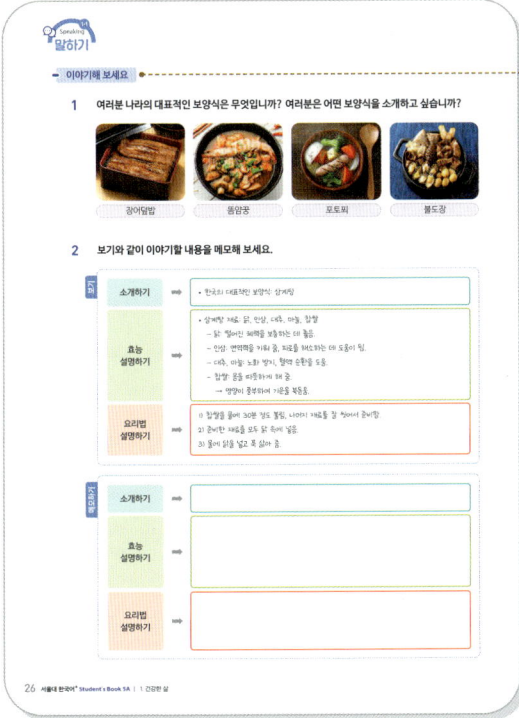

이야기해 보세요

앞서 익힌 담화 기능 표현과 담화 구조에 대한 지식을 활용하여 직접 말할 내용을 메모하고 이야기해 보도록 구성하였다.

읽기

'읽어 보세요 1·2', '이야기해 보세요'로 구성되어 있다.

준비
읽기 전 단계로, 읽을 내용이나 장르를 예측할 수 있는 질문 또는 시각 자료를 제시하여 학습자의 배경지식을 활성화한다.

읽기
여러 주제와 관련된 설명문, 기사, 사설, 일화, 수필 등 고급 학습자 수준에 맞는 실제적이고 다양한 종류의 문어 텍스트를 제시하여 의사소통 능력 향상에 도움을 주고자 하였다. 중심 내용 파악하기, 개요 파악하기, 세부 내용 파악하기, 추론하기, 확장 활동하기 등 다양한 유형의 문제를 제시하여 학습자 스스로 이해 수준을 점검해 볼 수 있게 하였다.

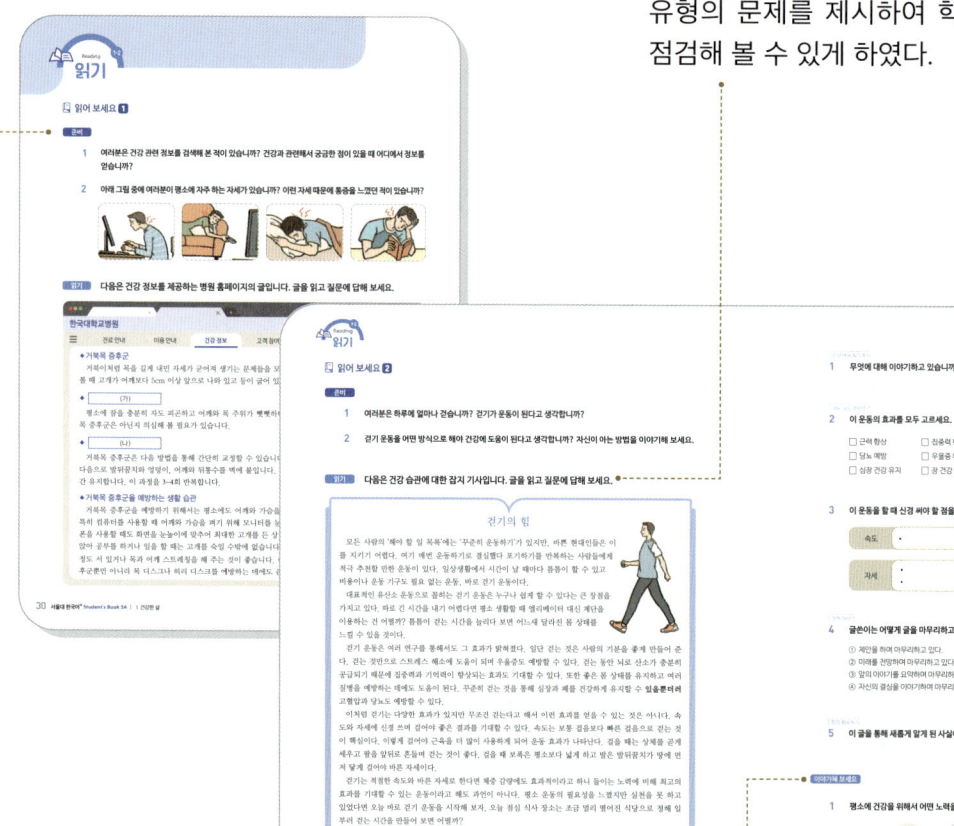

문법과 표현
읽기 텍스트에서 사용된 목표 문법과 표현을 명시적으로 제시하였다.

이야기해 보세요
읽기 후 단계로 읽기 주제와 연계된 질문을 제시하여 학습자들이 자유롭게 대화하며 배운 내용을 심화할 수 있도록 하였다.

쓰기

'준비해 보세요', '표현을 연습해 보세요', '써 보세요'로 구성되어 있다.

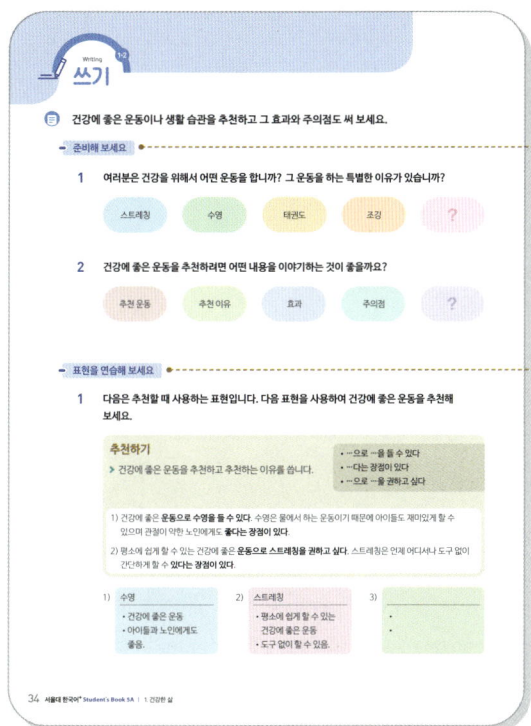

준비해 보세요
주어진 질문에 대답함으로써 다음 단계인 '표현을 연습해 보세요'를 준비할 수 있도록 하였다.

표현을 연습해 보세요
인용하기, 비교하기, 묘사하기, 요약하기 등 목표 기능을 수행하기 위한 표현을 담화 구조에 맞춰 익히고 연습하도록 하였다.

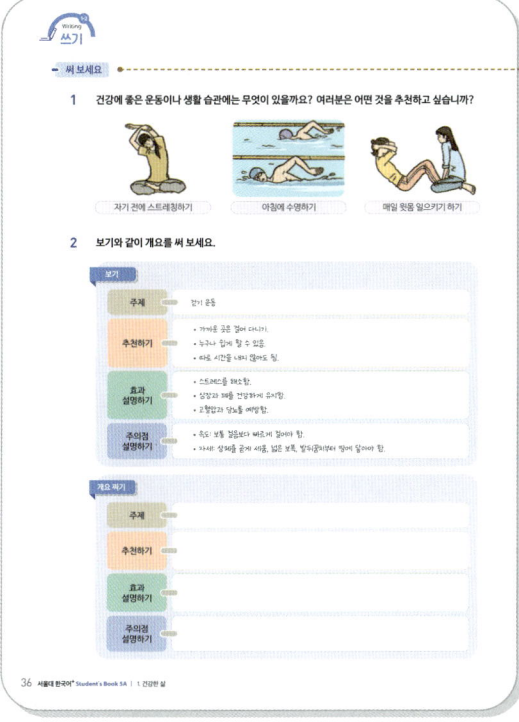

써 보세요
앞서 익힌 담화 기능 표현과 담화 구조에 대한 지식을 활용하여 개요를 짜고 단락이나 전체 글을 완성하도록 하였다.

어휘

각 과에 나타난 어휘의 뜻과 예문, 영어 번역을 제시하고 있다. 필요한 경우 한자와 발음도 함께 제공하였다.

부록

부록은 '듣기 지문', '모범 답안', '어휘 색인'으로 구성되어 있다.

듣기 지문

'들어 보세요 1·2'의 텍스트를 제공한다.

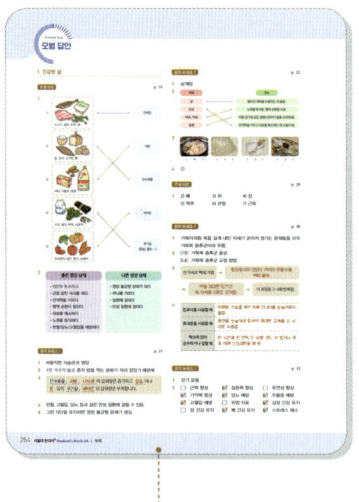

모범 답안

각 과의 '주제 어휘', '들어 보세요', '읽어 보세요' 문제에 대한 모범 답안을 제공한다.

어휘 색인

각 과의 어휘를 가나다순으로 정리하여 제공한다.

	머리말	• 2
	일러두기	• 4
	교재 구성표	• 12

1단원	건강한 삶	1-1. 음식과 영양	• 18
		1-2. 건강한 신체	• 28
2단원	행복과 휴식	2-1. 행복의 비결	• 48
		2-2. 휴식이 있는 삶	• 56
3단원	언어와 학습	3-1. 언어와 문화	• 74
		3-2. 언어 학습	• 84
4단원	사고와 고정 관념	4-1. 문화와 사고방식	• 102
		4-2. 고정 관념과 가치관	• 112
5단원	기후와 지형	5-1. 기후 변화	• 130
		5-2. 독특한 지형의 여행지	• 140
6단원	환경과 주거 공간	6-1. 도시와 환경	• 160
		6-2. 주거 공간	• 168
7단원	인간과 심리	7-1. 인간관계와 심리	• 188
		7-2. 심리와 성격	• 198
8단원	직업의 미래	8-1. 평생 직업	• 214
		8-2. 변화하는 직업	• 224

	부록	• 241

교재 구성표

단원 제목		주제 어휘	기능별 활동
1. 건강한 삶	1-1. 음식과 영양	• 영양소 • 영양 섭취	듣기 건강 정보 프로그램을 듣고 내용 파악하기
	1-2. 건강한 신체	• 신체 부위 • 운동의 효과	읽기 건강 정보 안내를 읽고 내용 파악하기
2. 행복과 휴식	2-1. 행복의 비결	• 행복 • 감정	듣기 행복에 대한 강연을 듣고 내용 파악하기
	2-2. 휴식이 있는 삶	• 여가 활동 • 휴식의 효과	읽기 일과 생활의 균형에 대한 카드 뉴스를 읽고 내용 파악하기
3. 언어와 학습	3-1. 언어와 문화	• 속담과 관용어 • 의성어와 의태어	듣기 속담에 대한 수업을 듣고 내용 파악하기
	3-2. 언어 학습	• 외국어 학습 • 학습 방법	읽기 외국어 학습법에 대한 책 머리말을 읽고 내용 파악하기
4. 사고와 고정 관념	4-1. 문화와 사고방식	• 사고방식 • 인상	듣기 사고방식에 대한 토론을 듣고 의견 파악하기
	4-2. 고정 관념과 가치관	• 고정 관념 • 가치관	읽기 고정 관념에 대한 칼럼을 읽고 내용 파악하기

기능별 활동		문법과 표현
듣기	말하기	• 통-는 데(에) • 통-으라면
요리 프로그램을 듣고 음식의 효능 파악하기	음식 소개하기	
읽기	쓰기	• 통-되 • 통형-을뿐더러
잡지 기사를 읽고 운동의 효과 파악하기	추천하는 글 쓰기	
듣기	말하기	• 명이란 • 통-음에 따라
행복에 대한 강연을 듣고 행복의 정의 파악하기	추상적 개념 정의하기	
읽기	쓰기	• 통-음으로써 • 명에 따르면
휴식에 대한 칼럼을 읽고 근거 자료 파악하기	자료 인용하여 글 쓰기	
듣기	말하기	• 통-는 데(에) 반해(서), 형-은 데(에) 반해(서), 명인 데(에) 반해(서) • 통-는 데(에) 비해(서), 형-은 데(에) 비해(서), 명인 데(에) 비해(서)
관용어에 대한 강연을 듣고 공통점과 차이점 파악하기	공통점과 차이점 설명하기	
읽기	쓰기	• 명(에) 못지않게 • 통-고서
유형별 외국어 학습법에 대한 글을 읽고 비교하는 내용 파악하기	비교하는 글 쓰기	
듣기	말하기	• 명을 막론하고 • 통형-으면 몰라도, 명이면 몰라도
정에 대한 발표를 듣고 화자의 견해 파악하기	경험 발표하기	
읽기	쓰기	• 통-기 십상이다 • 통-을 겸
남성 전업주부에 대한 글을 읽고 저자의 의도 파악하기	인식 개선을 촉구하는 글 쓰기	

단원 제목		주제 어휘	기능별 활동
5. 기후와 지형	5-1. 기후 변화	• 기상과 기후 • 기후 변화와 그 영향	듣기
			열대야 현상에 대한 뉴스를 듣고 내용 파악하기
	5-2. 독특한 지형의 여행지	• 지형 및 풍경 • 인상 및 느낌	읽기
			여행지에 대한 잡지 기사를 읽고 지형적 특징 파악하기
6. 환경과 주거 공간	6-1. 도시와 환경	• 살기 좋은 도시 • 대도시의 문제점	듣기
			살기 좋은 도시에 대한 토크쇼를 듣고 내용 파악하기
	6-2. 주거 공간	• 주거 공간 • 공간의 특징	읽기
			집 소개 글을 읽고 내용 파악하기
7. 인간과 심리	7-1. 인간관계와 심리	• 좋은 인간관계 • 인간관계와 갈등	듣기
			호감에 대한 대화를 듣고 내용 파악하기
	7-2. 심리와 성격	• 성격 • 능력	읽기
			DISC 검사에 대한 백과사전을 읽고 내용 파악하기
8. 직업의 미래	8-1. 평생 직업	• 직업 선택의 조건 • 취업 준비	듣기
			책 소개 프로그램을 듣고 내용 파악하기
	8-2. 변화하는 직업	• 능력이나 성질 • 미래 사회와 유망 직업	읽기
			미래 인재에 대한 칼럼을 읽고 내용 파악하기

기능별 활동		문법과 표현
듣기	말하기	
기후 변화에 대한 발표를 듣고 시각 자료 내용 이해하기	시각 자료 제시하며 발표하기	• 동-다시피 • 동-는 한, 형-은 한
읽기	쓰기	
한반도지형에 대한 글을 읽고 인상 파악하기	여행지 묘사하는 글 쓰기	• 동-는가 하면, 형-은가 하면 • 동형-을 따름이다, 명일 따름이다
듣기	말하기	
생태 도시에 대한 발표를 듣고 발표 개요 파악하기	학문적 발표하기	• 동형-지 않을까 하다, 명이 아닐까 하다 • 동-고자 하다
읽기	쓰기	
수필 '그리운 나의 집'을 읽고 감각적 표현 파악하기	수필 쓰기	• 명 같아서는 • 동형-고 해서, 명이고 해서
듣기	말하기	
인간관계에 대한 강연을 듣고 비결 파악하기	비결에 대해 설명하기	• 동-고 보다 • 동형-은 나머지
읽기	쓰기	
자기소개서 쓰는 법을 소개한 글 읽기	자기소개서에 강점과 약점에 대해 쓰기	• 동-어 내다 • 동-는다면, 형-다면, 명이라면
듣기	말하기	
여행 작가 인터뷰를 듣고 계기 파악하기	미래 계획 이야기하기	• 명이자 명 • 동-는 것을 계기로, 명을 계기로
읽기	쓰기	
미래 직업에 대한 글을 읽고 전망하는 내용 파악하기	전망하는 글 쓰기	• 동형-기도 하고 동형-기도 하다 • 동-는 바 있다/없다

1

건강한 삶

1-1 음식과 영양
1-2 건강한 신체

1-1	음식과 영양
듣기 1	건강 정보 프로그램을 듣고 내용 파악하기
듣기 2	요리 프로그램을 듣고 음식의 효능 파악하기
말하기	음식 소개하기

1-2	건강한 신체
읽기 1	건강 정보 안내를 읽고 내용 파악하기
읽기 2	잡지 기사를 읽고 운동의 효과 파악하기
쓰기	추천하는 글 쓰기

Intro 들어가기 1-1

음식과 영양

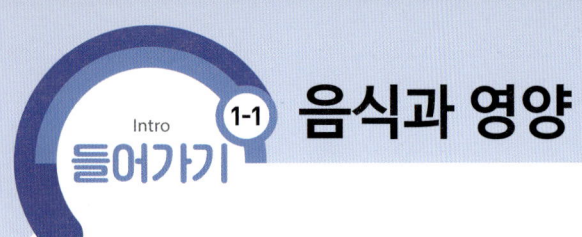

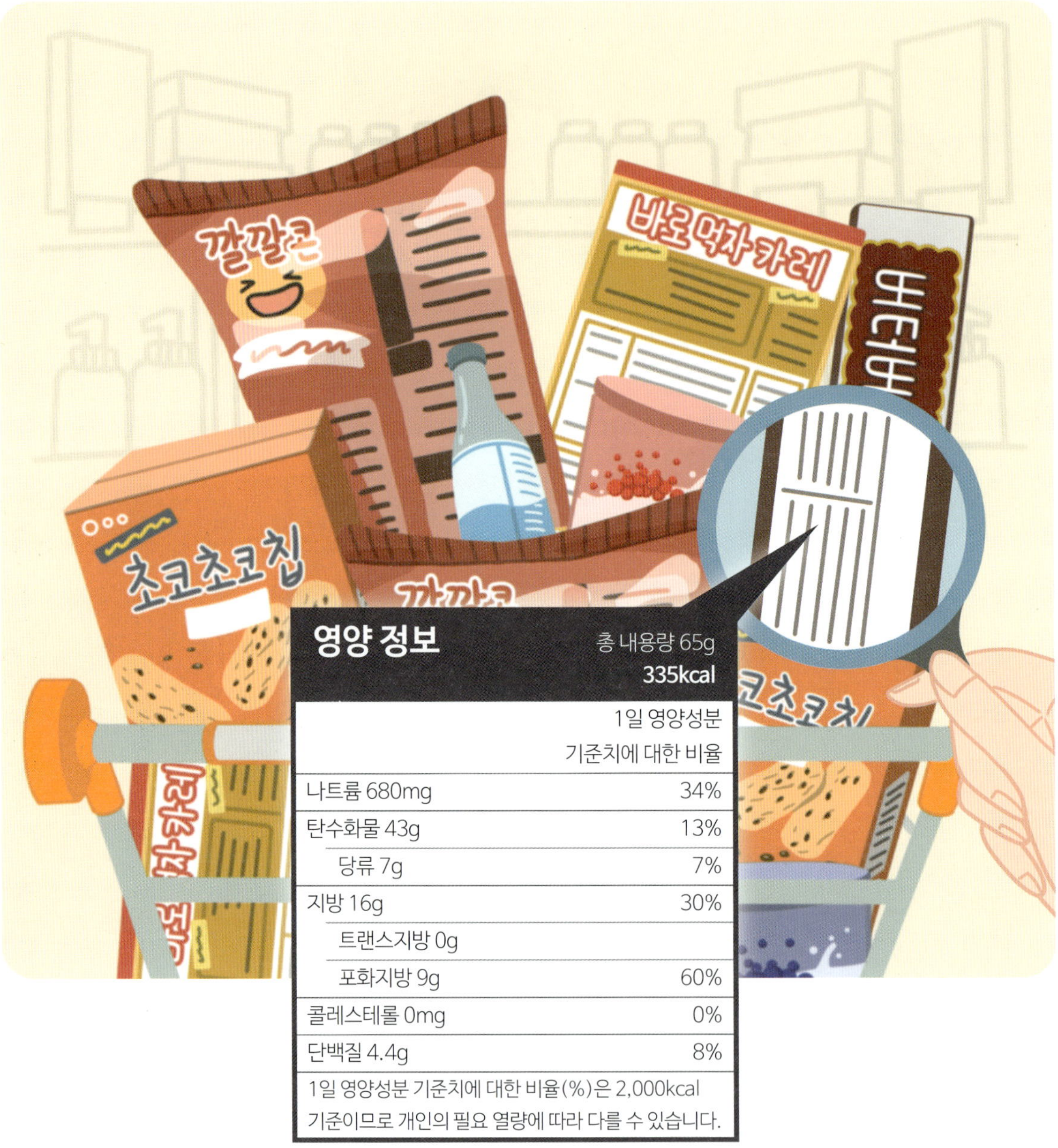

영양 정보 총 내용량 65g 335kcal

	1일 영양성분 기준치에 대한 비율
나트륨 680mg	34%
탄수화물 43g	13%
당류 7g	7%
지방 16g	30%
트랜스지방 0g	
포화지방 9g	60%
콜레스테롤 0mg	0%
단백질 4.4g	8%

1일 영양성분 기준치에 대한 비율(%)은 2,000kcal 기준이므로 개인의 필요 열량에 따라 다를 수 있습니다.

1 **여러분은 식품을 살 때 영양 정보를 확인합니까?**

2 **식품의 영양 정보를 보면 무엇을 알 수 있습니까?**

Topic Vocab 1-1

주제 어휘

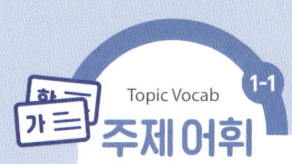

1 **다음은 5대 영양소입니다. 알맞은 영양소를 연결해 보고 각 영양소가 어떤 음식에 많이 들어 있는지 이야기해 보세요.**

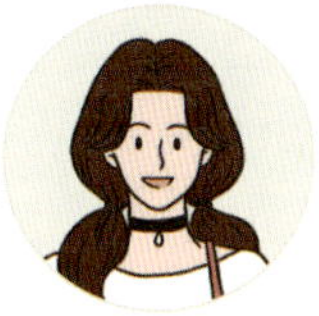

콩과 두부에는 **단백질**이 많이 들어 있어요.

1) 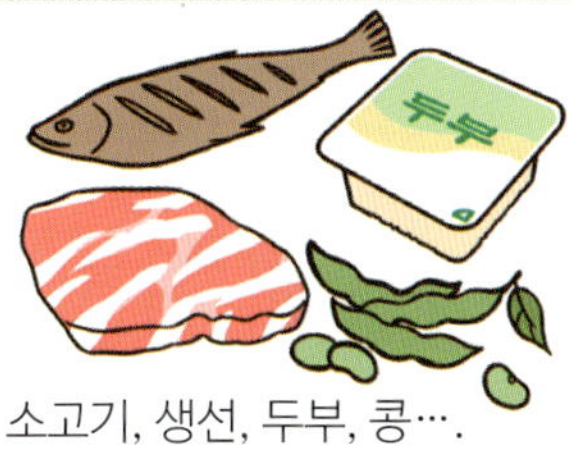

소고기, 생선, 두부, 콩…. • ——— • 단백질

2) 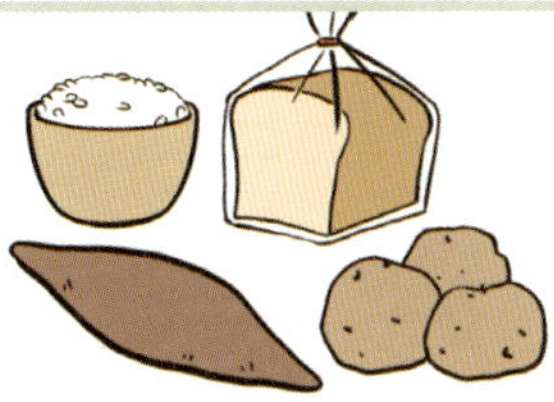

밥, 감자, 고구마, 빵…. • • 지방

3) 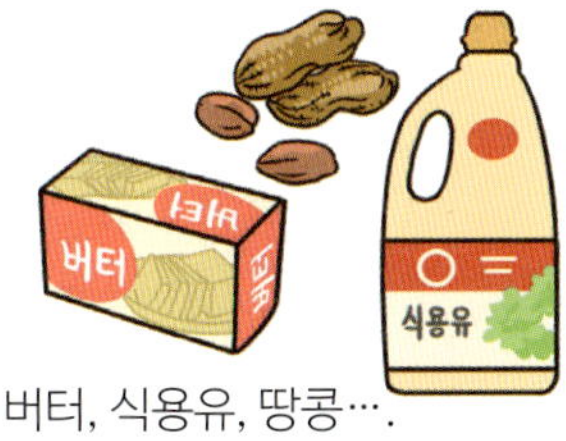

버터, 식용유, 땅콩…. • • 탄수화물

4) 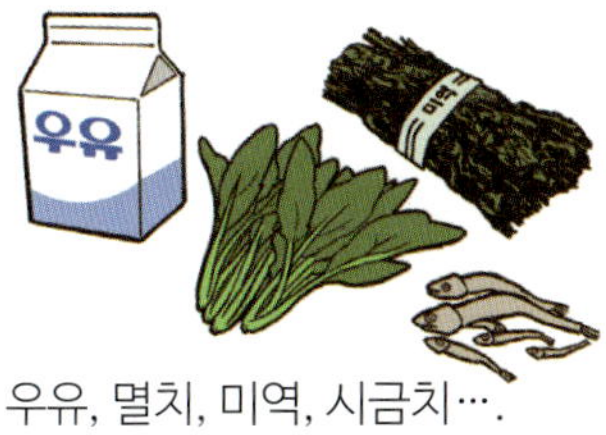

우유, 멸치, 미역, 시금치…. • • 비타민

5) 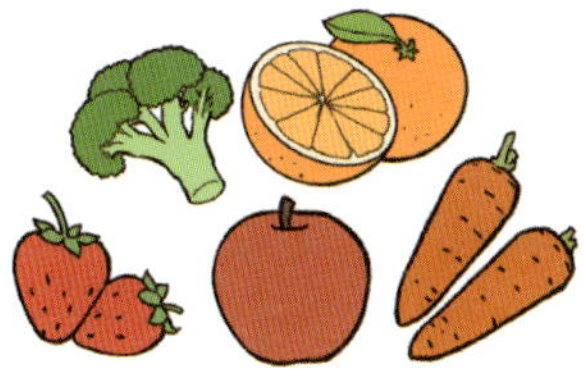

브로콜리, 당근, 딸기, 오렌지…. • • 무기질 (칼슘, 철분….)

2 다음은 영양 섭취와 관련된 표현입니다. 좋은 영양 상태, 나쁜 영양 상태와 관련 있는 표현을 골라 쓰고 그 표현을 사용하여 이야기해 보세요.

- 영양 상태가 좋으면 **빈혈을 예방할** 수 있어요.
- 끼니를 거르면 질병에 걸리기 쉬워요.

좋은 영양 상태	나쁜 영양 상태
• 영양이 풍부하다	

영양이 풍부하다	영양 불균형 상태가 되다	균형 잡힌 식사를 하다	끼니를 거르다
면역력을 키우다	혈액 순환이 잘되다	피로를 해소하다	노화를 방지하다
질병에 걸리다	만성 질환에 걸리다	빈혈/당뇨/고혈압을 예방하다	

듣기

들어 보세요 1

준비

1. 즉석식품이나 편의점에서 파는 음식을 먹어 본 적이 있습니까? 왜 이 음식을 선택했습니까?

컵라면　　　　　편의점 도시락　　　　　삼각김밥

2. 식사할 때 영양을 골고루 섭취하기 위해 노력하는 편입니까?

듣기 다음은 건강 정보를 알려주는 프로그램입니다. 잘 듣고 질문에 답해 보세요.

중심 내용 파악하기

1. 두 사람은 무엇에 대해 이야기하고 있습니까?

세부 내용 파악하기

2. 최근 즉석식품이나 편의점 도시락의 매출이 증가한 이유는 무엇입니까?

3. 현대인들의 영양 섭취 상태는 어떻습니까?

> 탄수화물 , _____ , _____ 의 섭취량은 증가하고
> _____ 이나 _____ 등의 무기질 , _____ 의 섭취량은 부족합니다.

4. 영양 불균형 상태가 계속되면 어떤 문제가 생깁니까?

세부 내용 파악하기　*확장 활동하기*

5. 저열량 식단이나 고단백, 저탄수화물 식단은 건강에 어떤 영향을 끼칩니까? 실제로 이런 식단을 해 본 경험이 있다면 건강에 어떤 영향을 미쳤는지 이야기해 보세요.

문법과 표현

동 -는 데(에)　☞ 4쪽

균형 잡힌 식사만 꾸준히 해도 각종 질병을 예방하는 데 큰 도움이 됩니다.

🎧 들어 보세요 2

준비

1 다음은 건강에 좋은 식품입니다. 이 외에 어떤 식품이 건강에 좋습니까?

귀리　　　브로콜리　　　연어　　　녹차

2 한국 음식 중 특별히 건강에 좋다고 생각하는 음식이 있습니까? 어떤 음식입니까?

듣기 다음은 건강에 좋은 한국 음식을 소개하는 요리 프로그램입니다. 잘 듣고 질문에 답해 보세요.

중심 내용 파악하기

1 이 방송에서는 어떤 한국 음식에 대해 설명하고 있습니까?

세부 내용 파악하기

2 이 음식은 어떤 점이 건강에 좋습니까? 각 재료의 효능을 연결하세요.

재료	효능
닭	떨어진 체력을 보충하는 데 좋음.
인삼	노화를 방지함, 혈액 순환을 도움.
대추, 마늘	여름 감기와 같은 질병으로부터 몸을 보호해 줌.
찹쌀	면역력을 키우고 피로를 해소하는 데 도움이 됨.

3 이 음식을 만드는 순서를 쓰세요.

(　　)　　(　　)　　(　　)　　(　　)

문법과 표현

동-으라면　☞　4쪽

닭으로 만든 한국의 대표적인 음식을 꼽으라면 삼계탕을 들 수 있습니다.

4 들은 내용과 일치하는 것을 고르세요.

① 방송에 소개된 음식은 한국의 대표적인 보양식이다.
② 탄두리치킨과 가라아게는 인도의 대표적인 닭 요리이다.
③ 이 프로그램에서는 나물을 활용한 음식도 소개할 것이다.
④ 삼계탕은 들어가는 재료가 매우 많아 요리법이 복잡하다.

이야기해 보세요

1 여러분이 자주 먹는 음식에 표시하고 이야기해 보세요. 자주 먹는 음식은 무엇이고 안 먹는 음식은 무엇입니까? 그 이유는 무엇입니까?

2 위의 결과를 보고 평소에 많이 섭취하는 영양소와 부족한 영양소가 무엇인지 이야기해 보세요.

저는 계란과 고기를 많이 먹어서 단백질은 충분히 섭취하고 있는 것 같아요. 하지만 채소를 거의 안 먹어서….

Speaking 1-1 말하기

🎤 건강에 좋은 음식을 소개하고 그 효능과 요리법을 이야기해 보세요.

준비해 보세요

1. 여러분이 평소에 먹는 건강에 좋은 음식이 있습니까? 무슨 음식입니까?

2. 그 음식을 소개한다면 어떤 이야기를 하면 좋을까요?

표현을 연습해 보세요

1. 다음은 소개할 때 사용하는 표현입니다. 다음 표현을 사용하여 건강에 좋은 음식을 소개해 보세요.

> **소개하기**
> ▸ 음식을 소개하고 그 음식에 대해 이야기합니다.
>
> • …을 말하라면 …을 꼽을 수 있습니다
> • …으로 …을 들 수 있습니다

1) 제가 평소에 즐겨 먹는 건강에 좋은 **음식을 말하라면 김치를 꼽을 수 있습니다**. 김치는 배추에 양념을 한 한국 음식입니다.
2) 건강에 좋은 **음식으로 두부샐러드를 들 수 있습니다**. 두부샐러드는 두부와 여러 채소에 드레싱을 뿌려 먹는 음식입니다.

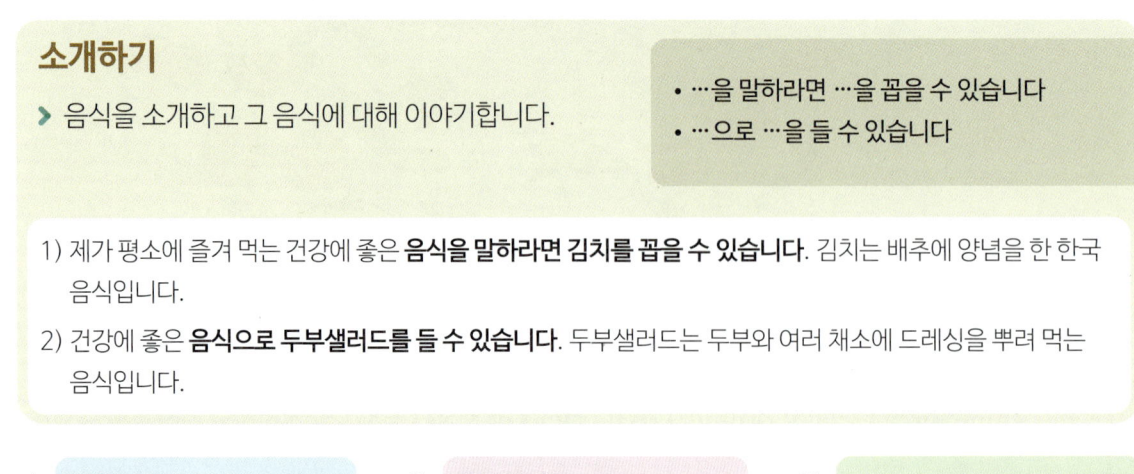

1) 김치
   • 평소에 즐겨 먹는 건강에 좋은 음식

2) 두부샐러드
   • 건강에 좋은 음식

3)
   •

2 다음은 효능을 설명할 때 사용하는 표현입니다. 다음 표현을 사용하여 자신이 소개한 음식의 효능에 대해 이야기해 보세요.

효능 설명하기

▶ 건강에 좋은 점을 설명합니다.

- …으로부터 …을 보호합니다
- …는 효능이 있습니다
- …는 데 도움을 줍니다

1) 김치는 면역력을 키워 줘 여러 **질병으로부터 몸을 보호합니다**.
2) 두부샐러드는 단백질과 비타민이 풍부해서 피로를 해소하고 혈액 순환을 **도와주는 효능이 있습니다**.

1) 김치
- 면역력을 키워 질병으로부터 몸을 보호함.

2) 두부샐러드
- 피로를 해소하고 혈액 순환을 도와줌.

3)
·

3 다음은 요리법을 설명할 때 사용하는 표현입니다. 다음 표현을 사용하여 요리법을 이야기해 보세요.

요리법 설명하기

▶ 요리법을 순서대로 설명합니다.

- 먼저/그다음/마지막으로
- …으면 […고 나서]
- 그 전에/그 후에

1) 김치를 만드는 방법은 어렵지 않습니다. **먼저** 배추를 소금에 절입니다. **그다음** 무, 양파, 파, 마늘, 고춧가루 등을 넣어 양념장을 만듭니다. **마지막으로** 절인 배추에 양념장을 골고루 발라 줍니다.

2) 두부샐러드를 만들려면 **먼저** 양상추 등 좋아하는 채소를 깨끗이 씻어 물기를 뺍니다. **그다음** 두부는 네모 모양으로 썰어 소금과 후추를 뿌리고 프라이팬에 굽습니다. 두부가 다 **구워지면** 씻은 채소와 두부를 한 그릇에 **담고 나서** 올리브오일과 발사믹식초를 뿌리면 됩니다.

1) 김치
① 배추를 소금에 절임.
② 양념장을 만듦.
③ 배추에 양념장을 바름.

2) 두부샐러드
① 양상추 등 채소를 씻음.
② 두부를 구움.
③ 올리브오일, 발사믹식초를 뿌림.

3)
①
②
③

1-1 Speaking

말하기

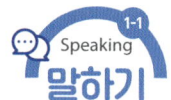

이야기해 보세요

1 여러분 나라의 대표적인 보양식은 무엇입니까? 여러분은 어떤 보양식을 소개하고 싶습니까?

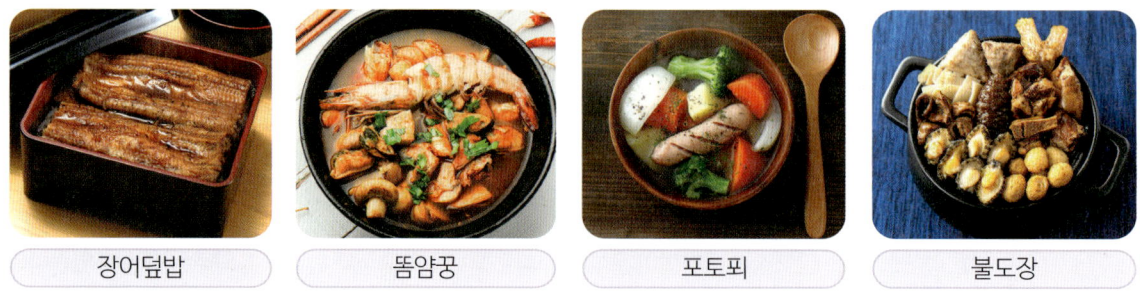

장어덮밥

똠얌꿍

포토푀

불도장

2 보기와 같이 이야기할 내용을 메모해 보세요.

보기

소개하기 ➡	• 한국의 대표적인 보양식: 삼계탕
효능 설명하기 ➡	• 삼계탕 재료: 닭, 인삼, 대추, 마늘, 찹쌀 – 닭: 떨어진 체력을 보충하는 데 좋음. – 인삼: 면역력을 키워 줌, 피로를 해소하는 데 도움이 됨. – 대추, 마늘: 노화 방지, 혈액 순환을 도움. – 찹쌀: 몸을 따뜻하게 해 줌. → 영양이 풍부하여 기운을 북돋움.
요리법 설명하기 ➡	1) 찹쌀을 물에 30분 정도 불림, 나머지 재료를 잘 씻어서 준비함. 2) 준비한 재료를 모두 닭 속에 넣음. 3) 물에 닭을 넣고 푹 삶아 줌.

메모하기

소개하기 ➡	
효능 설명하기 ➡	
요리법 설명하기 ➡	

3 메모한 내용을 바탕으로 친구들에게 이야기해 보세요.

> 보기
>
> **소개하기**
> 한국의 대표적인 보양식을 말하라면 **삼계탕**을 꼽을 수 있습니다. 삼계탕은 인삼과 닭을 함께 끓인 음식입니다.
>
> **효능 설명하기**
> 삼계탕에는 닭과 인삼을 비롯해서 대추, 마늘, 찹쌀과 같은 재료가 함께 들어갑니다. 닭은 떨어진 체력을 보충하는 데 좋고 소화도 잘됩니다. 인삼은 면역력을 키우고 피로를 해소하는 데 **도움을 줍니다**. 대추와 마늘은 무기질과 비타민이 풍부해서 노화를 방지할 뿐만 아니라 혈액 순환을 잘되게 하는 **효능이 있습니다**. 그리고 찹쌀은 몸을 따뜻하게 해 줘 **질병으로부터 몸을 보호합니다**. 이처럼 삼계탕은 영양이 풍부하여 기운을 북돋우기에 좋은 음식입니다.
>
> **요리법 설명하기**
> 삼계탕을 만드는 방법은 간단합니다. 먼저 찹쌀을 물에 30분 정도 불립니다. 찹쌀을 불리는 동안 나머지 재료인 인삼, 대추, 마늘을 잘 씻어 준비합니다. 그다음 닭 속에 준비한 재료를 잘 넣습니다. 마지막으로 냄비에 물을 넣고 나서 물이 **끓으면** 속을 꽉 채운 닭을 넣고 푹 삶아 줍니다. 그러면 삼계탕이 완성됩니다.

Intro 들어가기 1-2 건강한 신체

1. 조사 결과에 따르면 20·30대는 어떻게 건강 관리를 하고 있습니까?

2. 여러분은 건강 관리가 중요하다고 생각합니까? 왜 그렇게 생각하는지 이야기해 보세요.

Topic Vocab 1-2 주제 어휘

1 다음은 신체 기관을 나타내는 표현입니다. 알맞은 표현을 써 보세요.

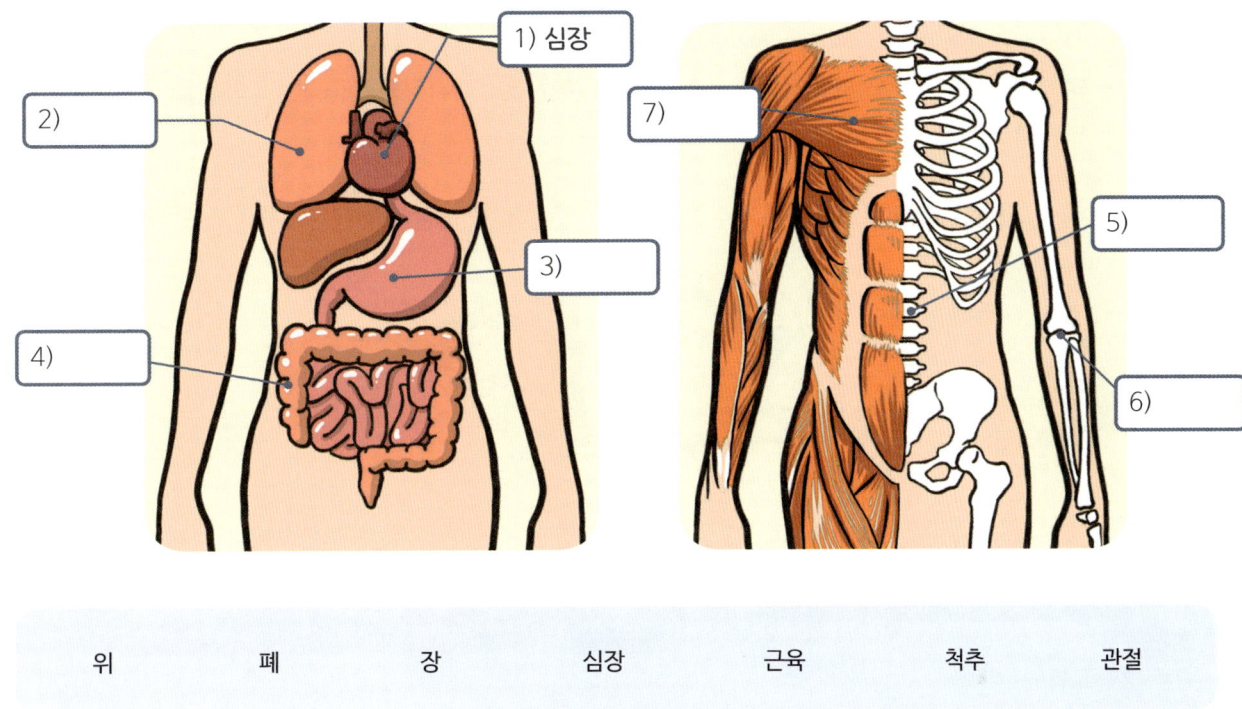

1) 심장
2)
3)
4)
5)
6)
7)

| 위 | 폐 | 장 | 심장 | 근육 | 척추 | 관절 |

2 다음은 운동의 효과와 관련 있는 표현입니다. 표현을 사용하여 운동의 효과에 대해 이야기해 보세요.

> 스트레칭을 하면 **뭉친 근육을 풀** 수 있어요. 그리고….

유산소 운동/근력 운동　　체지방을 줄이다　　근육량을 늘리다　　숙면을 취하다
체중을 감량하다　　심폐 기능이 향상되다　　바른 자세를 유지하다
뻣뻣해진 몸/뭉친 근육을 풀다　　목/허리 디스크를 예방하다　　체력/유연성/근력/지구력을 기르다

읽기 1-2

읽어 보세요 1

준비

1. 여러분은 건강 관련 정보를 검색해 본 적이 있습니까? 건강과 관련해서 궁금한 점이 있을 때 어디에서 정보를 얻습니까?

2. 아래 그림 중에 여러분이 평소에 자주 하는 자세가 있습니까? 이런 자세 때문에 통증을 느꼈던 적이 있습니까?

읽기 다음은 건강 정보를 제공하는 병원 홈페이지의 글입니다. 글을 읽고 질문에 답해 보세요.

한국대학교병원   로그인 회원가입

진료 안내   이용 안내   **건강 정보**   고객 참여   병원 소개

◆ **거북목 증후군**

　거북이처럼 목을 길게 내민 자세가 굳어져 생기는 문제들을 모두 거북목 증후군이라고 부릅니다. 옆에서 볼 때 고개가 어깨보다 5cm 이상 앞으로 나와 있고 등이 굽어 있다면 거북목 증후군일 가능성이 높습니다.

◆ (가)

　평소에 잠을 충분히 자도 피곤하고 어깨와 목 주위가 뻣뻣하다고 느끼거나 두통을 자주 느낀다면 거북목 증후군은 아닌지 의심해 볼 필요가 있습니다.

◆ (나)

　거북목 증후군은 다음 방법을 통해 간단히 교정할 수 있습니다. 먼저 반듯이 선 자세로 벽에 기댑니다. 다음으로 발뒤꿈치와 엉덩이, 어깨와 뒤통수를 벽에 붙입니다. 끝으로 턱을 최대한 당기고 이 자세를 5분간 유지합니다. 이 과정을 3~4회 반복합니다.

◆ **거북목 증후군을 예방하는 생활 습관**

　거북목 증후군을 예방하기 위해서는 평소에도 어깨와 가슴을 편 자세를 유지하려고 노력해야 합니다. 특히 컴퓨터를 사용할 때 어깨와 가슴을 펴기 위해 모니터를 눈높이까지 올려 주는 것이 좋습니다. 휴대폰을 사용할 때도 화면을 눈높이에 맞추어 최대한 고개를 든 상태로 사용하는 것이 바람직합니다. 책상에 앉아 공부를 하거나 일을 할 때는 고개를 숙일 수밖에 없습니다. 할 일을 **하되** 한 시간에 한 번씩 5~10분 정도 서 있거나 목과 어깨 스트레칭을 해 주는 것이 좋습니다. 이렇게 틈틈이 스트레칭을 하면 거북목 증후군뿐만 아니라 목 디스크나 허리 디스크를 예방하는 데에도 큰 도움이 됩니다.

중심 내용 파악하기

1 거북목 증후군은 무엇입니까?

2 (가), (나)에 알맞은 제목을 쓰세요.

(가):

(나):

세부 내용 파악하기

3 거북목 증후군은 어떻게 교정합니까? 순서대로 써 보세요.

선 자세로 벽에 기댐. ➡ 　　　　　　　　　　　　　 ➡

　　　　　　　　　　　　　 ➡ 이 과정을 3~4회 반복함.

4 거북목 증후군을 예방하는 방법을 정리해 보세요.

컴퓨터를 사용할 때	
휴대폰을 사용할 때	
책상에 앉아 공부하거나 일할 때	

확장 활동하기

5 글을 읽고 나서 자신에게 거북목 증후군이 있다고 느꼈습니까? 아래 그림을 보고 평소 자세와 자신의 목 상태에 대해 이야기해 보세요.

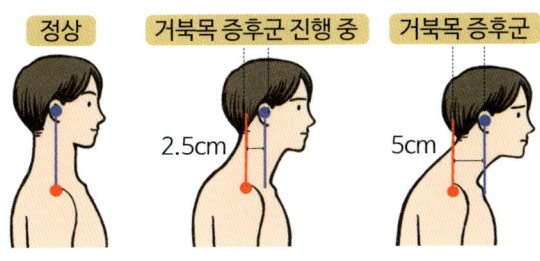

저는 두 번째 그림과 비슷한 것 같아요. 평소에 휴대폰을 많이 보는데 저도 모르게 목을 길게 빼고 보게 돼요. 그래서 가끔 통증을 느낄 때도 있어요. …

문법과 표현

동-되　☞　5쪽

할 일을 하되 한 시간에 한 번씩 목과 어깨 스트레칭을 해 주는 것이 좋습니다.

읽어 보세요 2

준비

1. 여러분은 하루에 얼마나 걷습니까? 걷기가 운동이 된다고 생각합니까?

2. 걷기 운동을 어떤 방식으로 해야 건강에 도움이 된다고 생각합니까? 자신이 아는 방법을 이야기해 보세요.

읽기 다음은 건강 습관에 대한 잡지 기사입니다. 글을 읽고 질문에 답해 보세요.

걷기의 힘

모든 사람의 '해야 할 일 목록'에는 '꾸준히 운동하기'가 있지만, 바쁜 현대인들은 이를 지키기 어렵다. 여기 매번 운동하기로 결심했다 포기하기를 반복하는 사람들에게 적극 추천할 만한 운동이 있다. 일상생활에서 시간이 날 때마다 틈틈이 할 수 있고 비용이나 운동 기구도 필요 없는 운동, 바로 걷기 운동이다.

대표적인 유산소 운동으로 꼽히는 걷기 운동은 누구나 쉽게 할 수 있다는 큰 장점을 가지고 있다. 따로 긴 시간을 내기 어렵다면 평소 생활할 때 엘리베이터 대신 계단을 이용하는 건 어떨까? 틈틈이 걷는 시간을 늘리다 보면 어느새 달라진 몸 상태를 느낄 수 있을 것이다.

걷기 운동은 여러 연구를 통해서도 그 효과가 밝혀졌다. 일단 걷는 것은 사람의 기분을 좋게 만들어 준다. 걷는 것만으로 스트레스 해소에 도움이 되며 우울증도 예방할 수 있다. 걷는 동안 뇌로 산소가 충분히 공급되기 때문에 집중력과 기억력이 향상되는 효과도 기대할 수 있다. 또한 좋은 몸 상태를 유지하고 여러 질병을 예방하는 데에도 도움이 된다. 꾸준히 걷는 것을 통해 심장과 폐를 건강하게 유지할 수 **있을뿐더러** 고혈압과 당뇨도 예방할 수 있다.

이처럼 걷기는 다양한 효과가 있지만 무조건 걷는다고 해서 이런 효과를 얻을 수 있는 것은 아니다. 속도와 자세에 신경 쓰며 걸어야 좋은 결과를 기대할 수 있다. 속도는 보통 걸음보다 빠른 걸음으로 걷는 것이 핵심이다. 이렇게 걸어야 근육을 더 많이 사용하게 되어 운동 효과가 나타난다. 걸을 때는 상체를 곧게 세우고 팔을 앞뒤로 흔들며 걷는 것이 좋다. 걸을 때 보폭은 평소보다 넓게 하고 발은 발뒤꿈치가 땅에 먼저 닿게 걸어야 바른 자세이다.

걷기는 적절한 속도와 바른 자세로 한다면 체중 감량에도 효과적이라고 하니 들이는 노력에 비해 최고의 효과를 기대할 수 있는 운동이라고 해도 과언이 아니다. 평소 운동의 필요성을 느꼈지만 실천을 못 하고 있었다면 오늘 바로 걷기 운동을 시작해 보자. 오늘 점심 식사 장소는 조금 멀리 떨어진 식당으로 정해 일부러 걷는 시간을 만들어 보면 어떨까?

문법과 표현

동 형 -을뿐더러   5쪽

꾸준히 걷는 것을 통해 심장과 폐를 건강하게 유지할 수 있을뿐더러 고혈압과 당뇨도 예방할 수 있다.

중심 내용 파악하기

1 무엇에 대해 이야기하고 있습니까?

세부 내용 파악하기

2 이 운동의 효과를 모두 고르세요.

☐ 근력 향상   ☐ 집중력 향상   ☐ 유연성 향상   ☐ 기억력 향상
☐ 당뇨 예방   ☐ 우울증 예방   ☐ 고혈압 예방   ☐ 위염 치료
☐ 심장 건강 유지   ☐ 장 건강 유지   ☐ 폐 건강 유지   ☐ 스트레스 해소

3 이 운동을 할 때 신경 써야 할 점을 쓰세요.

속도	•
자세	• •

전략 익히기

4 글쓴이는 어떻게 글을 마무리하고 있습니까?

① 제안을 하며 마무리하고 있다.
② 미래를 전망하며 마무리하고 있다.
③ 앞의 이야기를 요약하며 마무리하고 있다.
④ 자신의 결심을 이야기하며 마무리하고 있다.

확장 활동하기

5 이 글을 통해 새롭게 알게 된 사실이 있습니까?

이야기해 보세요

1 평소에 건강을 위해서 어떤 노력을 하고 있는지 이야기해 보세요.

저는 건강을 위해서 물을 많이 마시려고 노력해요. 교실에 올 때도 가능하면 엘리베이터를 타지 않고 계단으로 올라오고요. 아직 정기적으로 건강 검진을 받지는 않지만 치과는 6개월에 한 번씩 꼭 가요.

쓰기 (Writing 1-2)

건강에 좋은 운동이나 생활 습관을 추천하고 그 효과와 주의점도 써 보세요.

준비해 보세요

1 여러분은 건강을 위해서 어떤 운동을 합니까? 그 운동을 하는 특별한 이유가 있습니까?

- 스트레칭
- 수영
- 태권도
- 조깅
- ?

2 건강에 좋은 운동을 추천하려면 어떤 내용을 이야기하는 것이 좋을까요?

- 추천 운동
- 추천 이유
- 효과
- 주의점
- ?

표현을 연습해 보세요

1 다음은 추천할 때 사용하는 표현입니다. 다음 표현을 사용하여 건강에 좋은 운동을 추천해 보세요.

추천하기

▶ 건강에 좋은 운동을 추천하고 추천하는 이유를 씁니다.

- …으로 …을 들 수 있다
- …다는 장점이 있다
- …으로 …을 권하고 싶다

1) 건강에 좋은 **운동으로 수영을 들 수 있다**. 수영은 물에서 하는 운동이기 때문에 아이들도 재미있게 할 수 있으며 관절이 약한 노인에게도 **좋다는 장점이 있다**.

2) 평소에 쉽게 할 수 있는 건강에 좋은 **운동으로 스트레칭을 권하고 싶다**. 스트레칭은 언제 어디서나 도구 없이 간단하게 할 수 **있다는 장점이 있다**.

1) 수영
   - 건강에 좋은 운동
   - 아이들과 노인에게도 좋음.

2) 스트레칭
   - 평소에 쉽게 할 수 있는 건강에 좋은 운동
   - 도구 없이 할 수 있음.

3)
   -
   -

2 다음은 효과를 설명할 때 사용하는 표현입니다. 다음 표현을 사용하여 추천한 운동의 효과를 설명해 보세요.

효과 설명하기

> 건강에 좋은 운동의 효과를 설명합니다.

- …는 효과가 있다
- …는 데에 도움이 되다
- …는 역할을 하다

1) 수영은 물에서 숨을 쉬며 하는 운동이기 때문에 심폐 기능이 **향상되는 효과가 있다**. 또한 지구력을 **기르는 데에도 도움이 된다**.
2) 매일 간단한 스트레칭을 하면 유연성을 **기르는 데에 도움이 된다**. 특히 자기 전에 하는 스트레칭은 하루 동안 뭉친 근육을 풀어 **주는 역할을 한다**.

1) 수영
- 심폐 기능이 향상됨.
- 지구력을 기름.

2) 스트레칭
- 유연성을 기름.
- 뭉친 근육을 풀어 줌.

3)
-
-

3 다음은 주의점을 설명할 때 사용하는 표현입니다. 다음 표현을 사용하여 추천한 운동을 할 때의 주의점에 대해 설명해 보세요.

주의점 설명하기

> 건강에 좋은 운동의 주의할 점이 무엇인지 설명합니다.

- …을 때 주의할 점은 …다는 것이다
- …지 않으면 오히려 …을 수 있다
- …되 …어야 하다 […으면 안 되다]

1) 수영을 **할 때 주의할 점은** 충분한 준비 운동을 해야 **한다는 것이다**. 수영은 어깨, 목, 허리를 많이 사용하는 운동이기 때문에 준비 운동을 충분히 **하지 않으면 오히려** 어깨나 허리에 통증을 느끼게 **될 수 있다**.
2) 스트레칭을 할 때는 근육을 풀어 주는 가벼운 스트레칭을 자주 **하되 무리하면 안 된다**. 그렇지 않으면 근육에 부담을 주어 **오히려** 숙면을 **방해할 수 있다**.

1) 수영
- 충분한 준비 운동을 해야 함.
- 그렇지 않으면 어깨나 허리에 통증을 느끼게 됨.

2) 스트레칭
- 가벼운 스트레칭을 자주 하되 무리하면 안 됨.
- 그렇지 않으면 오히려 숙면을 방해함.

3)
-
-

- 써 보세요

1 건강에 좋은 운동이나 생활 습관에는 무엇이 있을까요? 여러분은 어떤 것을 추천하고 싶습니까?

자기 전에 스트레칭하기 | 아침에 수영하기 | 매일 윗몸 일으키기 하기

2 보기와 같이 개요를 써 보세요.

보기

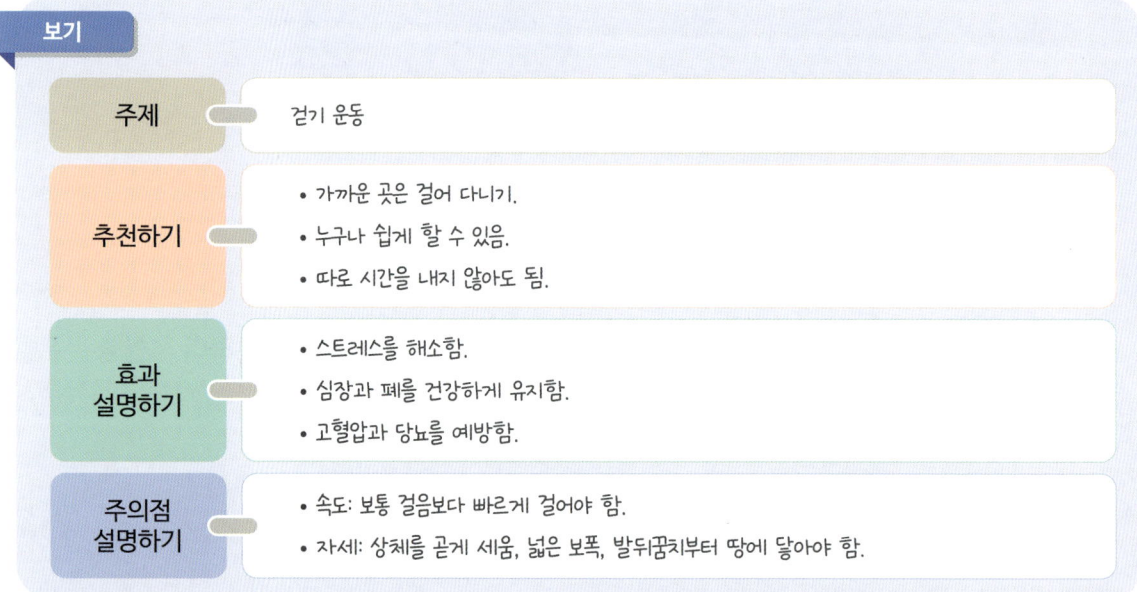

주제	걷기 운동
추천하기	• 가까운 곳은 걸어 다니기. • 누구나 쉽게 할 수 있음. • 따로 시간을 내지 않아도 됨.
효과 설명하기	• 스트레스를 해소함. • 심장과 폐를 건강하게 유지함. • 고혈압과 당뇨를 예방함.
주의점 설명하기	• 속도: 보통 걸음보다 빠르게 걸어야 함. • 자세: 상체를 곧게 세움, 넓은 보폭, 발뒤꿈치부터 땅에 닿아야 함.

개요 짜기

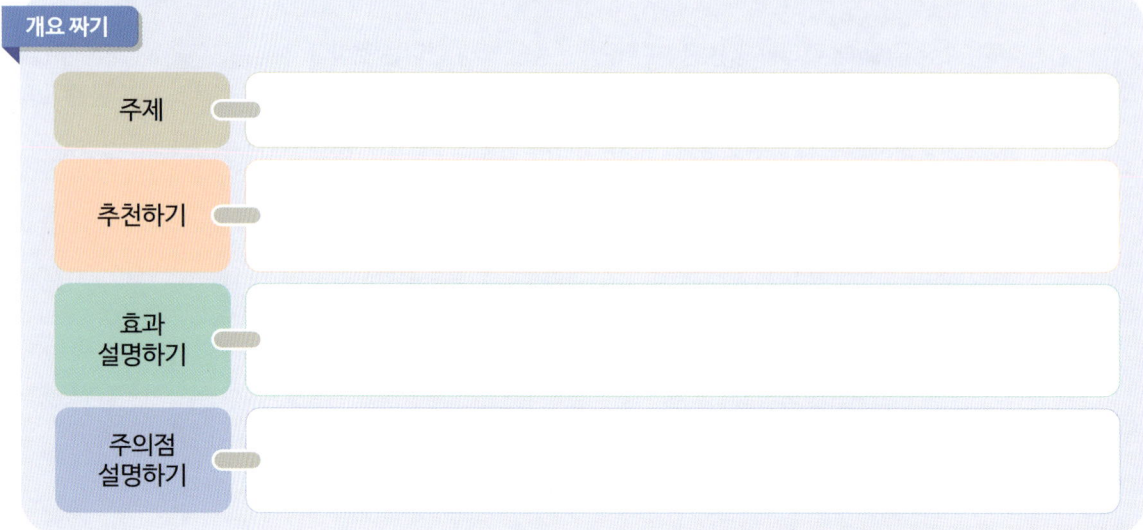

주제	
추천하기	
효과 설명하기	
주의점 설명하기	

3 개요를 바탕으로 건강에 좋은 운동이나 생활 습관을 추천하는 글을 써 보세요.

쓰기

제목		
처음	사람들은 모두 건강해지기를 원하지만 바쁜 생활로 건강에 많은 시간을 투자하지 못하는 것이 현실이다. 따라서 일상생활에서 시간이 날 때마다 틈틈이 할 수 있는 자신만의 건강해지는 방법을 찾는 것이 중요하다.	
중간		추천하기
		효과 설명하기
		주의점 설명하기
끝	관심이 생긴다면 오늘 바로 시작해 보자. _____ 보면 어떨까?	

1-2. 건강한 신체 **37**

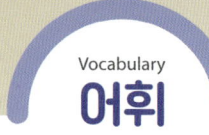

1-1. 음식과 영양

주제 어휘

고혈압(高血壓)을 예방(豫防)하다
혈압이 정상 수치보다 높은 증상이 생기는 것을 미리 막다.
고혈압을 예방하려면 짜게 먹는 습관을 고쳐야 한다.
to prevent high blood pressure

균형(均衡) 잡힌 식사(食事)를 하다
영양이 어느 한쪽으로 치우치거나 기울어지지 않도록 음식을 먹다.
꾸준히 균형 잡힌 식사를 한 사람들이 식사를 적게 한 사람들보다 체중이 더 감소했다.
to have a balanced diet

끼니를 거르다
아침, 점심, 저녁과 같이 날마다 일정한 시간에 먹는 밥을 굶다.
그는 끼니를 거를 정도로 가난하게 생활하지만 마음만은 항상 부자이다.
to skip a meal

노화(老化)를 방지(防止)하다
시간이 흐름에 따라 몸의 구조와 기능이 전보다 약해지는 현상을 막다.
콩에 들어 있는 단백질은 피부 노화를 방지하는 효과를 지니고 있다.
to prevent aging

단백질(蛋白質)
명 3대 영양소 중 하나로, 세포를 구성하는 물질.
어린아이일수록 단백질이 많이 필요하다.
protein

당뇨(糖尿)를 예방(豫防)하다
소변에 당이 많이 섞여 나오는 병을 미리 막다.
당뇨를 예방하는 방법 중 하나는 식사를 할 때 완전히 꼭꼭 씹어 먹는 것이다.
to prevent diabetes

만성 질환(慢性疾患)에 걸리다
심하지 않으면서 오래가고 잘 낫지 않는 병이 들다.
만성 질환에 걸리지 않도록 잘못된 생활 습관을 고쳐야 한다.
to contract a chronic illness

면역력(免疫力)을 키우다 [며녕녁]
외부에서 들어오는, 병의 원인이 되는 균에 저항하는 힘을 기르다.
운동을 하고 스트레스를 줄임으로써 면역력을 키울 수 있다.
to strengthen immunity

무기질(無機質)
명 생명을 유지하는 데 없어서는 안 될 영양소로, 칼슘, 철 등이 있다.
무기질이 들어 있는 식품은 뼈의 성장에 도움이 된다.
minerals

비타민
명 성장과 호흡, 소화 등을 위해서 꼭 필요한 영양소.
비타민이 풍부하게 들어 있는 식품으로 과일을 들 수 있다.
vitamin

빈혈(貧血)을 예방(豫防)하다
혈액 속의 적혈구가 감소하여 어지럼증 등의 증상이 생기는 것을 미리 막다.
빈혈을 예방하기 위해 철분 섭취가 필요하다.
to prevent anemia

영양(營養) 불균형(不均衡) 상태(狀態)가 되다
영양이 어느 한쪽으로 치우쳐 고르지 않은 상태가 되다.
영양 불균형 상태가 되지 않도록 하기 위해 건강 식단표를 작성했다.
to be nutritionally imbalanced

영양(營養)이 풍부(豊富)하다
영양이 넉넉하고 많다.
달걀의 노른자는 영양이 풍부하다.
to be nutrient rich

지방(脂肪)
명 3대 영양소 중 하나로, 피부 밑이나 근육이나 간 등에 저장되며 비만의 원인이 되는 성분.
다이어트를 하려면 지방이 많이 들어 있는 음식을 피해야 한다.
fat

질병(疾病)에 걸리다
몸에 병이 들다.
면역력이 떨어지면 질병에 걸리기 쉽다.
to contract a disease

철분(鐵分)
명 혈액 속에서 산소를 운반하는 역할을 하는 성분.
시금치는 철분이 풍부한 채소이다.
iron

칼슘
명 동물의 뼈와 이를 이루는 주요 성분.
멸치에는 칼슘 성분이 많다.
calcium

탄수화물(炭水化物)
명 3대 영양소 중 하나로, 생물의 중요한 에너지원.
흰쌀밥에는 탄수화물이 풍부하게 들어 있다.
carbohydrate

피로(疲勞)를 해소(解消)하다
정신이나 몸이 지쳐 힘든 상태를 해결하여 없애 버리다.
목욕을 하거나 스트레칭을 하는 것은 피로를 해소하는 데 도움이 된다고 한다.
to relieve one's fatigue

혈액 순환(血液循環)이 잘되다
몸 안의 피가 반복하여 도는 과정이 잘 이루어지다.
혈액 순환이 잘되지 않을 때 손발이 차가울 수 있다.
to have good blood circulation

듣기

들어 보세요 1

각종(各種)
명 온갖 종류.
아이를 데리고 동물원에 가서 각종 동물을 구경했다.
all kinds

고단백(高蛋白)
명 단백질을 많이 포함하고 있는 상태.
고단백, 저지방 식품에 대한 현대인의 관심이 뜨겁다.
high-protein

돌아보다
동 지난 일을 다시 생각하여 보다.
송년회는 지난 1년을 돌아보면서 내년을 준비하는 자리이다.
to look back

때우다
동 간단한 음식으로 끼니를 대신하다.
시간이 없어서 점심을 빵과 우유로 때웠다.
to substitute (a meal with)

매출(賣出)
명 물건 등을 파는 일.
올해 우리 회사의 매출이 빠르게 증가하고 있다.
sales

섭취량(攝取量)
명 음식을 먹어 몸속에 받아들이는 양.
고혈압 환자는 소금의 섭취량을 줄이는 것이 좋다.
intake amount

식습관(食習慣)
명 음식을 먹는 습관.
어렸을 때부터 올바른 식습관을 갖게 해 주어야 한다.
eating habit

영양소(營養素)
명 생물을 성장하게 하고 에너지를 공급하는 영양 성분이 있는 물질. 탄수화물, 지방, 단백질 등을 뜻한다.
신체의 건강을 유지하기 위해서는 여러 가지 영양소를 골고루 섭취해야 한다.
nutrient

유용(有用)하다
형 쓸 만한 가치가 있다.
현대에는 컴퓨터가 유용하게 사용되고 있다.
to be useful

저열량(低熱量)
명 열량, 즉 칼로리가 매우 낮은 상태.
샐러드는 저열량 식품이므로 건강에 좋다.
low-calorie

저탄수화물(低炭水化物)
명 탄수화물의 양이 적은 상태.
고지방, 저탄수화물 식단이 유행하면서 밥 대신 계란을 넣은 김밥이 인기를 끌고 있다.
low-carbohydrate

즉석식품(卽席食品)
명 간단히 조리할 수 있고 저장이나 휴대도 편리하도록 만든 식품.
즉석식품 때문에 대다수 사람의 입맛이 비슷해지고 있다.
instant food

지속(持續)되다
동 어떤 상태가 오래 계속되다.
인간의 평균 수명이 길어져 세계 인구의 증가 현상이 지속되고 있다.
to continue

패스트푸드
명 주문하면 즉시 완성되어 나오는 식품.
바쁜 현대인 중에는 패스트푸드로 끼니를 때우는 사람이 많다.
fast food

필요량(必要量)
명 반드시 요구되는 양.
하루에 섭취해야 할 영양소의 필요량을 알고 식사 계획을 세우면 영양소를 고르게 섭취할 수 있다.
required amount

들어 보세요 2

가라아게
명 재료를 기름에 튀긴 일본 음식.
karaage (deep-fried food)

귀리
명 곡류 중 하나.
oat

기운을 북돋우다
생물이 살아 움직이는 힘을 더욱 높여 주다.
피로에 지친 그에게 기운을 북돋워 주려고 쉴 곳을 마련해 주었다.
to cheer up

대추
명 대추나무의 열매.
jujube

무덥다
형 습도와 온도가 매우 높아 찌는 듯 견디기 어렵게 덥다.
바람 한 점 없는 무더운 날씨다.
to be sweltering

밥상
명 음식을 차리는 데 쓰는 상.
오랜만에 온 가족이 밥상에 둘러앉아 저녁 식사를 했다.
dining table

보충(補充)하다
동 부족한 것을 보태어 채우다.
학생 식당에서는 단백질을 보충하기 위해 육류 위주로 식단을 짰다.
to supplement

불리다
동 물에 젖게 해서 부피를 커지게 하다.
쌀을 물에 불린 후에 밥을 하면 밥이 더 맛있다.
to soak

브로콜리
명 채소류 중 하나.
broccoli

식재료(食材料)
명 음식의 재료.
음식의 맛은 식재료의 신선함에 따라 달라진다.
ingredient

연어(鰱魚)
명 연어과의 바닷물고기.
salmon

인삼(人蔘)
명 두릅나뭇과의 풀의 뿌리.
ginseng

찹쌀
명 찰벼에서 나는 쌀.
glutinous rice

탄두리치킨
명 닭고기를 화덕에 넣고 구운 인도의 전통 요리.
tandoori chicken

함유량(含有量)
명 물질이 어떤 성분을 포함하고 있는 분량.
이 화장품은 수분 함유량이 적다.
content amount

효능(效能)
명 효과를 나타내는 능력.
약의 효능을 증명하기 위해서는 과학적인 실험이 필요하다.
efficacy

말하기

똠얌꿍
명 새우와 채소, 레몬즙 등을 넣고 끓인 태국의 국물 요리.
tom yum goong

무

명 채소류 중 하나.
white radish

물기(물氣) [물끼]

명 촉촉한 물의 기운.
그는 머리를 감고 물기를 닦아 내었다.
moisture

발사믹식초(balsamic食醋)
명 포도로 만든 식초.
balsamic vinegar

배추

명 채소류 중 하나.
napa cabbage

불도장(佛跳牆)

명 여러 재료가 들어간 중국의 대표 보양식.
Buddha jumps over the wall (soup)

양상추(洋상추)

명 채소류 중 하나.
lettuce

올리브오일

명 올리브 열매에서 추출한 기름.
olive oil

요리법(料理法) [요리뻡]
명 음식을 만드는 방법.
이 음식은 잡지에 나오는 요리법을 따라서 만들어 본 거야.
recipe

장어(長魚)덮밥 [덥빱]

그릇에 밥을 담아 그 위에 장어구이를 얹고 양념간장을 부은 음식.
grilled eel rice bowl (unadon)

절이다
동 채소나 생선 등을 소금이나 식초, 설탕 등에 담가 간이 배어들게 하다.
김치를 담글 때는 먼저 배추를 소금에 절인다.
to brine

포토푀

명 쇠고기와 채소를 오랫동안 끓여서 만든 프랑스 요리.
pot-au-feu

1-2. 건강한 신체

주제 어휘

관절(關節)
명 뼈와 뼈가 서로 맞닿아 연결되어 있는 곳.
아기를 계속 안고 있었더니 손목 관절이 아프다.
joint

근력(筋力) 운동(運動) [글력]
근육의 힘을 키우기 위해서 몸을 움직이는 일.
스쿼트는 대표적인 하체 근력 운동이다.
muscle-strengthening exercise

근력(筋力)을 기르다
근육의 힘을 더 강하게 만들다.
노화를 늦추기 위해서는 근력을 길러야 한다.
to build muscle strength

근육(筋肉)
명 뼈를 보호하고 몸이 움직일 수 있도록 해 주는 기관.
꾸준히 운동을 하니 근육이 생겼다.
muscle

근육량(筋肉量)을 늘리다 [그늉냥]
근육의 양을 많게 하다.
운동이 끝난 직후에 단백질을 섭취하면 근육량을 늘리는 데 도움이 된다.
to increase muscle mass

목 디스크를 예방(豫防)하다
목에 있는 뼈와 뼈 사이의 디스크(disc)에 문제가 생기는 것을 미리 막다.
목 디스크를 예방하기 위해서는 컴퓨터를 사용할 때 모니터의 높이를 조절해야 한다.
to prevent a herniated cervical disc

뭉친 근육(筋肉)을 풀다
딱딱해진 근육을 부드러운 상태로 만들다.
뭉친 근육을 풀기 위해 마사지를 받으려고 한다.
to loosen tight muscles

바른 자세(姿勢)를 유지(維持)하다
몸을 비뚤어지거나 굽은 데가 없는 모양으로 유지하다.
목과 허리에 통증을 느낀다면 평소에 바른 자세를 유지하기 위해 노력하는 것이 좋다.
to maintain good posture

뻣뻣해진 몸을 풀다 [뻗뻐태진]
굳은 몸을 부드러운 상태로 만들다.
스트레칭을 하면 뻣뻣해진 몸을 풀 수 있다.
to loosen one's stiff body

숙면(熟眠)을 취하다 [숭면]
잠을 깊이 자다.
어제 숙면을 취했더니 몸이 가볍다.
to have a good night's sleep

심장(心臟)
명 혈액을 몸 전체로 보내는 기관.
너무 놀라서 심장이 빨리 뛰었다.
heart

심폐 기능(心肺機能)이 향상(向上)되다
심장과 폐의 기능이 좋아지다.
매일 아침 조깅을 꾸준히 하면 심폐 기능이 향상된다.
cardiorespiratory function be improved

위(胃)
명 소화 기관의 일부.
위가 나빠져서 음식을 소화시키기가 힘들다.
stomach

유산소 운동(有酸素運動)
몸 안에 많은 산소를 공급하여 심장과 폐 기능을 향상시키고 체중 조절에 효과를 주는 운동.
대표적인 유산소 운동으로 걷기, 달리기, 등산 등이 있다.
cardio(vascular) exercise

유연성(柔軟性)을 기르다
몸을 부드럽게 움직일 수 있는 힘을 키우다.
요가는 유연성을 기를 수 있는 좋은 운동이다.
to develop flexibility

장(腸)
명 소화 기관 중 하나로, 대장과 소장을 가리키는 말.
장을 튼튼하게 하기 위해 유산균을 섭취하고 있다.
intestine

지구력(持久力)을 기르다
오랫동안 버티며 견디는 힘을 키우다.
마라톤을 하려면 지구력을 길러야 한다.
to build physical endurance

척추(脊椎)
명 머리뼈 아래에서 엉덩이 부위까지 이어지는 33개의 뼈.
교통사고로 인해 척추를 심하게 다쳤다.
spine

체력(體力)을 기르다
육체적 활동을 할 수 있는 몸의 힘을 키우다.
체력을 기르기 위해서 일주일에 세 번씩 운동을 하고 있다.
to build physical strength

체중(體重)을 감량(減量)하다 [감냥하다]
몸의 무게를 줄이다.
갑자기 체중을 감량하면 건강에 이상이 생긴다.
to lose weight

체지방(體脂肪)을 줄이다
몸속에 쌓여 있는 지방을 줄이다.
체지방을 줄이려면 탄수화물 섭취량을 줄여야 한다.
to reduce one's body fat

폐(肺)
명 가슴안의 양쪽에 있는 호흡을 하는 기관.
폐에 문제가 생기면 숨을 쉴 때 가슴 통증이 생길 수 있다.
lung

허리 디스크를 예방(豫防)하다
허리 부분의 뼈와 뼈 사이에 있는 디스크에 문제가 생기는 것을 미리 막다.
허리 디스크를 예방하기 위해서는 허리에 무리가 가는 자세를 하지 않아야 한다.
to prevent a herniated lumbar disc

읽기

읽어 보세요 1

거북목 증후군(症候群)
사람의 목이 거북의 목처럼 앞으로 구부러지는 증상.
거북목 증후군은 대부분 잘못된 자세나 생활 습관 때문에 발생한다.
forward head posture

고개를 들다
고개를 위로 올리다.
실수한 것이 창피해서 고개를 들 수 없었다.
to raise one's head

교정(矯正)하다
동 바르지 않거나 잘못된 것을 바로잡다.
바르지 못한 자세만 교정해도 원인 모를 통증에서 벗어날 수 있다.
to correct

굳어지다
동 근육이나 뼈마디가 점점 뻣뻣하게 되다.
두려움 때문에 그의 몸이 굳어졌다.
to harden

굽다
동 한쪽으로 휘다.
할머니는 허리가 많이 굽으셨다.
to be curved

눈높이
명 어떤 것을 볼 때 보는 사람의 눈까지의 높이.
컴퓨터를 할 때는 모니터를 눈높이에 맞춰야 한다.
eye level

당기다
동 물건 등을 힘을 주어 자기 쪽이나 일정한 방향으로 가까이 오게 하다.
의자를 바싹 당겨 앉았다.
to pull

뒤통수
명 머리의 뒷부분.
나를 보고 있는 사람들의 시선이 어색해서 뒤통수를 긁었다.
back of the head

반듯이
부 작은 물체 또는 생각이나 행동 등이 비뚤어지거나 굽지 않고 바르게.
침대 위에 반듯이 누운 채로 잠이 들었다.
straight

엉덩이
명 허리와 허벅지 사이에 있는, 앉았을 때 바닥에 닿는 부분.
뒤로 넘어졌더니 엉덩이가 너무 아팠다.
butt

턱
명 사람의 입 아래에 있는 뾰족하게 나온 부분.
사춘기가 되니 턱에 수염이 났다.
chin

틈틈이
부 시간적인 여유가 있을 때마다.
시험이 얼마 남지 않아서 틈틈이 공부하고 있다.
in one's spare time

읽어 보세요 2

건강 검진(健康檢診)
몸의 건강 상태를 의학적으로 살피는 검사.
나는 2년에 한 번씩 꼭 건강 검진을 받는다.
physical examination

걸음
명 두 발을 번갈아 옮겨 놓는 횟수를 세는 단위.
그는 다른 사람들보다 몇 걸음 앞서 걸었다.
step

곧다
형 굽거나 비뚤어지지 않고 똑바르다.
허리를 곧게 펴고 앉으세요.
upright

공급(供給)되다
동 요구나 필요에 따라 물품 등이 제공되다.
영양분이 충분히 공급되어야 식물이 잘 자란다.
to be supplied

과언(過言)이 아니다
지나친 말이 아니다.
그는 세계 제일의 피아니스트라고 해도 과언이 아니다.
to not be an exaggeration

대표적(代表的)
관 명 어떤 분야나 집단에서 무엇을 대표할 만큼 전형적이거나 특징적인 (것).
박완서는 한국의 대표적인 여성 작가이다.
representative

들이다
동 어떤 일에 돈, 시간, 노력, 물품 등을 쓰다.
책상에 앉아 시간을 많이 들인다고 공부를 잘하는 건 아니다.
to put something in

보폭(步幅)
명 걸음을 걸을 때 앞발에서 뒷발까지의 거리.
그는 보폭을 일정하게 유지하며 걸었다.
step length

산소(酸素)
명 사람이 호흡하고 동식물이 생활하는 데 없어서는 안 되는 공기의 중요 성분.
몸 안에 산소가 모자라면 생명이 위험해진다.
oxygen

상체(上體)
명 물체나 신체의 윗부분.
상체를 구부려 바닥에 떨어진 종이를 주웠다.
upper body

적절(適切)하다
형 꼭 알맞다.
그는 선생님의 질문에 적절하게 대답했다.
to be proper

핵심(核心)
명 사물의 가장 중심이 되는 부분.
민수 씨는 문제의 핵심을 잘 짚어 낸다.
core

쓰기

개요(概要)
명 간결하게 만든 주요 내용.
논문의 개요를 보면 기본적인 내용을 알 수 있다.
outline

권(勸)하다
동 어떤 사람에게 좋다고 생각하는 일을 하라고 말하다.
아버지는 나에게 해외 유학을 권했지만 나는 자신이 없어 망설이고 있다.
to recommend

주의점(注意點) [주의쩜/주이쩜]
명 마음에 새겨 두고 조심해야 하는 부분.
온라인 상품을 결제할 때 주의점은 무엇입니까?
precaution

투자(投資)하다
동 이익을 얻기 위하여 어떤 일이나 사업에 돈을 넣거나 시간이나 정성을 쏟다.
그는 주식에 투자하여 많은 돈을 벌었다.
to invest

현실(現實)
명 실제로 존재하는 사실이나 상태.
교육 제도를 현실에 맞게 바꾸었다.
reality

❖ 자유롭게 써 보세요.

2

행복과 휴식

2-1 행복의 비결

2-2 휴식이 있는 삶

2-1 행복의 비결

- **듣기 1** 행복에 대한 강연을 듣고 내용 파악하기
- **듣기 2** 행복에 대한 강연을 듣고 행복의 정의 파악하기
- **말하기** 추상적 개념 정의하기

2-2 휴식이 있는 삶

- **읽기 1** 일과 생활의 균형에 대한 카드 뉴스를 읽고 내용 파악하기
- **읽기 2** 휴식에 대한 칼럼을 읽고 근거 자료 파악하기
- **쓰기** 자료 인용하여 글 쓰기

Intro 2-1 행복의 비결

1. 사람들은 언제 행복을 느낍니까?

2. 여러분은 언제 행복하다고 느꼈습니까?

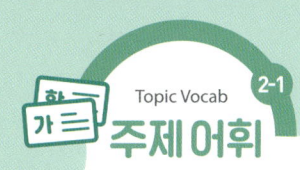

Topic Vocab 2-1 주제 어휘

1 다음은 행복과 관련된 표현입니다. 알맞은 것을 연결해 보세요.

1) 행복하게 살려면 돈이 꼭 필요해요. 돈이 많으면 하고 싶은 일을 어느 정도는 다 할 수 있잖아요. • • 가치가 있다

2) 아무 방해도 받지 않고 제 마음대로 하고 싶은 일을 할 때 행복해요. • • 유능하다

3) 남들보다 어떤 일을 잘할 때나 능력이 있다고 느낄 때 기분이 좋아요. • • 자유롭다

4) 목표를 세우고 열심히 노력해서 그 목표를 이루었을 때 정말 기뻤어요. • • 경제적으로 여유롭다

5) 행복한 삶을 위해서는 좋은 사람들과 사귀고 잘 지내는 것이 정말 중요하다고 생각해요. • • 인간관계가 좋다

6) 다른 사람을 돕는 일은 의미 있는 일이라고 생각해요. 저는 봉사 활동을 할 때 큰 행복을 느껴요. • • 목표를 성취하다

7) 방학이 되어 고향 집으로 돌아와 가족들과 시간을 보내니 마음이 편안해요. • • 마음의 안정을 얻다

2 사람들은 어떤 상황에서 아래와 같은 감정을 느낄까요? 이 외에도 언제 이런 감정을 느낄까요?

> 열심히 해서 상을 받을 때 **성취감**을 느껴요. 또….

| 행복감 | 성취감 | 만족감 | 기대감 | 친밀감 |
| 우울감 | 불안감 | 좌절감 | 열등감 | 무기력감 |

듣기 (Listening 2-1)

🎧 들어 보세요 ❶

준비

1. 여러분은 강연을 들어 본 적이 있습니까? 어떤 강연을 들어 봤습니까?

2. 다음은 행복에 대한 강연에서 제시한 자료입니다. 강연에서 무슨 이야기를 할 것 같습니까?

듣기 행복에 대한 강연의 앞부분입니다. 잘 듣고 질문에 답해 보세요.

중심 내용 파악하기

1. 무엇에 대한 강연입니까?

   ① 행복과 불행
   ② 인간관계와 행복
   ③ 행복의 필수 요소

2. 행복의 세 가지 필수 요소는 무엇입니까?

세부 내용 파악하기

3. 관계있는 것끼리 연결하세요.

   자유 • • 자신이 스스로 뭔가를 이루어 냈을 때 행복을 느낍니다.

   관계 • • 하고 싶은 일을 할 때 행복을 느낍니다.

   유능 • • 가족, 친구, 연인과 잘 지낼 때 행복을 느낍니다.

문법과 표현

명 이란 ☞ 6쪽

행복이란 무엇일까요? 이 질문에 대한 답은 사람마다 다를 겁니다.

🎧 들어 보세요 2

준비

1 여러분은 일상생활에서 무엇을 할 때 행복하다고 느낍니까?

2 다음 그래프에서 x축과 y축은 각각 무엇을 나타냅니까? 재미도 있고 의미도 있는 활동은 무엇입니까?

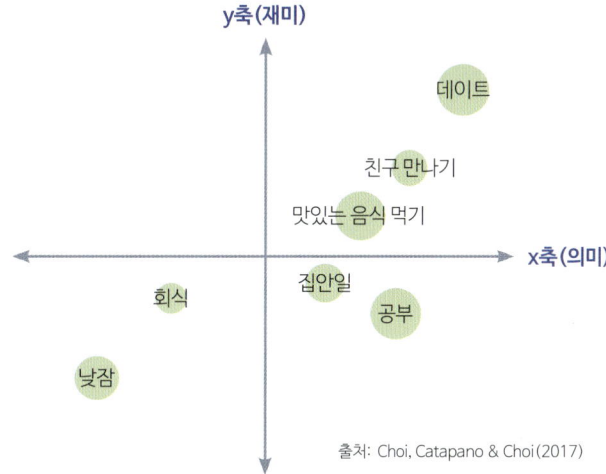

출처: Choi, Catapano & Choi(2017)

듣기 행복에 대한 강연의 뒷부분입니다. 위의 그래프를 보면서 잘 듣고 질문에 답해 보세요.

중심 내용 파악하기

1 이 강연자의 중심 생각을 쓰세요.

> 일상생활에서 _____ 를 높이는 활동을 많이 해야 하는데, 사람은 _____ 도 있고, _____ 도 있는 활동을 할 때 강한 행복감을 느낀다.

2 빈 칸에 들어갈 알맞은 말을 쓰세요.

- 재미있는 활동이란 _____ 활동입니다.
- 의미 있는 활동이란 _____ 활동입니다.

문법과 표현

동 -음에 따라 ☞ 6쪽

이를 통해 '산책', '운동', '여행' 등의 활동을 많이 함에 따라 더 행복한 삶을 살게 된다는 것을 알 수 있습니다.

2-1. 행복의 비결 51

세부 내용 파악하기

3 다음 표에 알맞은 활동을 쓰세요.

재미있고 의미 있는 활동	친구 만나기,
재미도 별로 없고 의미도 크지 않은 활동	

이야기해 보세요

1 여러분은 일상을 행복한 활동으로 채우려고 노력하는 편입니까? 어떤 노력을 하고 있습니까?

2 사람마다 재미있거나 의미 있게 느끼는 활동은 다릅니다. 여러분에게 재미있는 활동과 의미 있는 활동은 무엇입니까? 아래에 표시해 보고 이야기해 보세요.

저에게 재미도 있고 의미도 있는 활동은 운동, 마음이 맞는 친구 만나기, 좋은 영화 보기예요. 운동은 할 때도 재미있지만 하고 나면 기분도 좋고 변화하는 제 몸을 보며 성취감도 느낄 수 있어요. …

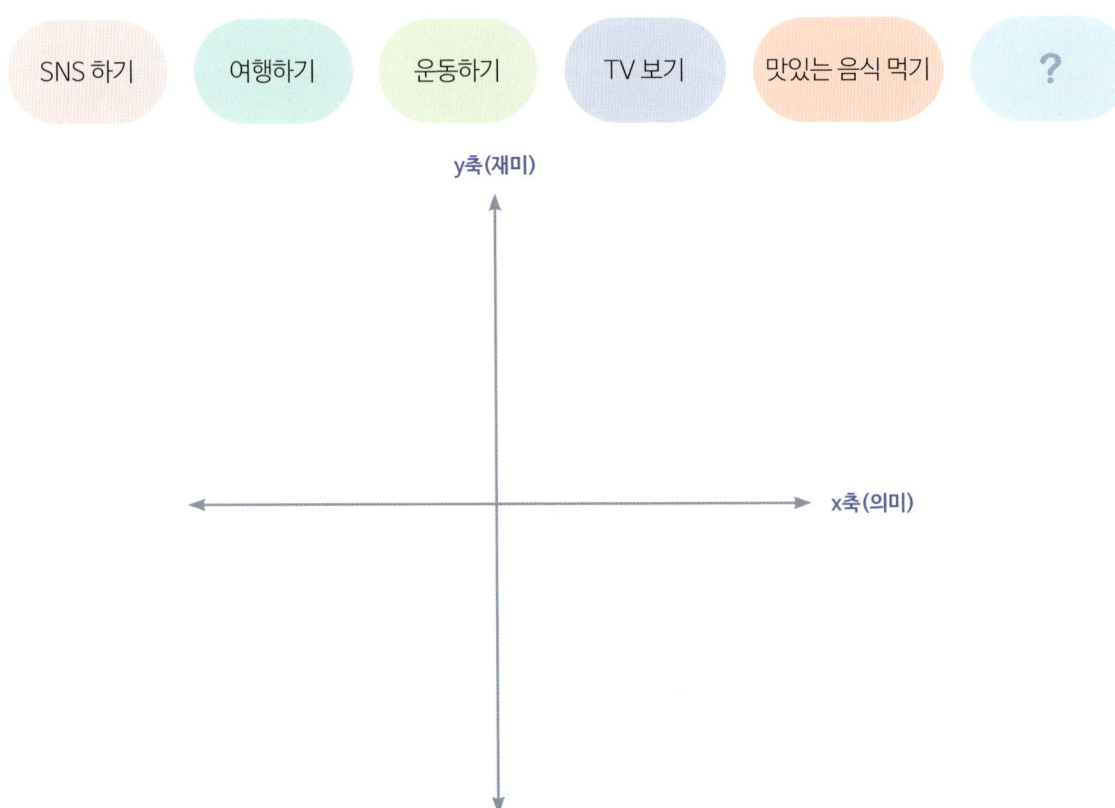

말하기 (Speaking 2-1)

🖊 추상적인 개념을 정의하고 예를 들어 설명해 보세요.

준비해 보세요

1. 여러분은 행복이란 무엇이라고 생각합니까?

2. 행복에 대한 정의는 사람마다 다를 수 있습니다. 행복을 정의할 때 어떤 내용을 이야기하면 좋을까요?

표현을 연습해 보세요

1. 다음은 추상적인 개념을 정의할 때 사용하는 표현입니다. 다음 표현을 사용하여 행복을 정의해 보세요.

추상적인 개념 정의하기	
▶ 대상의 뜻을 한 문장으로 설명합니다.	• …이란 …는 것입니다 • …은 …입니다

1) **행복이란** 일상에서 자신이 좋아하는 일을 **하는 것입니다**.

2) **행복은** 인생의 목표를 향해 나아갈 때 느끼는 **감정입니다**.

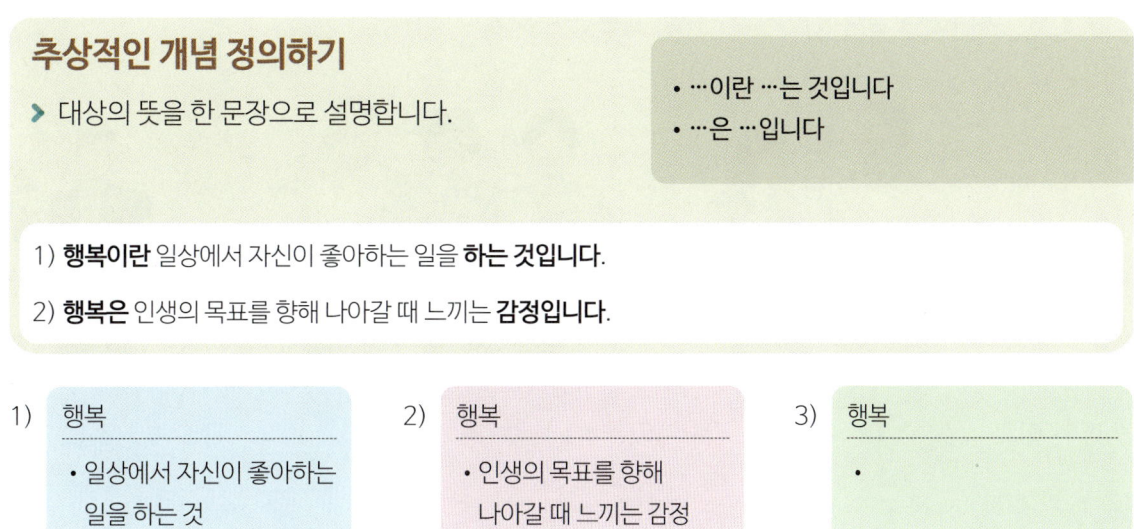

2-1. 행복의 비결

말하기 2-1

2 다음은 경험을 통해 깨달은 일을 예로 들어 설명할 때 사용하는 표현입니다. 다음 표현을 사용하여 행복을 위와 같이 정의한 이유를 이야기해 보세요.

깨달음과 관련된 경험 예시하기

› 왜 그렇게 정의했는지 자신의 경험을 예로 들어 설명합니다.
› 경험을 통해 깨달은 것을 이야기합니다.

- …을 때[으면] …을 느낍니다
- …고 나서 …을 깨달았습니다

1) 저는 좋아하는 음악을 **들을 때**, 맛있는 음식을 **먹을 때**, 사랑하는 사람들을 **만날 때 행복을 느낍니다**. 예전에는 큰 목표를 성취하는 것이 행복이라고 생각했지만 아픈 시간을 **보내고 나서** 일상 속에서 소소하게 좋아하는 일을 할 수 있다는 게 큰 행복이라는 **것을 깨달았습니다**.

2) 제 인생의 목표는 저만의 사업을 하는 것인데 이런 목표가 저를 더 행복하게 해 준다는 **것을 깨달았습니다**. 지금은 회사에 다니지만 매일 바쁘게 생활하면서 힘들 때나 피곤할 때도 그 목표를 **생각하면** 행복해지고, 다시 일할 힘이 생기는 **것을 느낍니다**.

1) 행복
- 좋아하는 음악, 맛있는 음식, 사랑하는 사람
- 아픈 시간을 보내고 나서 좋아하는 일을 할 수 있다는 게 행복임을 깨달음.

2) 행복
- 사업을 하겠다는 목표가 행복을 줌.
- 힘들 때나 피곤할 때도 목표를 생각하면 행복해지고 다시 일을 할 힘이 생김.

3) 행복
-
-

▬ 이야기해 보세요

1 여러분이 생각하는 사랑, 우정, 결혼은 무엇입니까?

사랑이란….

우정이란….

결혼이란….

2 여러분이 정의하고 싶은 것을 골라 보기와 같이 메모해 보세요.

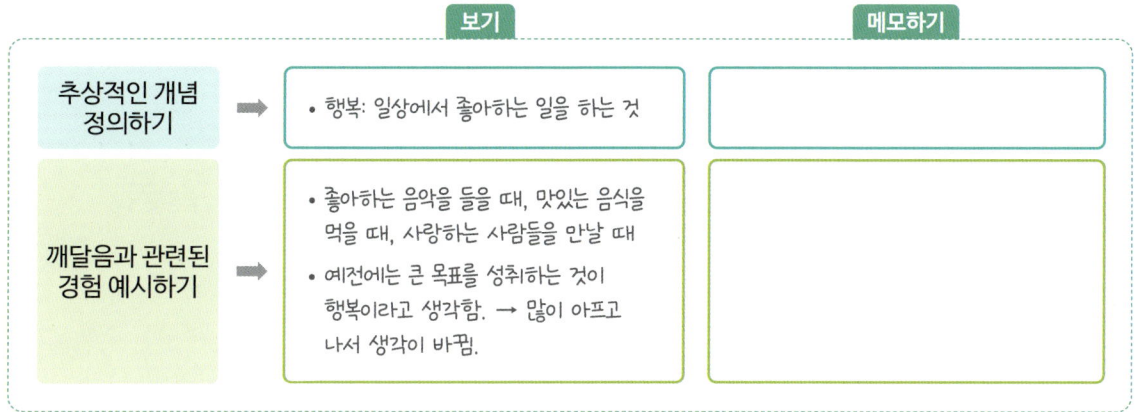

3 메모한 내용을 바탕으로 친구들에게 이야기해 보세요.

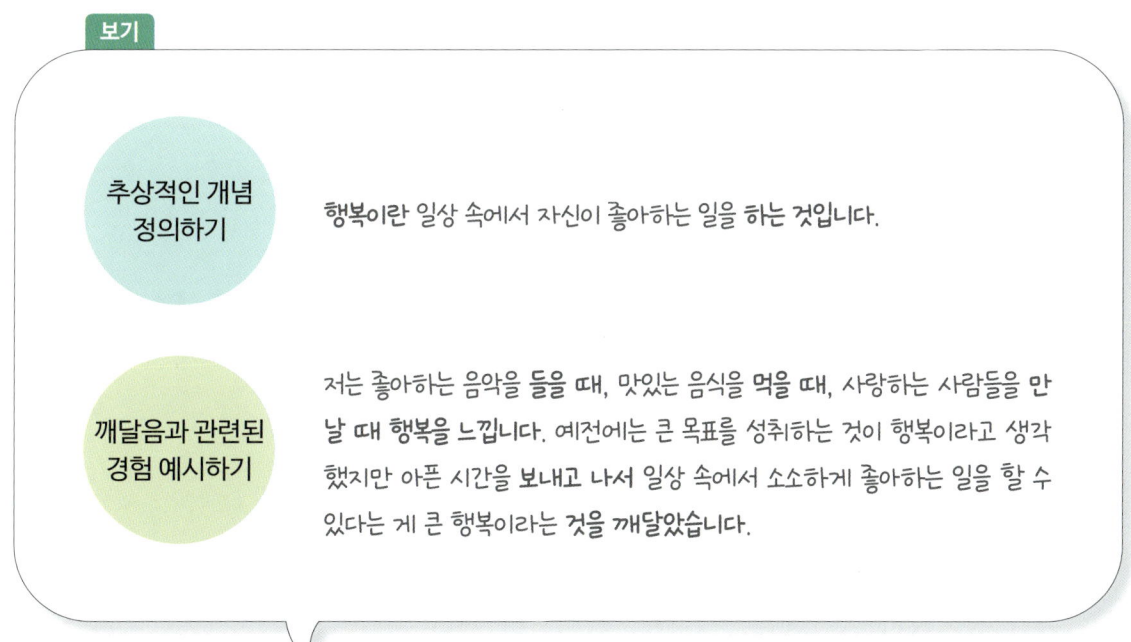

2-2 휴식이 있는 삶

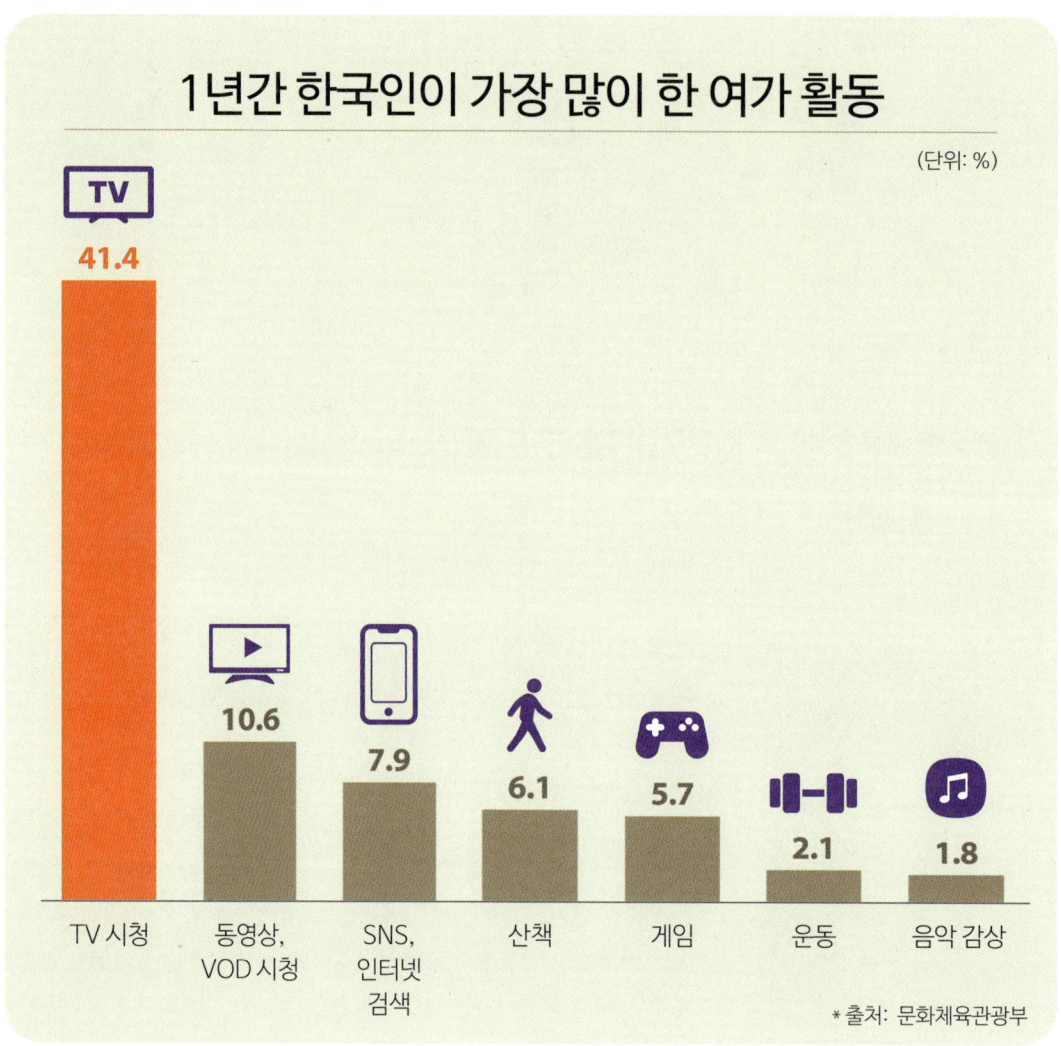

1. 한국 사람들은 여가 시간에 어떤 활동을 많이 합니까?

2. 여러분 나라에서는 여가 시간에 많이 하는 활동이 있습니까? 어떤 활동입니까?

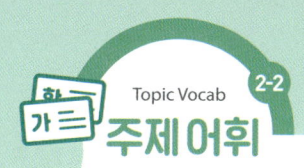

1 다음은 여가 활동과 관련된 표현입니다. 여러분은 어떤 활동을 하며 여가 시간을 보내는 것이 좋다고 생각합니까?

> 여가 시간에 캠핑을 가는 게 좋다고 생각해요. 자연 속에서 **충분한 휴식을 취하고** 나면 마음이 편해져요.

충분한 휴식을 취하다	식물을 기르다	맛집을 탐방하다	박람회를 구경하다
취미 생활을 하다	반려동물을 키우다	보드게임을 하다	예술 작품을 감상하다
관심 분야의 강의를 듣다	운동 경기를 관람하다		

2 휴식과 그 영향에 관련된 표현입니다. 알맞은 것을 연결해 보세요.

1) 적절한 휴식은 몸과 마음에 모두 좋은 영향을 줘요. ———— 긍정적 영향을 미치다

2) 일이나 개인 생활 중 한쪽에만 시간을 너무 많이 쓰지 않아야 해요. • • 스트레스 지수를 낮추다

3) 맡았던 일을 끝내고 나니 긴장이 풀려요. • • 일의 효율을 높이다

4) 힘들었던 몸과 마음이 회복되는 것 같아요. • • 심리적 문제를 예방하다

5) 스트레스를 줄일 수 있어요. • • 에너지가 충전되다

6) 활동할 수 있는 힘이 다시 채워져요. • • 긴장이 완화되다

7) 우울감이나 무기력감을 느끼지 않도록 미리 막을 수 있어요. • • 지친 심신이 치유되다

8) 일도 더 효과적으로 할 수 있어요. • • 일과 생활의 균형을 잡다

읽기 2-2

읽어 보세요 1

준비

1. 여러분은 일주일에 여가 시간이 얼마나 됩니까? 그 시간이 충분하다고 생각합니까?

2. 다음은 카드 뉴스의 첫 번째 페이지입니다. 어떤 내용이 나올 것 같습니까?

읽기 다음은 일과 생활의 균형에 대한 카드 뉴스입니다. 잘 읽고 질문에 답해 보세요.

한국은 지난 수십 년 동안 매우 빠른 속도로 발전을 이루었습니다. 이런 눈부신 발전은 많은 한국인이 쉬지 않고 일해서 이룬 결과라고 해도 과언이 아닙니다.

덕분에 과거에 비해 경제적으로는 여유로워졌지만 한국의 행복 지수는 경제력에 비해 낮은 편입니다.

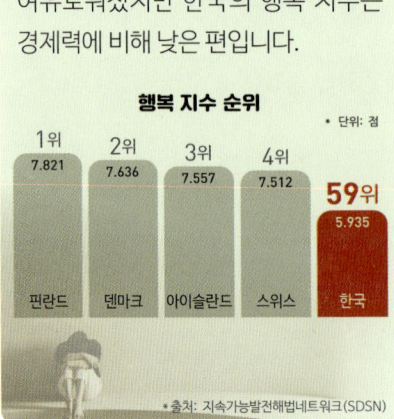

많은 전문가들은 행복한 삶을 위해서는 일과 개인 생활 사이의 균형을 잡는 것이 중요하다고 이야기합니다. 일을 하며 성취감을 느끼는 것도 중요하지만 개인 생활을 즐길 시간도 필요하다는 것입니다.

실제로 적절한 휴식 없이 장기간 일에만 몰두하면 신체 건강에 안 좋은 영향을 줄뿐더러 정신 건강에도 나쁜 영향을 미쳐 우울감, 의욕 상실, 무기력감 등을 느끼게 된다는 연구 결과도 있습니다. 행복한 삶과는 점점 멀어지게 되는 것입니다.

많은 사람들이 행복한 삶을 위해서는 충분한 여가 시간을 가지는 것이 중요하다는 생각을 갖게 되면서 여가를 잘 활용하는 방법에 대한 관심도 점점 높아지고 있습니다.

반려동물이나 식물 키우기, 관심 분야의 강의 듣기, 캠핑 가기, 예술 작품 감상하기 등 자신에게 맞는 활동을 **찾아 함으로써** 만족스러운 여가를 보내는 사람들도 점점 늘어나고 있습니다. 균형 있고 행복한 삶을 살기 위해 자신에게 맞는 여가 활동을 찾아보면 좋을 것 같습니다.

중심 내용 파악하기

1 전문가들은 행복한 삶을 위해서는 무엇이 중요하다고 이야기합니까?

세부 내용 파악하기

2 한국의 경제적 발전 정도와 행복 지수를 비교하면 어떻습니까?

3 휴식 없이 장기간 일만 하는 경우 어떤 문제가 생길 수 있습니까?

세부 내용 파악하기 | **확장 활동하기**

4 현대인들이 여가 시간을 보내는 방법에는 어떤 것들이 있습니까? 여러분은 어떻게 여가 시간을 보냅니까?

1) 반려동물이나 식물 키우기 .
2) _____ .
3) _____ .
4) _____ .

문법과 표현

동 -음으로써   ☞ 7쪽

반려동물 키우기, 캠핑 가기 등 자신에게 맞는 활동을 찾아 함으로써 만족스러운 여가를 보내는 사람들도 점점 늘어나고 있습니다.

읽기 2-2

읽어 보세요 2

준비

1 잘 쉬는 것이 중요하다고 생각합니까? 어떻게 했을 때 가장 잘 쉬었다는 생각이 듭니까?

2 여러분은 칼럼을 읽어 본 적이 있습니까? 칼럼은 어떤 글입니까?

| SNU뉴스 | 속보 | 정치 | 경제 | 사회 | 세계 | **오피니언** | IT/과학 | 생활/문화 |

칼럼 사설

읽기 다음은 휴식의 효과에 대한 칼럼입니다. 잘 읽고 질문에 답해 보세요.

휴식의 기술, 멍하게 있기

가 오늘날에는 삶의 질을 중요하게 여기는 사회 분위기에 따라 여가에 대한 관심도 점점 커지고 있다. 그렇다면 사람들은 무엇을 하며 여가를 보낼까? 한 **조사에 따르면** 사람들이 여가 시간에 많이 하는 활동은 TV 시청, 인터넷 검색, 게임인 것으로 나타났다. 여가 활동을 하는 동안 스마트폰이나 컴퓨터를 사용하는 비중은 40% 이상이었다. 많은 시간을 디지털 기기를 사용하는 데 보내고 있는 것이다.

나 전문가들은 휴식 시간에도 스마트폰을 내려놓지 못하는 현대인의 모습을 걱정스러운 눈으로 바라본다. 사람들은 특별한 목적 없이 인터넷을 검색하거나 SNS를 통해 다른 사람들과 일상을 공유하는 것을 휴식이라고 생각하지만 사실 사람들의 뇌는 쉬고 있는 것이 아니기 때문이다. 최근에 만성 피로나 무기력감을 느끼는 직장인들이 늘어나는 것은 디지털 시대의 이러한 일상과도 관련이 깊다.

다 그렇다면 어떻게 해야 잘 쉴 수 있을까? 뇌 과학자들은 피로와 스트레스에서 벗어나고 싶다면 그냥 멍하게 있으라고 조언한다. 하던 일을 멈추고 잠깐이라도 멍하게 있으면 일할 때 활동하던 뇌 영역이 잠을 잘 때처럼 활동을 멈추고 휴식을 취한다는 것이다.

라 '그냥 멍하게 있기'의 효과는 일할 때 활동하는 뇌 영역을 쉬게 하는 데에만 있는 것이 아니다. **연구에 따르면** 우리가 아무런 활동을 하지 않고 휴식을 취하면 일할 때 활동하는 뇌 영역은 활동을 멈추고 다른 뇌 영역이 활성화되어 창의력을 발휘하는 데 도움이 된다고 한다. 뉴턴이 사과나무 아래에 멍하게 앉아 있다가 떨어지는 사과를 보고 만유인력에 대해 깨닫게 된 것이 바로 '그냥 멍하게 있기'의 효과를 보여 주는 대표적인 예이다.

마 많은 사람들이 길을 걸을 때에도, 버스나 지하철을 타고 있을 때에도, 커피숍에서 차를 마시거나 식당에서 밥을 먹을 때에도 습관적으로 스마트폰을 본다. 이제 잠시라도 스마트폰을 내려놓고 멍하게 창밖을 내다보는 연습을 해 보자.

문법과 표현

명 에 따르면 ☞ 7쪽

한 조사에 따르면 사람들이 여가 시간에 많이 하는 활동은 TV 시청, 인터넷 검색, 게임인 것으로 나타났다.

중심 내용 파악하기

1 글쓴이의 중심 생각은 무엇입니까?

① 진정한 휴식을 취할 필요가 있다.
② 스마트폰 중독은 사회적인 문제이다.
③ 디지털 기기는 사람들의 일상을 바꿨다.

개요 파악하기

2 가~마의 중심 내용을 연결하세요.

가 ———————————— 현대인의 여가 활동
나 •   • 글쓴이의 제안
다 •   • 휴식 방법의 문제점
라 •   • 잘 쉬는 방법
마 •   • '멍하게 있기'의 효과

세부 내용 파악하기

3 전문가들이 휴식 시간에 스마트폰을 많이 사용하는 것을 걱정스럽게 보는 이유는 무엇입니까?

4 멍하게 있을 때 우리의 뇌에는 어떤 일이 일어납니까? 또 어떤 효과가 있습니까?

• 일할 때 활동하던 뇌 영역은 잠을 잘 때처럼 _____.
• 일할 때 활동하는 뇌 영역은 활동을 멈추고 다른 뇌 영역이 활성화되어 _____.

전략 익히기

5 '그냥 멍하게 있기'의 효과를 이야기하기 위해 글쓴이가 선택한 방법은 무엇입니까? 모두 고르세요.

☐ 연구 결과를 이야기하고 있다.   ☐ 자신의 경험을 이야기하고 있다.
☐ 만성 피로 증상의 예를 들고 있다.   ☐ 뇌 과학자의 말을 인용하여 이야기하고 있다.

이야기해 보세요

1 여러분은 하루에 스마트폰을 얼마나 오랫동안 사용합니까? 스마트폰을 보는 것이 휴식이라고 생각합니까?

2 여러분은 일하는 시간과 여가 시간을 균형 있게 보내기 위해 어떤 노력을 하고 있습니까?

> 저는 여가 시간을 의미 있게 보내기 위해서 그 시간에 제가 정말 좋아하는 일을 하려고 노력해요. 예를 들면….

쓰기 (Writing 2-2)

📋 자료를 인용하여 휴식의 중요성을 설명하는 글을 써 보세요.

준비해 보세요

1 휴식이 중요하다고 생각합니까? 왜 그렇습니까?

2 휴식이 중요하다고 생각하는 이유에 대해 쓰려고 할 때 인용하면 좋은 자료에는 어떤 것이 있을까요?

> 전문가 의견   조사 결과   연구 결과   ?

3 다음은 휴식의 중요성과 관련된 자료입니다. 어떤 자료가 있습니까? 각각의 자료가 무엇을 의미하는지 이야기해 보세요.

> 휴식을 취한 뒤 스트레스 지수가 낮아졌다는 연구 결과가 있습니다. 이것은….

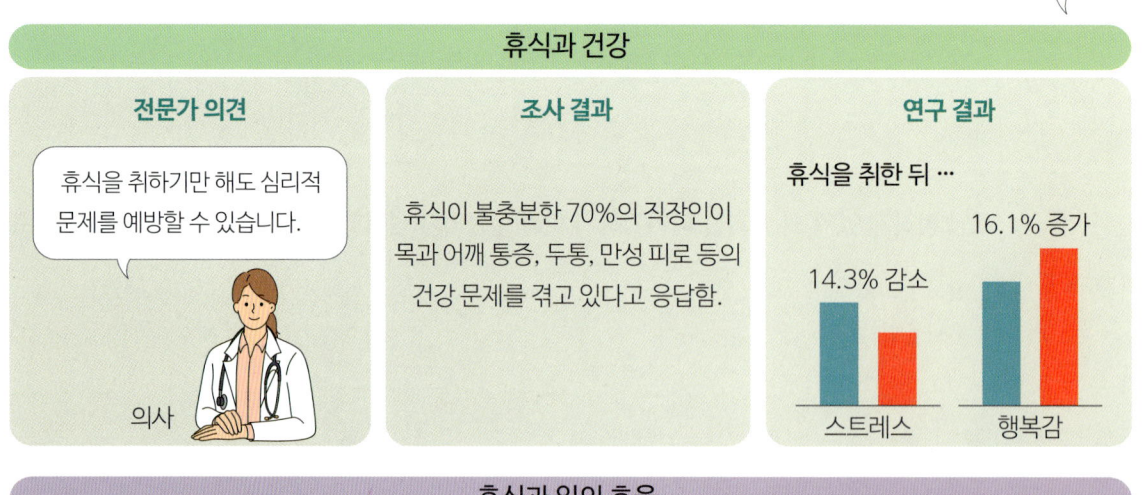

휴식과 건강

전문가 의견 — 휴식을 취하기만 해도 심리적 문제를 예방할 수 있습니다. (의사)

조사 결과 — 휴식이 불충분한 70%의 직장인이 목과 어깨 통증, 두통, 만성 피로 등의 건강 문제를 겪고 있다고 응답함.

연구 결과 — 휴식을 취한 뒤 … 스트레스 14.3% 감소, 행복감 16.1% 증가

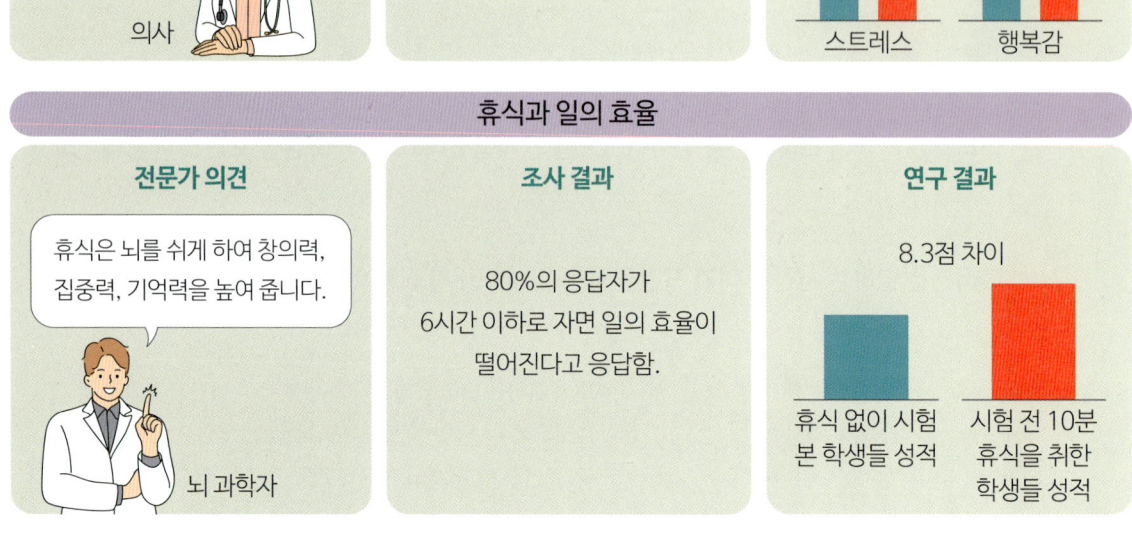

휴식과 일의 효율

전문가 의견 — 휴식은 뇌를 쉬게 하여 창의력, 집중력, 기억력을 높여 줍니다. (뇌 과학자)

조사 결과 — 80%의 응답자가 6시간 이하로 자면 일의 효율이 떨어진다고 응답함.

연구 결과 — 8.3점 차이 (휴식 없이 시험 본 학생들 성적 / 시험 전 10분 휴식을 취한 학생들 성적)

표현을 연습해 보세요

1 다음은 중요성에 대해 서술할 때 사용하는 표현입니다. 다음 표현을 사용하여 휴식의 중요성에 대해 서술해 보세요.

중요성 서술하기
▶ 대상의 중요성에 대해 씁니다.

- …은 가장 중요하다고 해도 과언이 아니다
- …어야만 하다

1) 건강을 지키는 데 있어 **휴식은 가장 중요하다고 해도 과언이 아니다**.
2) 건강하게 살고 싶다면 꼭 적절한 휴식을 **취해야만 한다**.

1) 휴식과 건강	2) 휴식과 건강	3) 휴식과 일의 효율
• 건강을 지키는 데 있어 휴식은 가장 중요함.	• 건강하게 살고 싶다면 적절한 휴식을 취해야 함.	•

2 다음은 이유를 제시할 때 사용하는 표현입니다. 다음 표현을 사용하여 휴식이 왜 중요한지 이유를 설명해 보세요.

이유 제시하기
▶ 중요하다고 생각하는 이유를 제시합니다.

- …으면 …을 수 있기 때문이다
- 왜냐하면 …에 긍정적인[부정적인] 영향을 미치기 때문이다

1) 적절한 휴식을 **취하면** 심리적인 문제를 **예방할 수 있기 때문이다**.
2) **왜냐하면** 휴식을 취하지 않는 것은 **건강에 부정적인 영향을 미치기 때문이다**.

1) 휴식과 건강	2) 휴식과 건강	3) 휴식과 일의 효율
• 심리적인 문제를 예방할 수 있음.	• 휴식을 취하지 않는 것은 건강에 부정적인 영향을 미침.	•

3 다음은 자료를 인용할 때 사용하는 표현입니다. '준비해 보세요' 3번을 활용하여 연습해 보세요.

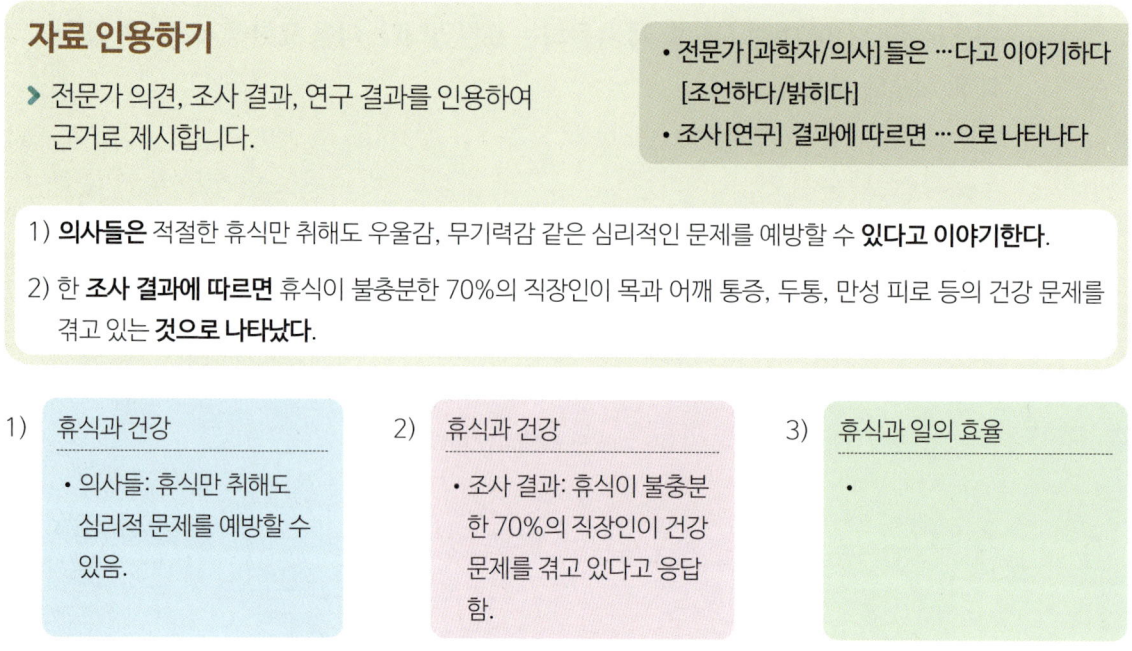

써 보세요

1 휴식의 중요성을 설명하기 위해서 필요한 자료를 찾아보세요.

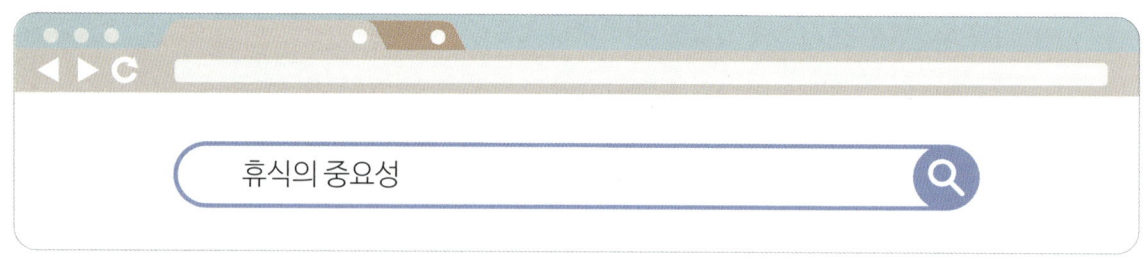

2 보기와 같이 휴식의 중요성을 설명하는 글의 개요를 써 보세요.

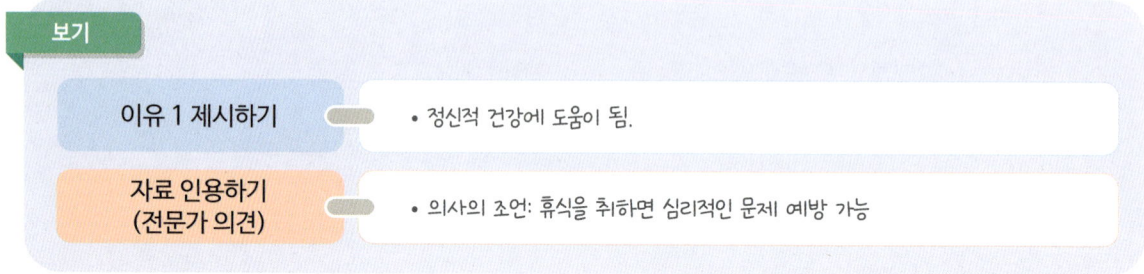

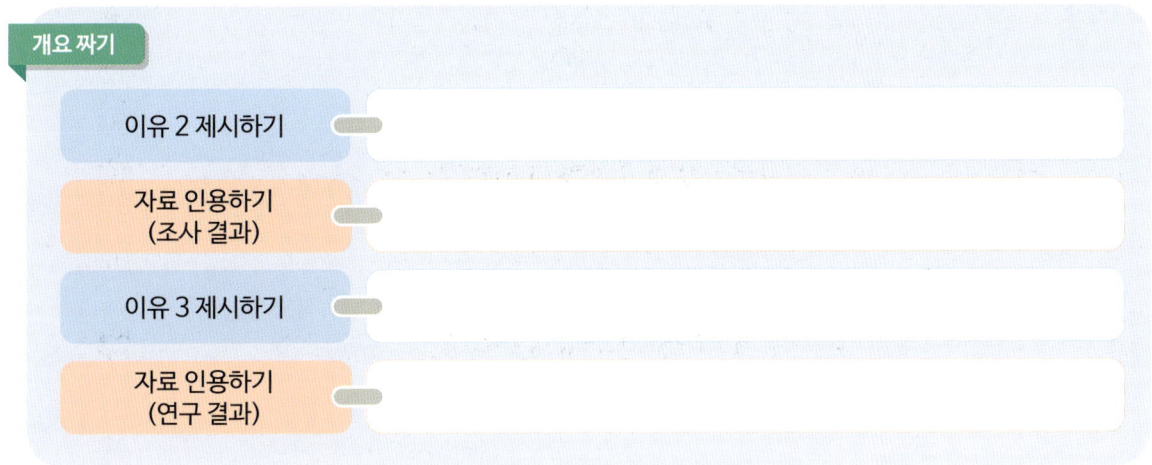

3 개요를 바탕으로 휴식의 중요성을 설명하는 글을 완성해 보세요.

> **쓰기**

제목	휴식의 중요성	
서론	휴식이란 '하던 일을 멈추고 잠깐 쉼'이라는 뜻이 있다. 오늘날 현대인들은 너무 많은 업무와 정보로 인해 휴식다운 휴식을 취하지 못하고 있는 것이 현실이다. 그러나 휴식은 우리 삶에서 가장 중요하다고 해도 과언이 아니다.	중요성 서술하기
본론	사람은 적절한 휴식을 취하지 않으면 심리적인 문제를 겪게 될 수 있다. 조사 결과에 따르면 많은 직장인이 우울감, 무기력감을 느끼고 있는 것으로 나타났다. 의사들은 적절한 휴식을 취하기만 해도 이러한 심리적인 문제를 예방할 수 있다고 이야기하며 일한 만큼 적절한 휴식을 취하라고 조언하고 있다.	이유 1 제시하기, 자료 인용하기 (전문가 의견)
	또한,	이유 2 제시하기, 자료 인용하기 (조사 결과)
		이유 3 제시하기, 자료 인용하기 (연구 결과)
결론	지금 당장은 주어진 일을 하기 바빠 휴식은 중요하지 않다고 생각할 수도 있다. 그러나 그런 순간에도 시간을 내어 쉬어야만 장기적으로 봤을 때 건강하고 꾸준하게 일을 할 수 있다. 휴식을 일만큼 중요하게 생각하는 마음, 그런 마음을 갖는 생각의 변화가 필요하다.	

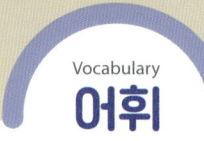

2-1. 행복의 비결

주제 어휘

가치(價値)가 있다
대상이 지닌 의미나 중요성이 있다.
다른 사람을 돕는 것은 가치가 있는 일이다.
to be of value

경제적으로 여유(餘裕)롭다
경제적으로 넉넉하다.
경제적으로 여유로워서 하고 싶은 일을 다 하며 지냈다.
to be financially stable

기대감(期待感)
명 어떤 일이 이루어지기를 바라고 기다리는 마음.
그는 합격할 것이라는 기대감을 갖고 합격자 발표를 기다렸다.
anticipation

마음의 안정(安靜)을 얻다
마음이 편안하고 조용해지다.
그 배우는 결혼한 후 마음의 안정을 얻었다고 말했다.
to gain peace of mind

만족감(滿足感)
명 만족한 느낌.
드디어 일을 마쳤다는 만족감에 기분 좋게 잘 수 있었다.
satisfaction

목표(目標)를 성취(成就)하다
목적한 것을 이루다.
목표를 성취하려면 구체적인 계획을 세우고 꾸준히 노력해야 한다.
to achieve goals

무기력감(無氣力感) [무기력깜]
명 어떤 일을 할 수 있는 기운과 힘이 없는 느낌.
햇빛이 줄어드는 가을과 겨울에는 쓸쓸함과 무기력감을 느끼는 경우가 많다.
lethargy

불안감(不安感) [부란감]
명 마음이 편하지 않고 걱정되는 느낌.
진로를 정하지 못했다는 이유로 그는 심한 불안감을 느꼈다.
anxiety

성취감(成就感)
명 목적한 바를 이루었다는 느낌.
그 일을 내 힘으로 다 끝냈을 때 말로 표현하지 못할 성취감을 느꼈다.
accomplishment

열등감(劣等感) [열뜽감]
명 자기를 남보다 못하거나 가치가 없다고 낮추어 평가하는 감정.
그는 자신이 다른 사람보다 잘하는 게 없다는 열등감에 빠져 있었다.
inferiority

우울감(憂鬱感)
명 근심스럽거나 답답하여 활기가 없는 감정.
우울감을 극복하기 위해 배낭 여행을 떠났다.
depression

유능(有能)하다
형 어떤 일을 남들보다 잘하는 능력이 있다.
그 사람은 맡은 일을 적극적으로 책임지고 처리할 줄 아는 유능한 인재이다.
to be competent

인간관계(人間關係)가 좋다
인간과 인간, 또는 인간과 집단과의 관계가 좋다.
평소에 인간관계가 좋은 그는 어려울 때 주위의 도움을 쉽게 받을 수 있었다.
to have good interpersonal relationships

자유(自由)롭다
형 구속이 없이 마음대로 할 수 있다.
수업 시간에 학생들은 의견을 자유롭게 발표했다.
to be free

좌절감(挫折感)
명 계획이나 의지가 꺾여 자신감을 잃은 느낌.
그는 이번 시험에서 불합격했다는 소식을 듣고 좌절감에 빠졌다.
frustration

친밀감(親密感)
명 지내는 사이가 매우 친하고 가까운 느낌.
오랜 시간 같이 지냈는데도 그에게서 친밀감이 느껴지지 않아 이상했다.
closeness

행복감(幸福感) [행복깜]
명 충분한 만족과 기쁨을 느끼는 마음.
올림픽에서 금메달을 딴 선수는 말로 표현할 수 없는 행복감을 느꼈다.
happiness

행복도(幸福度) [행복또]
명 행복감을 느끼는 정도.
행복한 삶을 살기 위해서는 산책, 운동, 여행 등 행복도를 높이는 활동을 할 필요가 있습니다.
degree of happiness

듣기

들어 보세요 ①

갖추다
동 있어야 할 것을 가지다.
그는 여러 가지 재능을 고루 갖춘 사람이다.
to possess

불행(不幸)하다
형 행복하지 않다.
몇 년 동안 불행한 일이 계속해서 발생했다.
to be unhappy

심리학과(心理學科) [심니학꽈]
명 대학에서 생물체의 의식 현상과 행동을 연구하고 교육하는 학과.
누나는 올해 상담 심리학과 석사 과정을 마쳤지만 아직도 상담에 필요한 공부를 하고 있다.
Department of Psychology

억지로
부 무리해서 강제로.
그는 속마음을 감추고 억지로 웃었다.
forcibly

연인(戀人) [여닌]
명 서로 연애하는 관계에 있는 두 사람.
그들은 만난 지 2년 된 연인 사이이다.
lover

정의(定義)
명 어떤 말이나 사물의 뜻을 분명하게 밝혀 정함. 또는 그 뜻.
사랑을 한 문장으로 정의 내리기는 어렵다.
definition

필수(必須) 요소(要素)
꼭 있어야 하는 성분.
뚜렷한 목표를 정하는 것은 성공의 필수 요소이다.
essential factor

들어 보세요 ②

x축(軸)
명 좌표 평면에서 가로로 놓인 축.
이 그래프에서 x축은 연도를 나타냅니다.
x-axis

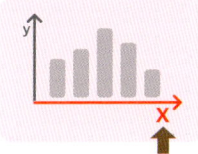

y축(軸)
명 좌표 평면에서 세로로 놓인 축.
이 그래프에서 y축은 강수량을 나타냅니다.
y-axis

비밀(祕密)
명 밝혀지지 않았거나 알려지지 않은 내용.
피라미드의 비밀은 현대 과학으로도 밝히지 못하고 있다.
secret

여기다
동 마음속으로 그렇다고 인정하거나 생각하다.
그가 세상에서 가장 소중하게 여기는 것은 그의 가족이다.
to regard

말하기

개념(槪念)
명 어떤 사물이나 현상에 대한 일반적인 지식.
선생님은 학생들이 어렵다고 느끼는 어휘의 개념을 쉽게 설명해 주셨다.
concept

깨달음
명 생각하고 깊이 연구하다가 알게 되는 것.
그는 오랜 공부 끝에 큰 깨달음을 얻게 되었다.
realization

소소(小小)하다
[형] 작고 중요하지 않다.
요즘 맛있는 음식을 먹거나 재미있는 영화를 보는 등 소소하게 좋아하는 일을 할 수 있어 즐겁다.
to be small

예시(例示)하다
[동] 예를 들어 보이다
설명의 방법으로는 정의하기, 예시하기, 비교하기 등이 있다.
to illustrate

추상적(抽象的)
[관][명] 어떤 사물이 직접 경험하거나 보고 깨달을 수 있는 일정한 형태와 성질을 갖추고 있지 않은 (것).
그 작가의 그림은 시간이 갈수록 구체적인 요소가 사라지고 추상적인 성격이 강해졌다.
abstract

2-2. 휴식이 있는 삶

주제 어휘

관심(關心) 분야(分野)의 강의(講義)를 듣다
대학이나 학원, 기관 등에서 관심 있는 분야의 수업을 듣다.
요즘 퇴근 후 온라인으로 관심 분야의 강의를 듣는 직장인들이 많다.
to take lectures in one's area of interest

긍정적(肯定的) 영향(影響)을 미치다
바람직한 영향을 주다.
운동이 청소년에게 긍정적 영향을 미치리라 기대하고 있다.
to have a positive effect

긴장(緊張)이 완화(緩和)되다
몸의 근육이나 신경이 긴장된 상태가 풀리다.
편안한 음악을 들으니 긴장이 완화되는 것 같다.
to be relieved of tension

맛집을 탐방(探訪)하다
음식의 맛이 뛰어나기로 유명한 곳을 찾아가다.
요즘은 주말이 되면 친구들과 맛집을 탐방하러 다닌다.
to visit must eat places

박람회(博覽會)를 구경하다 [방남회/방남훼]
일정 기간 홍보나 판매 등을 목적으로 물품을 전시하는 행사를 구경하다.
자동차 박람회를 구경하러 갔는데 멋진 디자인과 신기술을 보는 것이 정말 재미있었다.
to see an expo(sition)

반려동물(伴侶動物)을 키우다 [발려동물]
개, 고양이, 새 등 사람이 정서적으로 의지하고자 가까이 두는 동물을 보살펴 키우다.
반려동물을 인생을 함께 살아가는 반려자로 여기며 키우는 사람들이 늘고 있다.
to raise companion animals

보드게임을 하다
종이 판이나 나무 판으로 된 놀이 도구 주변에 여럿이 둘러앉아 놀이를 하다.
아이들이 집에 모여서 보드게임을 하며 시간을 보내고 있다.
to play board games

스트레스 지수(指數)를 낮추다
스트레스를 받는 정도를 낮추다.
운동을 통해 스트레스 지수를 낮추고 면역력을 기를 수 있다.
to lower one's stress level

식물(植物)을 기르다 [싱물]
꽃이나 나무 등을 돌보아 자라게 하다.
겨울에 실내에서 식물을 기를 때는 물을 규칙적으로 줘야 한다.
to grow plants

심리적(心理的) 문제(問題)를 예방(豫防)하다 [심니적]
마음의 작용과 의식 상태에 관한 문제를 미리 막다.
심리적 문제를 예방하기 위해 심리 상담사와 만나기로 했다.
to prevent psychological problems

에너지가 충전(充電)되다
인간이 활동하는 근원이 되는 힘이 채워지다.
사랑을 통해 다시 에너지가 충전되는 것을 느낀다.
energy be charged

예술(藝術) 작품(作品)을 감상(鑑賞)하다
예술적 가치가 있는 작품을 즐기고 평가하다.
이번 전시회에서는 그림, 조각 등 다양한 예술 작품을 감상할 수 있습니다.
to appreciate art work

운동 경기(運動競技)를 관람(觀覽)하다 [괄람하다]
운동 경기를 구경하다.
많은 사람들이 운동 경기를 관람하기 위해 경기장을 찾았다.
to watch a sports game

일과 생활(生活)의 균형(均衡)을 잡다
일과 생활 중 어느 한쪽으로 기울거나 치우치지 않게 하다.
일과 생활의 균형을 잡아 행복을 찾을 수 있었다.
to have a work-life balance

일의 효율(效率)을 높이다
일을 할 때 들인 노력과 얻은 결과의 비율을 높게 하다.
학교와 기업이 서로 도우면 일의 효율을 높일 수 있다.
to increase work efficiency

지친 심신(心身)이 치유(治癒)되다
어떤 일 때문에 지친 마음과 몸이 나아지다.
사람이 많지 않은 시골에 내려가 푹 쉬고 나니 지친 심신이 치유되는 것 같다.
to heal one's tired mind and body

충분(充分)한 휴식(休息)을 취(取)하다
하던 일을 멈추고 충분히 쉬는 시간을 가지다.
자연 속에서 충분한 휴식을 취하면 새로운 에너지를 얻을 수 있다.
to take plenty of rest

취미(趣味) 생활(生活)을 하다
전문적으로 하는 것이 아니라 즐기기 위하여 하는 일을 하다.
시간에 쫓기며 사는 현대인들은 취미 생활을 하기가 어렵다.
to have a hobby

읽기

읽어 보세요 1

경제력(經濟力)
명 경제 행위를 하는 힘.
현대의 전쟁은 경제력에 의해 승패가 결정된다고 할 수 있다.
economic power

눈부시다
형 빛이 아주 아름답고 화려하다.
그녀의 하얀 얼굴이 눈부시다.
to be dazzling

몰두(沒頭)하다 [몰뚜하다]
동 어떤 일에 온 정신을 다 기울여 집중하다.
김 박사는 요즘 매일 연구에만 몰두하고 있다.
to be immersed in

상실(喪失)
명 어떤 것이 아주 없어지거나 사라짐.
그는 교통사고 후 약간의 기억 상실로 인해 최근의 일을 기억하지 못한다.
loss

신체(身體)
명 사람의 몸.
공무원 시험에 최종 합격한 사람은 신체검사 결과를 제출해야 한다.
body

장기간(長期間)
명 긴 기간.
이 약은 장기간 먹으면 중독에 빠질 위험이 있다.
long time

읽어 보세요 2

기기(機器/器機)
명 기구, 기계 등을 이르는 말.
인터넷과 통신 기기의 발달은 세계를 하나로 연결해 주었다.
device

내려놓다
동 들고 있는 것을 아래로 놓다.
식사를 마치고 수저를 식탁에 내려놓았다.
to put down

디지털
명 여러 자료를 0과 1의 숫자로 나타내는 방식.
여러 나라에서 통신 방식을 아날로그에서 디지털 방식으로 대체했다.
digital

만유인력(萬有引力) [마뉴일력]
명 질량을 가지고 있는 모든 물체가 서로 잡아당기는 힘.
뉴턴은 사과나무에서 사과가 떨어지는 것을 보고 만유인력의 법칙을 발견했다.
universal gravitation

멍하다
형 정신이 나간 것처럼 자극에 반응이 없다.
그 소식이 너무 충격적이어서 그는 잠시 멍하게 있었다.
to be dazed

스마트폰
명 여러 컴퓨터 기능을 추가한 휴대 전화.
요즘 스마트폰을 사용하지 않는 사람을 찾기가 어렵다.
smart phone

영역(領域)
명 활동, 기능, 효과, 관심 등이 미치는 일정한 범위.
이번 입학시험에서는 외국어 영역이 어려웠다고 한다.
section

진정(眞正)하다
형 참되고 올바르다.
그녀는 나를 진정한 대화 상대로 여기지 않는 것 같다.
to be true

창의력(創意力) [창의력/창이력]
명 새로운 것을 생각해 내는 능력.
선생님은 아이들이 상상력과 창의력을 키울 수 있도록 도와주어야 한다.
creativity

활성화(活性化)되다 [활썽화되다/활썽화뒈다]
동 사회나 조직 등의 기능이 활발해지다.
수출이 활성화되면서 경제가 다시 좋아지기 시작했다.
to be activated

장기적(長期的)
관/명 오랜 기간에 걸치는 (것).
눈앞의 이익만 보는 것은 회사의 장기적 발전에 전혀 도움이 안 됩니다.
long-term

쓰기

근거(根據)
명 어떤 일이나 의논, 의견의 근본이 되는 이유.
학생들 사이에서 퍼진 소문은 아무런 근거가 없다.
basis

서술(敍述)하다
동 사건이나 생각 등을 차례대로 말하거나 적다.
이 글에서 작가는 자신의 힘들었던 어린 시절을 서술하고 있다.
to describe

❖ 자유롭게 써 보세요.

3 언어와 학습

3-1 언어와 문화
3-2 언어 학습

3-1 언어와 문화

듣기 1	속담에 대한 수업을 듣고 내용 파악하기
듣기 2	관용어에 대한 강연을 듣고 공통점과 차이점 파악하기
말하기	공통점과 차이점 설명하기

3-2 언어 학습

읽기 1	외국어 학습법에 대한 책 머리말을 읽고 내용 파악하기
읽기 2	유형별 외국어 학습법에 대한 글을 읽고 비교하는 내용 파악하기
쓰기	비교하는 글 쓰기

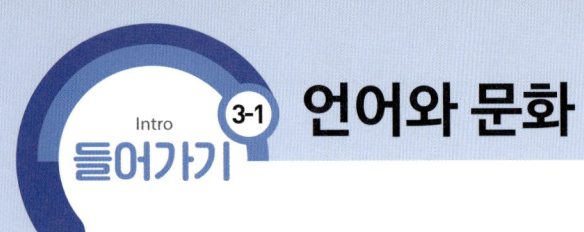

Intro 들어가기 3-1

언어와 문화

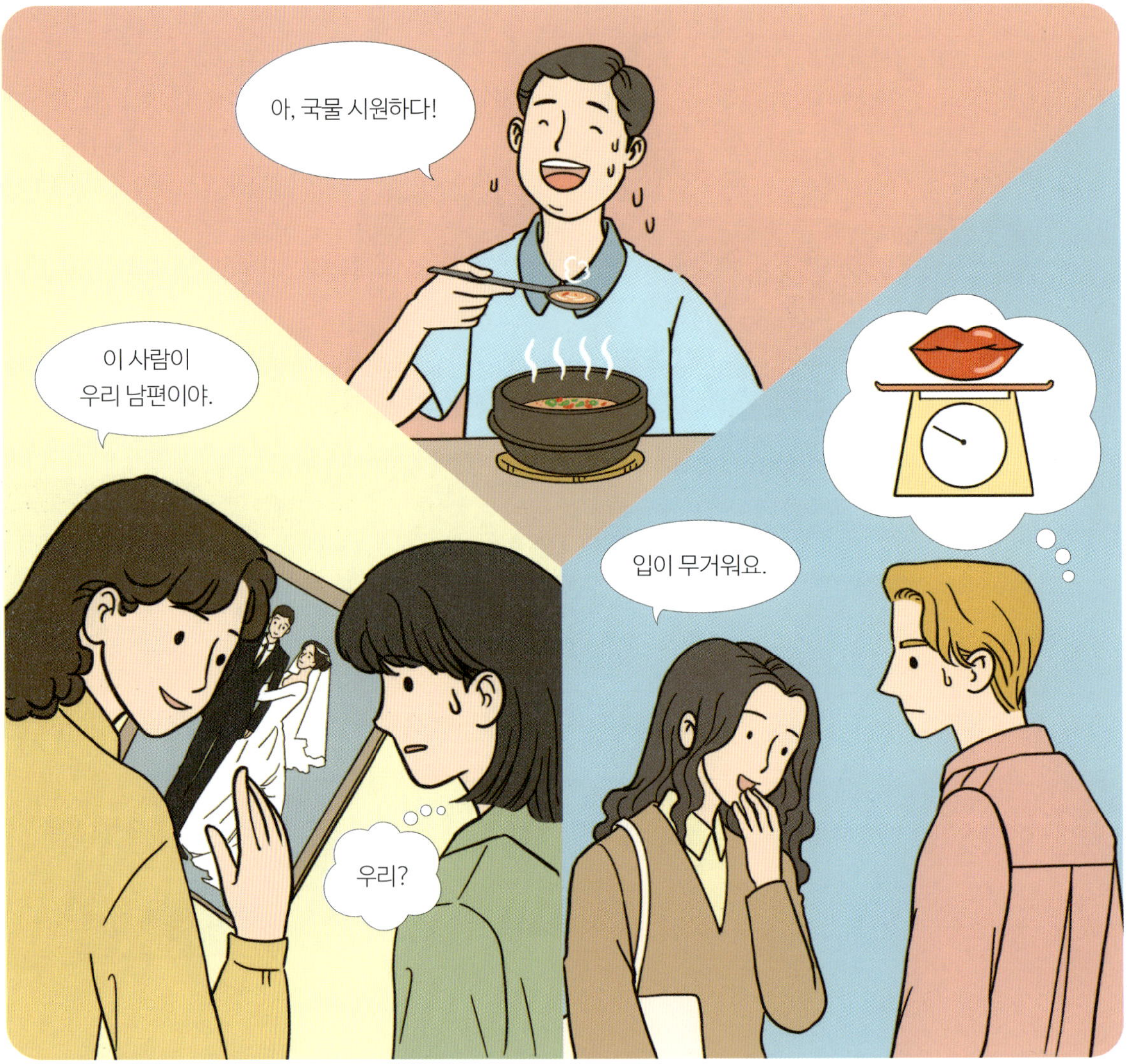

1 위의 말이 어떤 뜻인지 알고 있습니까?

2 한국 사람들이 하는 말을 듣고 잘못 이해한 적이 있습니까? 어떤 말이었습니까?

1 다음은 한국어 관용어입니다. 이 관용어는 어떤 뜻을 가지고 있을까요?

눈이 높다

귀가 얇다

손이 크다

발이 넓다

머리가 굵다

발톱을 드러내다

2 다음은 한국어 속담입니다. 어떤 상황에서 이런 표현을 사용할 수 있는지 이야기해 보세요.

소 잃고 외양간 고친다

낫 놓고 기역 자도 모른다

빈 수레가 요란하다

사공이 많으면 배가 산으로 간다

3 다음은 한국어 의성어와 의태어입니다. 어떤 소리나 모양을 나타내는 것 같습니까?

소곤소곤

콜록콜록

반짝반짝

허둥지둥

듣기 Listening 3-1

🎧 들어 보세요 ①

준비

1. 한국어 속담 중 아는 것을 이야기해 보세요. 그 속담은 어떤 뜻입니까?

2. 한국어 속담에 나오는 단어 중 처음 들어 본 단어가 있습니까? 어떤 단어입니까?

듣기 다음은 속담에 대한 수업에서 나누는 대화입니다. 잘 듣고 질문에 답해 보세요.

중심 내용 파악하기

1. 선생님이 이야기하려는 것은 무엇입니까?

   ① 세계 모든 나라에는 비슷한 의미의 속담이 있다.
   ② 속담의 의미를 제대로 이해하려면 과거의 문화를 알아야 한다.
   ③ 대부분의 학생들은 속담을 배우기 전에 역사 수업을 먼저 듣는다.

세부 내용 파악하기

2. '소 잃고 외양간 고친다'는 어떤 의미입니까?

   | 일이 잘못된 후에 _____. |

3. '소 잃고 외양간 고친다'는 속담과 뜻이 비슷한 각 나라의 속담에는 무엇이 나옵니까?

	소	외양간
한국		
웨이의 나라		
켈리의 나라		

세부 내용 파악하기 *확장 활동하기*

4. '낫 놓고 기역 자도 모른다'는 속담에 '낫'이 나오는 이유는 무엇입니까? 여러분 나라 속담에도 '낫'과 같은 옛날 물건이 나옵니까?

문법과 표현

동-는 데(에) 반해(서), **형**-은 데(에) 반해(서), **명**인 데(에) 반해(서) ☞ 8쪽

한국에서는 소를 흔하게 볼 수 있었던 데 반해 웨이 씨와 켈리 씨의 나라에서는 '양'이나 '말'이 흔하게 접할 수 있었던 동물이었겠지요.

들어 보세요 2

준비

1. 여러분이 알고 있는 한국어 관용어에는 어떤 것이 있습니까?

2. 신체 부위와 관련된 관용어에는 어떤 것이 있습니까? 그 관용어는 어떤 뜻을 가지고 있습니까?

듣기 다음은 관용어에 대해 설명하는 강연입니다. 잘 듣고 질문에 답해 보세요.

중심 내용 파악하기

1. 강연자가 이야기하고자 하는 것은 무엇입니까?

> 언어와 문화는 _____ 이 있으며 같은 뜻을 가진 관용어라도 _____ 에 따라 다른 표현을 사용한다.

세부 내용 파악하기

2. 다음 중 관용어에 대한 설명과 같은 것을 모두 고르세요.

   ☐ 사회가 변화하더라도 관용어는 변하지 않는다.
   ☐ 단어가 가진 원래 뜻을 알면 관용어의 의미도 알 수 있다.
   ☐ 언어를 사용하는 사람들의 가치관이나 생각이 반영되어 있다.
   ☐ 나라마다 같은 뜻의 말을 어떻게 표현하는지 살펴보면 문화의 차이를 알 수 있다.

3. 강연에서 이야기한 관용어는 어떤 공통점을 가지고 있습니까?

> _____ 와 관련된 관용어이다.

4. 다음의 한국어 관용어와 뜻이 비슷한 관용어를 쓰세요.

한국어	발이 넓다	일본어	얼굴이 넓다
	머리가 굵다	중국어	
	발톱을 드러내다	독일어	

문법과 표현

동-는 데(에) 비해(서), **형**-은 데(에) 비해(서), **명**인 데(에) 비해(서)   ☞ 8쪽

인맥이 넓은 사람을 우리나라에서 발이 넓다고 하는 데 비해 일본에서는 "얼굴이 넓다"라고 합니다.

추론하기

5 들은 내용을 바탕으로 다음 문장이 무엇을 의미하는지 이야기해 보세요.

1) 내 친구는 **발이 넓어서** 어쩌면 너와 아는 사이일 수도 있어.

2) 우리 아이는 이제 **머리가 굵어서** 제 말을 잘 안 들어요. 근데 애들은 다 그러면서 크는 거죠.

이야기해 보세요

1 아래의 한국 속담, 관용어와 비슷한 의미를 가진 말이 여러분 나라에도 있습니까? 여러분 나라에서는 어떻게 표현합니까?

한국	우리 나라
눈이 높다	
손이 크다	
빈 수레가 요란하다	
사공이 많으면 배가 산으로 간다	

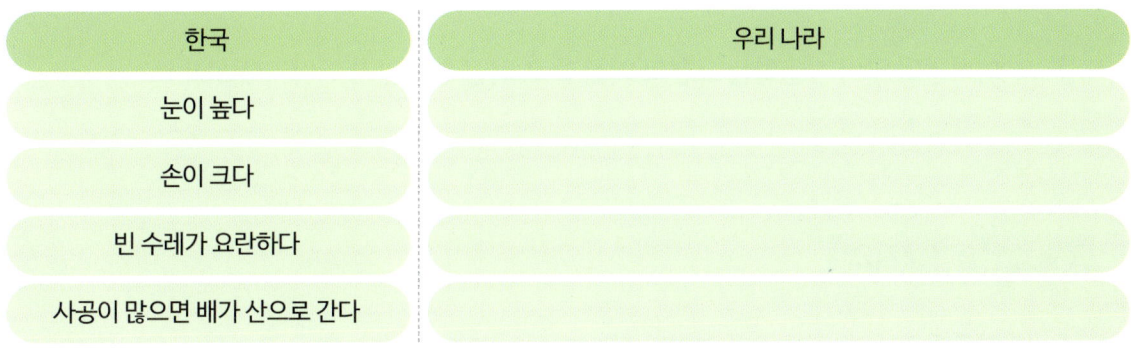

2 한국에서 처음 들었을 때 재미있거나 이상하다고 생각한 표현이 있습니까? 어떤 표현입니까?

말하기 (Speaking 3-1)

한국어와 여러분 나라의 언어를 비교해 보세요.

준비해 보세요

1 여러분 나라에도 아래와 같은 표현이 있습니까? 어떤 표현을 자주 사용합니까?

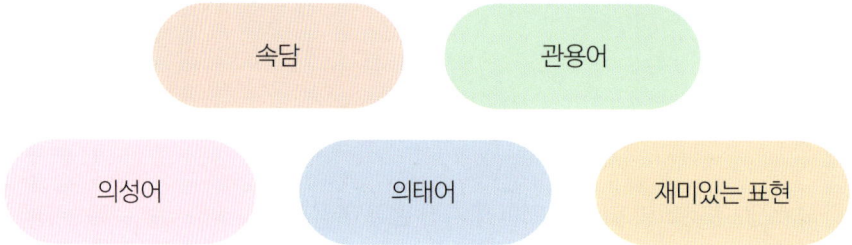

속담   관용어   의성어   의태어   재미있는 표현

2 여러분이 많이 사용하는 표현의 예를 들고 어떤 의미인지 이야기해 보세요.

표현을 연습해 보세요

1 다음은 대상의 공통점을 설명할 때 사용하는 표현입니다. 다음 표현을 사용하여 한국어와 여러분 나라 언어의 공통점을 이야기해 보세요.

공통점 설명하기
▶ 한국어와 다른 나라의 언어를 비교하여 공통점을 설명합니다.
• …다는 점에서 비슷합니다
• …과 마찬가지로
• …는 것이 공통점이라 할 수 있습니다

1) 한국과 우리 나라의 관용어는 신체 부위와 관련된 표현이 **있다는 점에서 비슷합니다**.

2) 우리 나라에는 **한국과 마찬가지로** 동물이 등장하는 속담이 많이 있습니다.

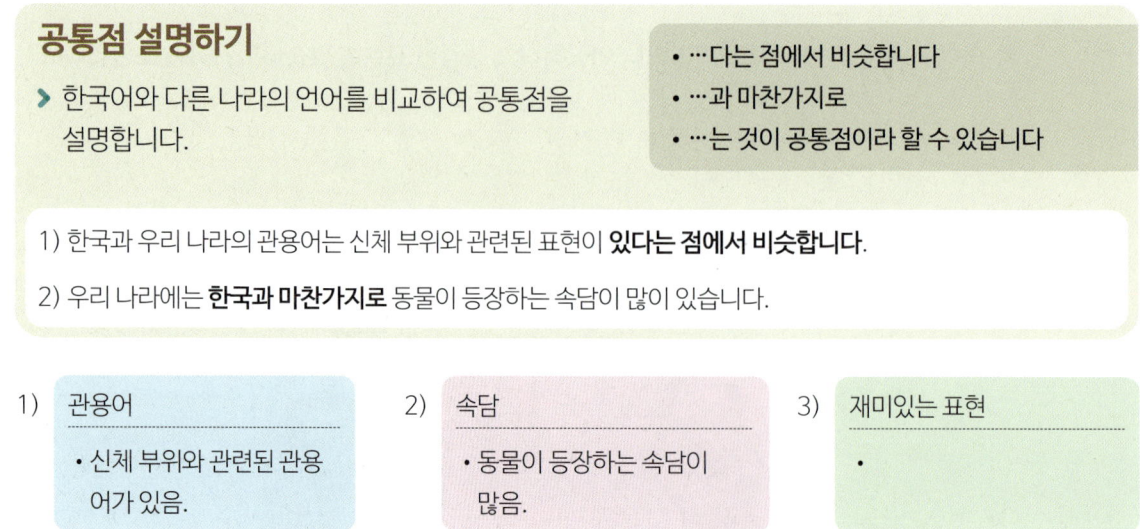

1) 관용어
   • 신체 부위와 관련된 관용어가 있음.

2) 속담
   • 동물이 등장하는 속담이 많음.

3) 재미있는 표현
   •

2 다음은 대상의 차이점을 설명할 때 사용하는 표현입니다. 다음 표현을 사용하여 한국어와 여러분 나라 언어의 차이점을 이야기해 보세요.

차이점 설명하기

▶ 한국어와 다른 나라의 언어를 비교하여 차이점을 설명합니다.

- …에 차이가 있습니다
- …는 데(에) 비해 [반해]
- …과 달리

1) 의미는 같지만 사용하는 신체 **어휘에는 차이가 있습니다**. 인맥이 넓은 사람을 한국어에서는 "발이 넓다"라고 **하는 데에 비해** 일본어에서는 "얼굴이 넓다"라고 합니다.

2) 나라별로 익숙한 동물이 다르기 때문에 등장하는 **동물에 차이가 있습니다**. 일이 잘못된 다음에 문제를 해결하는 상황을 나타내는 한국 속담에는 '소'가 나옵니다. **이와 달리** 우리 나라 속담에는 '말'이 나옵니다.

1) 관용어
- 신체 어휘가 다름.
- '발이 넓다', '얼굴이 넓다'

2) 속담
- 등장하는 동물이 다름.
- '소', '말'

3) 재미있는 표현
-
-

이야기해 보세요

1 한국어와 여러분 나라 언어는 어떤 공통점이 있습니까?

- 동물이 나오는 속담이 많아요.
- 인사할 때 밥을 먹었는지 물어봐요.
- 신체 부위와 관련된 관용어가 있어요.
- 소리를 반복하는 의성어가 많아요.
- 의태어를 많이 써요.
- ?

2 비교하고 싶은 언어 표현을 하나 골라 한국어와 여러분 나라 언어의 공통점을 이야기하고, 그것과 관련된 차이점에 대해 예를 들어 설명하려고 합니다. 어떤 내용을 이야기하고 싶습니까?

3 보기와 같이 이야기할 내용을 메모해 보세요.

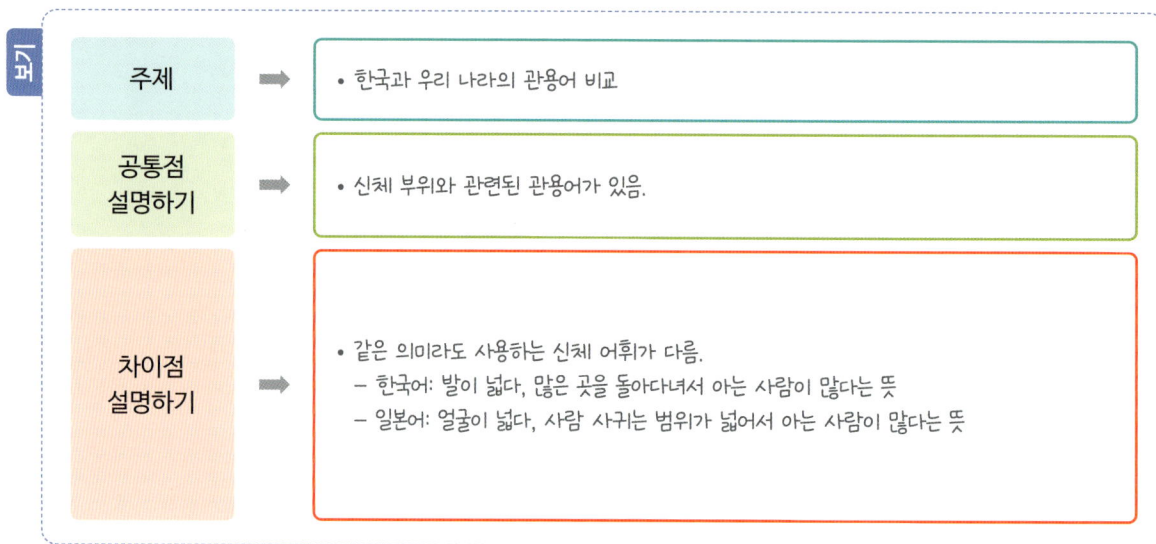

보기

주제	• 한국과 우리 나라의 관용어 비교
공통점 설명하기	• 신체 부위와 관련된 관용어가 있음.
차이점 설명하기	• 같은 의미라도 사용하는 신체 어휘가 다름. 　– 한국어: 발이 넓다, 많은 곳을 돌아다녀서 아는 사람이 많다는 뜻 　– 일본어: 얼굴이 넓다, 사람 사귀는 범위가 넓어서 아는 사람이 많다는 뜻

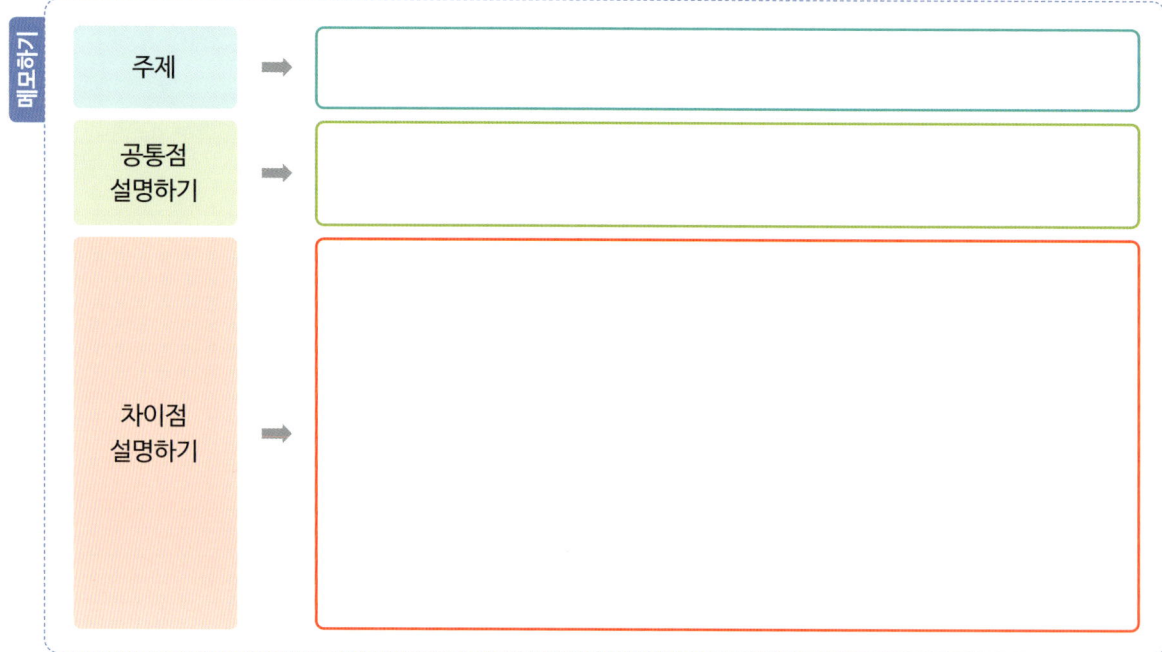

메모하기

주제	
공통점 설명하기	
차이점 설명하기	

4 메모한 내용을 바탕으로 친구들에게 이야기해 보세요.

> [보기]
>
> - **주제**: 저는 한국과 우리 나라의 관용어를 비교해 보겠습니다.
>
> - **공통점 설명하기**: 한국과 우리 나라의 관용어는 신체 부위와 관련된 표현이 있다는 점에서 비슷합니다.
>
> - **차이점 설명하기**: 그러나 같은 의미라도 사용하는 신체 어휘는 다릅니다. 예를 들면, 아는 사람이 많아서 활동의 범위가 넓은 사람, 즉 인맥이 넓은 사람을 한국어로 "발이 넓다"라고 하는 데에 비해 일본어로는 "얼굴이 넓다"라고 합니다. 한국에서는 많은 곳을 돌아다녀서 아는 사람이 많다는 뜻으로 '발'을 쓴다면 우리 나라에서는 사람을 사귀는 범위가 넓어서 아는 사람이 많다는 뜻으로 '얼굴'을 쓰는 것입니다.

Intro 들어가기 3-2 언어 학습

1. 여러분은 외국어를 많이 배웠습니까? 몇 개 언어를 할 수 있습니까?

2. 여러분 주변에 여러 외국어를 할 수 있는 사람이 있습니까? 그런 사람들의 비결은 무엇일까요?

주제 어휘 (Topic Vocab 3-2)

1 다음은 외국어 학습과 관련된 표현입니다. 외국어를 배울 때 목표나 가장 중요하게 생각하는 것은 무엇입니까?

> 외국어를 모국어 화자처럼 유창하게 구사하고 싶어요.

모국어/모국어 화자	초급/중급/고급	의식적/무의식적	외국어에 능통하다
단계에 도달하다	유창하게 구사하다	정확한 문법/다양한 어휘를 사용하다	

2 다음은 학습 방법과 관련된 표현입니다. 여러분이 좋아하는 방법이 있다면 표시해 보고 선호하는 방식과 선호하지 않는 방식을 이야기해 보세요.

> 저는 수업 시간에 **짝 활동이나 그룹 활동을 하며** 친구들과 한국어로 이야기하는 것을 정말 좋아해요. 하지만….

- ☐ 수업 시간에 짝 활동이나 그룹 활동을 하며 친구들과 한국어로 이야기해요.
- ☐ 수업 시간에 선생님께서 강의하시는 내용을 열심히 필기해요.
- ☐ 재미있는 영상 같은 시각 자료를 이용해서 공부해요.
- ☐ 격식적인 표현처럼 어려운 표현을 공부할 때는 혼자 중얼거리면서 익혀요.
- ☐ 인터넷 사전을 활용해서 나만의 단어장을 만들고 반복해서 암기해요.
- ☐ 문법을 공부할 때는 좋은 예문을 반복해서 보면서 문장을 통째로 외워요.
- ☐ 중요한 내용에는 밑줄을 그어요.
- ☐ 수업 후 복습하면서 혼자 요점을 정리해 봐요.

방식을 선호하다	밑줄을 긋다	단어장을 만들다	요점을 정리하다
혼자 중얼거리다	반복해서 암기하다	강의 내용을 필기하다	시각 자료를 이용하다
문장을 통째로 외우다	짝 활동/그룹 활동을 하다	격식적/비격식적 표현을 익히다	

읽기 3-2

읽어 보세요 ❶

준비

1 이 책들은 어떤 공통점이 있습니까?

2 이런 책을 읽어 본 적이 있습니까? 실제로 도움이 되었습니까?

읽기 다음은 외국어 학습법 책의 머리말입니다. 글을 읽고 질문에 답해 보세요.

◆ 머리말

　외국어를 하는 사람 중에 모국어 **화자에 못지않게** 정확하고 유창하게 말하는 사람을 본 적이 있을 것이다. 그런 사람을 보면 어떻게 저렇게 외국어를 잘할 수 있을까 하는 궁금증이 생긴다. 외국어에 능통해지기가 결코 쉽지 않다는 것을 잘 알기 때문이다. 모국어는 쉽게 익혔는데 외국어를 배우는 과정은 왜 이렇게 힘든 것일까?

　우리는 의식하지 못한 채 자연스럽게 모국어를 배운다. 모국어가 많이 쓰이는 환경에서 자라면서 모국어를 듣고 말하고 때로는 스스로 수정하며 자연스럽게 익히게 되는 것이다. 모국어 화자라면 누구나 이러한 과정을 거쳐 모국어에 능통한 단계에 도달하게 된다.

　이와 달리 성인이 외국어를 배우는 것은 의식적으로 많은 노력을 해야 하는 과정이다. 모국어를 배울 때는 모국어가 많이 쓰이는 환경에서 장기간에 걸쳐 언어를 습득하는 데 반해 성인이 외국어를 학습할 때는 그렇지 않은 경우가 많기 때문이다. 또한 이미 모국어의 언어 규칙에 익숙해진 성인이 모국어와 다른 외국어를 배운다는 것은 두 언어의 차이점도 알아야 한다는 것을 의미한다.

　이때 공부한 시간과 결과가 꼭 비례하는 것은 아니다. 만약 외국어를 공부할 때 자신이 노력한 만큼 결과가 나오지 않는다면 학습법을 점검해 볼 것을 권한다. 서점에 있는 수많은 외국어 학습법 안내서는 학습법을 고민하는 사람들이 그만큼 많다는 것을 보여 준다. 그러나 그 많은 학습법들이 모두 나에게 맞는 방법이 될 수는 없다. 사람마다 성격이 다른 것처럼 선호하는 공부 방법이 다르고 효과적인 학습법 역시 다를 수밖에 없기 때문이다.

　그렇다면 자신에게 맞는 외국어 학습법은 어떻게 찾을 수 있을까? 이 책은 자신에게 맞는 학습법을 찾고 있는 사람들에게 답이 될 수 있을 것이다.

중심 내용 파악하기

1 이 글에서는 외국어를 공부하는 사람에게 어떤 조언을 하고 있습니까?

> 외국어를 잘하려면 자신에게 맞는 _____ 을 찾는 것이 좋다.

세부 내용 파악하기

2 외국어를 배우는 과정의 특징을 모국어와 비교하여 쓰세요.

모국어	외국어
무의식적으로 배움.	
	외국어가 많이 쓰이는 환경에서 자라면서 자연스럽게 익히는 것이 아님.
	외국어를 배운 사람들이 모두 능통한 단계에 도달하는 것은 아님.

3 이 글의 내용으로 맞는 것을 모두 고르세요.

☐ 서점에는 학습법을 알려 주는 많은 책들이 있다.
☐ 외국어 공부를 많이 하면 외국어를 잘하게 될 수 있다.
☐ 외국어를 모국어만큼 잘하는 것은 어려운 일이 아니다.
☐ 모국어를 익히는 과정과 외국어를 배우는 과정은 같지 않다.

추론하기

4 머리말을 볼 때 이 책에는 무슨 내용이 나올 거라고 예상됩니까?

확장 활동하기

5 외국어를 배울 때 자신에게 맞는 학습법이 필요하다는 의견에 대해 어떻게 생각합니까?

문법과 표현

명 (에) 못지않게 ☞ 9쪽

외국어를 하는 사람 중에 모국어 화자에 못지않게 정확하고 유창하게 말하는 사람을 본 적이 있을 것이다.

읽어 보세요 2

준비

1 한국어를 공부할 때 선호하는 공부 방법이 있습니까? 구체적으로 이야기해 보세요.

- 배운 내용 복습하기
- 배울 내용 예습하기
- 중요한 내용에 밑줄 긋기
- 핵심 내용 공책에 정리하기
- 오디오 듣고 따라 하기
- ?

2 '학습 유형'이라는 말을 들어 본 적이 있습니까? 이 말은 어떤 뜻일까요?

읽기 다음은 학습 유형에 대해 설명하는 글입니다. 글을 읽고 질문에 답해 보세요.

1장 유형별 학습법

가 외국어를 배울 때 사람마다 선호하는 방식이 있기 마련이다. 이러한 선호 방식을 학습 유형이라고 하며 이는 여러 기준에 따라 분류할 수 있다. 그중 선호하는 감각에 따라 학습 유형을 분류하는 방식은 외국어 교육에서 특히 잘 알려진 방식이다. 이 분류법에 따르면 어떤 감각을 통해 정보를 받아들이는 것을 선호하느냐에 따라 학습 유형을 시각형, 청각형, 운동 감각형으로 나눌 수 있다고 한다.

나 시각형은 정보를 시각적으로 받아들이는 것을 선호하는 유형이다. 따라서 교사가 그림, 사진, 도표와 같은 시각적인 자료를 이용하여 정보를 제시하면 훨씬 편안하게 이해한다. 이런 유형은 외국어를 공부할 때도 익혀야 하는 내용을 직접 쓰거나 그림이나 도표를 활용하여 정리함으로써 학습의 효율성을 높일 수 있다.

다 청각형은 학습할 때 듣거나 말하는 등 청각을 사용하는 방식을 선호한다. 이런 유형의 학습자는 강의를 들으며 새로운 정보를 받아들이는 것을 편하게 느낀다. 교실에서도 교사와 대화하거나 짝 활동이나 그룹 활동을 하며 친구들과 이야기하면 더 잘 배울 수 있다. 외국어 공부를 할 때도 혼자 하기보다는 친구와 같이 공부하면서 서로 질문하고 대답하는 것이 효과적이다.

라 마지막 유형인 운동 감각형은 촉각이나 운동 감각을 통해 가장 잘 배우는 유형이다. 이 유형의 학습자는 직접적인 체험을 통해 학습하는 것을 선호한다. 외국어 교실에서는 역할극이나 몸을 움직이는 게임 등을 활용하는 것이 이 학습자들에게 효과적인 교수법이다. 혼자 공부할 때도 몸을 조금씩 움직이거나 걸어 다니며 내용을 암기하면 더 좋은 결과를 얻을 수 있다.

마 자신에게 맞는 학습 유형은 한 가지로 나타나기도 하지만 두 개 혹은 세 개의 유형적 특징이 동시에 나타나는 경우도 많다. 여기서 주목할 점은 많은 연구자들이 학습 유형에 맞는 학습법 활용의 중요성을 강조하고 있다는 것이다. 효율적으로 외국어를 공부하고 싶다면 우선 자신이 어떤 학습 유형인지 **파악하고서** 그에 맞는 학습법을 실천해 보는 적극적인 자세를 가지는 것이 좋겠다.

중심 내용 파악하기

1 무엇에 대해 이야기하고 있습니까?

학습할 때 _____ 에 따른 _____

개요 파악하기

2 가 ~ 마 의 중심 내용을 연결하세요.

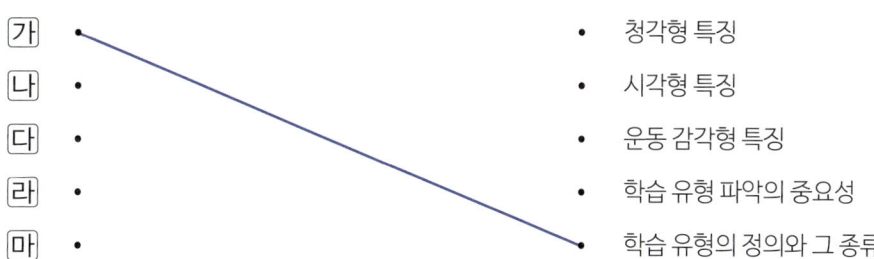

- 가 • • 청각형 특징
- 나 • • 시각형 특징
- 다 • • 운동 감각형 특징
- 라 • • 학습 유형 파악의 중요성
- 마 • • 학습 유형의 정의와 그 종류

세부 내용 파악하기

3 학습 유형에 따른 특징을 써 보세요.

	시각형	청각형	운동 감각형
선호하는 감각	시각		
효과적인 교수법	그림, 사진, 도표로 정보를 제시함.		
효과적인 학습법			

추론하기

4 이 글의 내용을 바탕으로 학습 유형과 알맞은 학습법을 연결하세요.

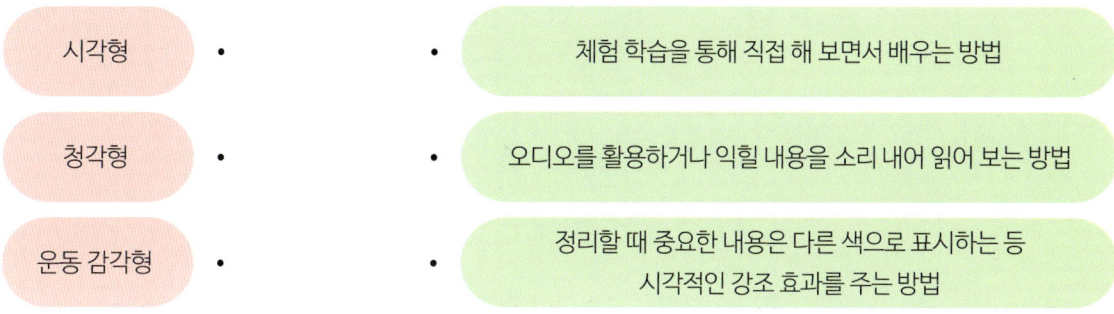

- 시각형 • • 체험 학습을 통해 직접 해 보면서 배우는 방법
- 청각형 • • 오디오를 활용하거나 익힐 내용을 소리 내어 읽어 보는 방법
- 운동 감각형 • • 정리할 때 중요한 내용은 다른 색으로 표시하는 등 시각적인 강조 효과를 주는 방법

문법과 표현

동-고서 ☞ 9쪽

효율적으로 외국어를 공부하고 싶다면 우선 자신이 어떤 학습 유형인지 파악하고서 그에 맞는 학습법을 실천해 보는 것이 좋겠다.

이야기해 보세요

1 여러분은 자신의 학습 유형이 어떤 유형일 것 같습니까?

2 다음의 질문을 읽고 해당하는 점수에 표시해 보세요.

(전혀 그렇지 않다 1, 그렇지 않다 2, 보통이다 3, 그렇다 4, 매우 그렇다 5)

[시각형]	1	2	3	4	5
1. 나는 강의를 들을 때 자세하게 필기한다.	☐	☐	☐	☐	☐
2. 나는 사람들이 하는 말을 들으려면 그 사람을 쳐다봐야 한다.	☐	☐	☐	☐	☐
3. 나는 선생님이 칠판에 판서를 하면 더 잘 이해된다.	☐	☐	☐	☐	☐
4. 나는 도표나 그림 등을 사용하면 더 잘 이해된다.	☐	☐	☐	☐	☐
5. 나는 사람들의 얼굴은 잘 기억하지만 이름은 잘 기억하지 못한다.	☐	☐	☐	☐	☐
합계			(	)점	

[청각형]	1	2	3	4	5
1. 나는 어떤 내용을 읽는 것보다 강의를 듣는 것이 더 좋다.	☐	☐	☐	☐	☐
2. 나는 다른 사람과 토의를 하면 그 내용을 더 잘 기억한다.	☐	☐	☐	☐	☐
3. 나는 공부할 때 노래 듣는 것을 좋아한다.	☐	☐	☐	☐	☐
4. 나는 주변에 소음이 있을 때 더 잘 생각할 수 있다.	☐	☐	☐	☐	☐
5. 나는 사람들의 이름은 잘 기억하지만 얼굴은 잘 기억하지 못한다.	☐	☐	☐	☐	☐
합계			(	)점	

[운동 감각형]	1	2	3	4	5
1. 나는 다른 사람의 지시를 기다리기보다는 스스로 일을 먼저 시작하는 편이다.	☐	☐	☐	☐	☐
2. 나는 너무 오래 가만히 앉아 있으면 초조해진다.	☐	☐	☐	☐	☐
3. 나는 강의를 들을 때 펜으로 장난을 하는 경우가 많다.	☐	☐	☐	☐	☐
4. 나는 말할 때 손을 움직인다.	☐	☐	☐	☐	☐
5. 나는 발을 움직이는 등 약간 몸을 움직일 때 공부가 잘된다.	☐	☐	☐	☐	☐
합계			(	)점	

※ 합계 점수가 가장 높은 것이 당신의 유형입니다.
※ 여러 유형이 복합적으로 나올 수도 있습니다.

출처: Cohen, Oxford & Chi(2001)

3 합계 점수가 가장 높게 나온 유형은 무엇입니까? 비슷한 점수가 나온 유형도 있습니까? 검사 결과와 실제 자신의 학습법이 같습니까?

쓰기

자신과 친구의 학습 유형 및 학습법을 비교하는 글을 써 보세요.

준비해 보세요

1 여러분의 학습 유형은 무엇입니까? 친구의 학습법에 대해 묻고 자신의 학습법과 비교해 보세요.

표현을 연습해 보세요

1 다음은 대상을 정하고 그 대상을 서로 비교할 때 사용하는 표현입니다. 다음 표현을 사용하여 자신과 친구의 학습 유형 및 학습 방법을 비교해 보세요.

대상별 비교하기
> 대상을 정하고 그 대상에 대한 내용을 전체적으로 정리해서 비교합니다.

- 이에 비해 [반해]
- …은 …기보다는
- 반면에
- …을 비교해 보면

대상 1 (나)	나는 시각형 학습자이다. 이 유형의 학습자는 정보를 시각적으로 받아들이는 것을 선호한다는 특징이 있다. 강의를 들으며 필기를 할 때 화살표나 별표 같은 기호를 사용하는 경우가 많고 중요한 내용은 빨간색으로, 내 생각은 파란색으로 써서 시각적으로 구별이 되도록 한다. 또 중요한 내용을 공부할 때는 그림이나 도표로 정리하면 암기가 더 잘된다.
대상 2 (친구)	**이에 비해** 청각형은 청각을 사용하는 것을 선호한다. 청각형 학습자인 내 친구는 강의를 들을 때 필기는 거의 하지 않으며 아주 중요한 것만 간단하게 메모한다고 한다. 또 중요한 내용을 공부할 때는 혼자 소리 내면서 공부하거나 오디오 파일을 반복해서 듣는다.

1)

대상 1 (나)	학습 유형: 시각형 학습 방법: 필기를 할 때 기호를 사용하고 색을 다르게 해서 시각적으로 구별되게 함. 중요한 내용을 공부할 때는 그림이나 도표로 정리함.
대상 2 (친구)	학습 유형: 청각형 학습 방법: 중요한 것만 간단하게 메모함. 중요한 내용을 공부할 때는 혼자 소리 내면서 하거나 오디오 파일을 반복해서 들음.

2)

대상 1 (나)	학습 유형: 학습 방법:
대상 2 (친구)	학습 유형: 학습 방법:

2 다음은 기준을 정하고 그 기준에 따라 비교할 때 사용하는 표현입니다. 다음 표현을 사용하여 학습 유형 및 학습 방법을 기준으로 자신과 친구를 비교해 보세요.

기준별 비교하기
> 기준을 정하고 그 기준에 따라 비교합니다.

- …을 비교해 보면
- 반면에
- 이에 비해[반해]
- …은 …기보다는

기준 1 (학습 유형)	나와 내 친구의 학습 **유형을 비교해 보면** 나는 시각형인데 내 친구는 청각형이다. 나는 그림이나 도표 등 정보를 시각적인 자료로 정리하는 것을 선호한다. **반면에** 내 친구는 한국어 오디오 파일을 반복해서 듣는 등 청각을 사용하는 방법을 더 좋아한다.
기준 2 (학습 방법)	좋아하는 학습 방법을 살펴보면 나는 강의를 들으며 필기를 할 때 화살표나 별표 같은 기호를 사용하는 경우가 많고 중요한 내용은 빨간색으로, 내 생각은 파란색으로 써서 시각적으로 구별이 되도록 한다. 또 중요한 내용을 공부할 때는 그림이나 도표로 정리하면 암기가 더 잘된다. **이에 비해** 친구는 필기는 거의 하지 않으며 아주 중요한 것만 간단하게 메모한다고 한다. 중요한 내용은 혼자 소리 내어 외우는 것을 선호한다.

1)

기준 1 (학습 유형)	나: 시각형 친구: 청각형
기준 2 (학습 방법)	나: 필기할 때 기호를 사용하고 색을 다르게 해서 시각적으로 구별되게 함. 중요한 내용은 그림이나 도표로 정리함. 친구: 중요한 것만 간단하게 메모함. 중요한 내용은 혼자 소리 내어 외우는 것을 선호함.

2)

기준 1 (학습 유형)	나: 친구:
기준 2 (학습 방법)	나: 친구:

- **써 보세요**

자신과 친구의 학습 유형에 따른 한국어 학습법에 대해 '대상별 비교하기'과 '기준별 비교하기' 중 하나를 선택하여 글을 완성해 보세요.

쓰기 ☐ 대상별 비교하기

제목	학습 유형에 따른 한국어 학습법 비교
처음	효율적으로 한국어를 공부하고 싶다면 자신이 어떤 학습 유형인지 파악하고 그에 맞는 학습법을 실천하는 것이 좋다. 여기에서는 나와 친구의 학습 유형과 학습법을 비교하여 나에게 더 맞는 한국어 학습법을 찾으려고 한다.
중간 — 대상 1 (나)	
중간 — 대상 2 (친구)	
끝	지금까지 친구와 나의 학습 유형과 학습법을 비교한 결과, 선호하는 학습법에 분명한 차이가 있다는 것을 알 수 있었다. 이상을 통해 알 수 있었던 나에게 맞는 학습법은 _____, _____, _____(으)로 요약할 수 있다. 이러한 학습법을 적용하여 한국어 학습의 효율성을 높일 수 있기를 기대해 본다.

쓰기 ☐ 기준별 비교하기

제목	학습 유형에 따른 한국어 학습법 비교
처음	효율적으로 한국어를 공부하고 싶다면 자신이 어떤 학습 유형인지 파악하고 그에 맞는 학습법을 실천하는 것이 좋다. 여기에서는 나와 친구의 학습 유형과 학습법을 비교하여 나에게 더 맞는 한국어 학습법을 찾으려고 한다.
중간 — 기준 1 (학습 유형)	
중간 — 기준 2 (학습 방법)	
끝	지금까지 친구와 나의 학습 유형과 학습법을 비교한 결과 선호하는 학습법에 분명한 차이가 있다는 것을 알 수 있었다. 이상을 통해 알 수 있었던 나에게 맞는 학습법은 _____, _____, _____(으)로 요약할 수 있다. 이러한 학습법을 적용하여 한국어 학습의 효율성을 높일 수 있기를 기대해 본다.

3-1. 언어와 문화

주제 어휘

관용어(慣用語)
명 습관적으로 쓰는 말로, 두 개 이상의 단어로 이루어져 있으면서 그 단어들의 의미만으로는 전체의 의미를 알 수 없는, 특수한 의미를 나타내는 어구.
외국인들이 관용어를 배울 때는 뜻을 따로 외워야 한다.
idiom

귀가 얇다 [얄따]
남의 말을 쉽게 받아들이다.
사람이 그렇게 귀가 얇아서 무슨 일을 하겠는가?
to be gullible

낫 놓고 기역 자도 모른다
ㄱ(기역 자)처럼 생긴 낫을 놓고 기역 자를 모른다는 뜻으로, 글자를 모르거나 매우 무식함을 비유적으로 이르는 말.
나는 한국에 오기 전에 낫 놓고 기역 자도 모르는, 한국어를 전혀 모르는 사람이었다.
not know your arse from your elbow
(even though you put a scythe down, you wouldn't know that it's the letter ㄱ)

눈이 높다
정도 이상의 좋은 것만 찾는 버릇이 있다.
그 여자는 눈이 높아 웬만한 남자는 쳐다보지도 않는다.
to have a high standard

머리가 굵다 [국따]
어른처럼 생각하거나 판단하게 되다.
학생들이 머리가 굵어서 말도 잘 안 듣는다.
to be coming of age

반짝반짝
부 작은 빛이 잠깐씩 계속 나타났다가 사라지는 모양.
선생님의 말씀에 아이들은 모두 눈을 반짝반짝 빛냈다.
twinkling

발이 넓다 [널따]
아는 사람이 많아서 활동의 범위가 넓다.
그는 발이 넓어서 주변에 아는 사람이 많다.
to be a social butterfly

발톱을 드러내다
본모습을 감추지 않고 보이다.
위급한 상황이 되자 그동안 숨겨 왔던 발톱을 드러냈다.
to show one's claws

빈 수레가 요란(搖亂)하다
실속 없는 사람이 겉으로 더 떠들어 댐을 비유적으로 이르는 말.
빈 수레가 요란하다는 말처럼 알지도 못하는 사람이 더 시끄럽게 떠들기만 한다.
barking dogs never bite
(empty wagons make the most noise)

사공(沙工)이 많으면 배가 산(山)으로 간다
여러 사람이 저마다 제 주장대로 배를 몰려고 하면 결국 배가 물로 못 가고 산으로 올라간다는 뜻으로, 여러 사람이 자기주장만 내세우면 일이 제대로 되기 어려움을 비유적으로 이르는 말.
사공이 많으면 배가 산으로 간다잖아요. 여러 사람이 나서지 말고 책임지고 맡아서 일할 사람을 정하도록 합시다.
too many cooks spoil the broth
(when there are too many boatmen, the boat goes to the mountain)

소 잃고 외양간(외양間) 고친다 [외양깐/웨양깐]
소를 잃고 나서 빈 외양간의 무너진 데를 고친다는 뜻으로, 일이 이미 잘못된 뒤에는 손을 써도 소용이 없음을 비꼬는 말.
이번 정부의 정책은 '소 잃고 외양간 고치기' 식의 너무 늦은 처방이라는 비판을 받고 있다.
lock the barn door after the horse has bolted
(fix the barn after losing a cow)

소곤소곤
부 남이 알아듣지 못하도록 작은 목소리로 가만가만 이야기하는 소리나 모양.
귀를 끌다가 소곤소곤 귓속말을 했다.
whispering (sound)

속담(俗談)
명 옛날부터 일반 사람들 사이에 전해져 오는 인생에 대한 교훈을 간결하게 표현한 짧은 글.
세 살 적 버릇이 여든까지 간다는 속담은 결코 틀린 말이 아니다.
adage

손이 크다
돈이나 물건 혹은 마음을 쓰는 정도가 너그럽고 크다.
손이 큰 어머니는 친구가 오면 언제나 음식을 가득 차리곤 하셨다.
to be generous

의성어(擬聲語)
명 사람이나 사물의 소리를 흉내 낸 말.
의성어에는 '멍멍', '똑똑' 등이 있다.
onomatopoeia

의태어(擬態語)
명 사람이나 사물의 모양이나 움직임을 흉내 낸 말.
의태어에는 '엉금엉금', '아장아장' 등이 있다.
mimetic word

콜록콜록
부 감기 등으로 인해 나오는 기침 소리.
감기에 걸린 어린아이가 콜록콜록 기침을 한다.
coughing (sound)

허둥지둥
부 정신을 차릴 수 없을 만큼 급하게 서두르는 모양.
시험 시간이 모자라 허둥지둥 아무 답에나 표시를 하고 나왔다.
in a hurry

듣기

들어 보세요 1

농경(農耕) 사회(社會)
농사를 짓는 사람들이 모여 이루는 집단이나 세계.
농경 사회는 필요한 대부분의 것을 스스로 생산하여 얻는 사회이다.
agricultural society

늑대
명 갯과의 포유류.
개는 늑대와 비슷하게 생겼다.
wolf

도둑맞다 [도둥맏따]
동 무엇을 잃어버리거나 빼앗기다.
도서관에서 책을 도둑맞았다.
to be stolen

마구간(馬廐間)
명 말을 기르는 곳.
마구간에는 말 두 마리가 있다.
stable

반영(反映)하다 [바녕하다]
동 다른 것에 영향을 받아 어떤 현상을 나타내다.
유행어는 시대의 모습을 반영한다.
to reflect

우리
명 동물을 가두어 기르는 곳.
밤에는 양을 우리에 가두어 두었다.
cage

추측(推測)하다
동 미루어 짐작하다.
그 둘의 행동으로 보아 보통 사이는 아닐 것이라고 추측했다.
to guess

흔하다
형 보통보다 더 자주 있거나 일어나서 쉽게 접할 수 있다.
요즘은 딸기가 흔하다.
to be commonplace

들어 보세요 2

가치관(價値觀)
명 가치에 대한 관점.
교사는 학생들이 올바른 가치관을 형성할 수 있도록 도와주어야 한다.
values

밀접(密接)하다 [밀쩌파다]
형 아주 가깝게 닿아 있다.
글을 읽는 과정은 글을 쓰는 과정과 밀접한 관련이 있다.
to be close

본래(本來) [볼래]
명 사물이나 사실이 전하여 내려온 그 처음.
불타 버린 극장을 본래의 자리에 다시 세웠다.
original

부위(部位)
명 전체에 대하여 어떤 특정한 부분이 차지하는 위치.
소는 부위에 따라 고기의 쓰임이 다르다.
part

유래(由來)하다
동 사물이나 일이 생겨나다.
마라톤은 승리의 소식을 전하려고 쉬지 않고 달렸던 한 병사의 이야기에서 유래한 것이다.
to originate

육식 동물(肉食動物)
동물의 고기를 먹고 사는 동물.
고기를 먹는 육식 동물이 있고 식물을 먹는 초식 동물이 있다.
carnivore

이빨
명 이를 낮게 이르는 말.
호랑이가 날카로운 이빨을 드러내며 위협하고 있다.

tooth/teeth

인맥(人脈)
명 혈연이나 출신 학교 등에 따라 연결된 인연으로 이루어진 사람들의 관계.
그는 학교 인맥으로 승진했다.
personal connections

말하기

차이점(差異點) [차이쩜]
명 서로 같지 않고 다른 점.
인간은 동물과 차이점이 많다.
difference

3-2. 언어 학습

주제 어휘

강의(講義) 내용(內容)을 필기(筆記)하다
대학이나 학원, 기관 등에서 가르치는 내용을 받아 적다.
우리 선생님은 빨리 말씀하시는 편이라서 강의 내용을 필기하기가 어렵다.
to take lecture notes

격식적(格式的) 표현(表現)을 익히다 [격씩쩍]
사회적 모임 등에서 예의를 갖춰 말하는 표현을 배워 잘 쓰게 되다.
한국 회사에서 사용할 수 있는 격식적 표현을 익히고 있다.
to learn formal expressions

고급(高級)
명 지위나 신분 또는 수준이 높음.
그 사람의 악기는 고급 목재로 만들어졌다.
high quality

그룹 활동(活動)을 하다
수업 시간에 여러 사람과 함께 활동을 하다.
여러 사람과 그룹 활동을 할 때는 서로 이해하는 자세가 필요하다.
to do group activities

다양(多樣)한 어휘(語彙)를 사용(使用)하다
여러 가지 종류의 단어를 쓰다.
작문을 할 때 같은 단어를 반복하기보다는 다양한 어휘를 사용하는 것이 좋다.
to use a variety of vocabulary

단계(段階)에 도달(到達)하다
일의 차례를 따라 나아가는 과정에서 목적한 곳이나 수준에 이르다.
공사가 마감 단계에 도달했다.
to reach the stage

단어장(單語帳)을 만들다 [다너짱]
단어와 그 뜻, 발음 등을 적은 공책을 만들다.
한국어 단어장을 만들어 항상 들고 다닌다.
to make a vocabulary notebook

모국어(母國語)
명 자기 나라의 말. 주로 외국에 나가 있는 사람이 자기 나라의 말을 이를 때에 쓴다.
그는 영어를 모국어로 쓰는 사람이다.
mother tongue

모국어(母國語) 화자(話者)
자기 나라의 말을 태어날 때부터 배워서 잘 사용하는 사람.
내 목표는 한국어를 모국어 화자만큼 잘하는 것이다.
native speaker

무의식적(無意識的) [무의식쩍/무이식쩍]
관 명 스스로 깨닫거나 인식이 없는 상태에서 일어나는 (것).
그녀의 움직임은 무의식적이고 기계적이었다.
unconscious

문장(文章)을 통째로 외우다
문장 전부를 외우다.
해외로 여행을 가기 전에 여행지에서 필요한 문장을 통째로 외웠다.
to memorize whole sentences

밑줄을 긋다 [귿따]
문장 내용 중에서 중요한 부분을 강조하거나 드러내 보이기 위하여 줄을 그리다.
빨간 색연필로 중요한 부분에 밑줄을 그었다.
to underline

반복(反復)해서 암기(暗記)하다
같은 것을 되풀이하여 외워 잊지 않도록 하다.
외국어 어휘는 반복해서 암기해야 오랫동안 기억할 수 있다.
to memorize repeatedly

방식(方式)을 선호(選好)하다
일정한 방법이나 형식을 특별히 좋아하다.
젊은이들은 새로운 경영 방식을 선호하는 편이다.
to prefer a method

비격식적(非格式的) 표현(表現)을 익히다 [비격씩쩍]
격식을 지키지 않는 표현을 배워 잘 쓰게 되다.
한국어를 배울 때는 격식적 표현과 비격식적 표현을 모두 익혀야 한다.
to learn informal expressions

시각(視覺) 자료(資料)를 이용(利用)하다
그림, 그래프 등 시각에 의존한 자료를 쓰다.
사진과 그래프와 같은 시각 자료를 이용하여 발표를 성공적으로 마쳤다.
to use visual aids

외국어(外國語)에 능통(能通)하다
다른 나라의 말을 뛰어나고 익숙하게 하다.
수출입 관련 업무를 하는 사람은 외국어에 능통해야 한다.
to be fluent in a foreign language

요점(要點)을 정리(整理)하다 [요쩜] [정니하다]
가장 중요하고 중심이 되는 내용을 정리하다.
요점을 정리하며 공부하면 그 내용을 오래 기억할 수 있다.
to summarize main points

유창(流暢)하게 구사(驅使)하다
말을 물 흐르듯 막힘없이 마음대로 하다.
그는 밤낮을 가리지 않고 외국어를 익히더니 이젠 유창하게 구사한다.
to speak fluently

의식적(意識的) [의식쩍]
관 명 어떤 것을 인식하거나 스스로 깨달으면서 일부러 하는 (것).
그 사람과 만나는 것이 부담스러워 의식적으로 피하고 있다.
conscious

정확(正確)한 문법(文法)을 사용(使用)하다 [문뻡]
문법을 바르고 확실하게 쓰다.
외국어로 말할 때 정확한 문법을 사용하기는 쉽지 않다.
to use correct grammar

중급(中級)
명 중간 정도의 등급.
새로 산 컴퓨터는 최고는 아니었지만 중급 이상의 성능을 보였다.
intermediate

짝 활동(活動)을 하다
수업 시간에 두 사람이 함께 활동을 하다.
외국어 수업에서 대화 연습을 할 때 짝 활동을 하는 것이 도움이 된다.
to partner up

초급(初級)
명 맨 처음 또는 최저의 등급이나 단계.
학생은 모두 서른 명으로, 초급, 중급, 고급 세 반으로 나뉘었다.
beginner

혼자 중얼거리다
남이 알아듣지 못할 정도의 작고 낮은 목소리로 혼잣말을 자꾸 하다.
단어를 암기할 때 눈을 감고 혼자 중얼거리면 잘 외울 수 있다.
to mutter to oneself

읽기

읽어 보세요 1

걸치다
동 일정한 횟수나 시간, 공간을 거쳐 이어지다.
열 시간에 걸쳐 회의가 진행됐다.
to span

결코(決코)
부 어떤 경우에도 절대로.
우리는 그런 일을 결코 한 적이 없다.
never

궁금증(궁금症) [궁금쯩]
명 무엇이 알고 싶어 몹시 답답하고 안타까운 마음.
시간이 지날수록 그 사건에 대한 사람들의 궁금증이 커져 갔다.
curiosity

비례(比例)하다
동 한쪽의 양이나 수가 증가하는 만큼 그와 관련 있는 다른 쪽의 양이나 수도 증가하다.
사랑의 깊이가 꼭 사귀는 시간과 비례하는 건 아니라고 생각한다.
to be proportional

수많다(數많다)
형 수가 많다.
밤하늘에 수많은 별들이 반짝거린다.
numerous

습득(習得)하다 [습뜨카다]
동 학문이나 기술 등을 배워서 자기 것으로 하다.
할머니께서 오랫동안 학원에 다니시더니 드디어 컴퓨터 사용 방법을 습득하셨다.
to acquire

의식(意識)하다
동 어떤 것을 두드러지게 느끼거나 특별히 마음속에 두다.
그는 어머니를 의식해서 목소리를 낮추었다.
to be conscious of

점검(點檢)하다
동 하나하나 빠짐없이 검사하다.
차를 안전하게 타려면 정기적으로 점검해야 한다.
to inspect

읽어 보세요 2

감각(感覺)
명 눈, 코, 귀, 혀, 피부를 통하여 바깥의 어떤 자극을 알아차림.
치과 치료를 받았더니 혀에 감각이 없어서 음식 맛이 잘 안 느껴진다.
sense

도표(圖表)
명 여러 가지 자료를 분석하여 그 관계를 일정한 양식의 그림으로 나타낸 표.
그 강연자는 다양한 도표를 제시하여 청중이 쉽게 이해할 수 있게 했다.
diagram

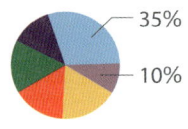

복합적(複合的) [보캅쩍]
관명 두 가지 이상이 합쳐 있는 (것).
요즘 감기는 여러 가지 증상이 복합적으로 나타난다.
complex

주목(注目)하다
동 관심을 가지고 주의 깊게 살피다.
전달 사항이 있으니 모두 나를 주목해라.
to pay attention

지시(指示)
명 무엇을 하라고 시킴. 또는 그 내용.
선수들은 감독의 지시에 따라 자신이 맡은 역할에 최선을 다했다.
instruction

청각(聽覺)
명 소리를 느끼는 감각.
어렸을 때 앓았던 귓병 때문에 결국 청각을 잃고 말았다.
hearing

초조(焦燥)하다
형 걱정이 되어 마음이 불안하다.
면접자들이 자기 순서를 초조하게 기다리고 있다.
to be anxious

촉각(觸覺)
명 물건이 피부에 닿아서 느껴지는 감각.
앞을 볼 수 없는 사람들은 일반 사람들보다 촉각이 발달해 있다.
sense of touch

합계(合計)
명 한군데에 합하여 계산함. 또는 그런 수.
이 물건들의 합계가 얼마입니까?
total

쓰기

구별(區別)되다
동 성질이나 종류에 따라 차이가 나다.
그 쌍둥이는 너무 닮아서 잘 구별되지 않는다.
to be distinguished from

별표(別標)
명 별 모양의 표시.
나는 필기할 때 중요한 부분에 별표를 한다.
asterisk

화살표(화살標)
명 방향을 나타내는 데 쓰는 화살 모양의 표시.
화살표를 따라갔더니 큰 건물이 나타났다.
arrow

4 사고와 고정 관념

4-1 문화와 사고방식
4-2 고정 관념과 가치관

4-1	**문화와 사고방식**	4-2	**고정 관념과 가치관**
듣기 1	사고방식에 대한 토론을 듣고 의견 파악하기	읽기 1	고정 관념에 대한 칼럼을 읽고 내용 파악하기
듣기 2	정에 대한 발표를 듣고 화자의 견해 파악하기	읽기 2	남성 전업주부에 대한 글을 읽고 저자의 의도 파악하기
말하기	경험 발표하기	쓰기	인식 개선을 촉구하는 글 쓰기

Intro 4-1 문화와 사고방식

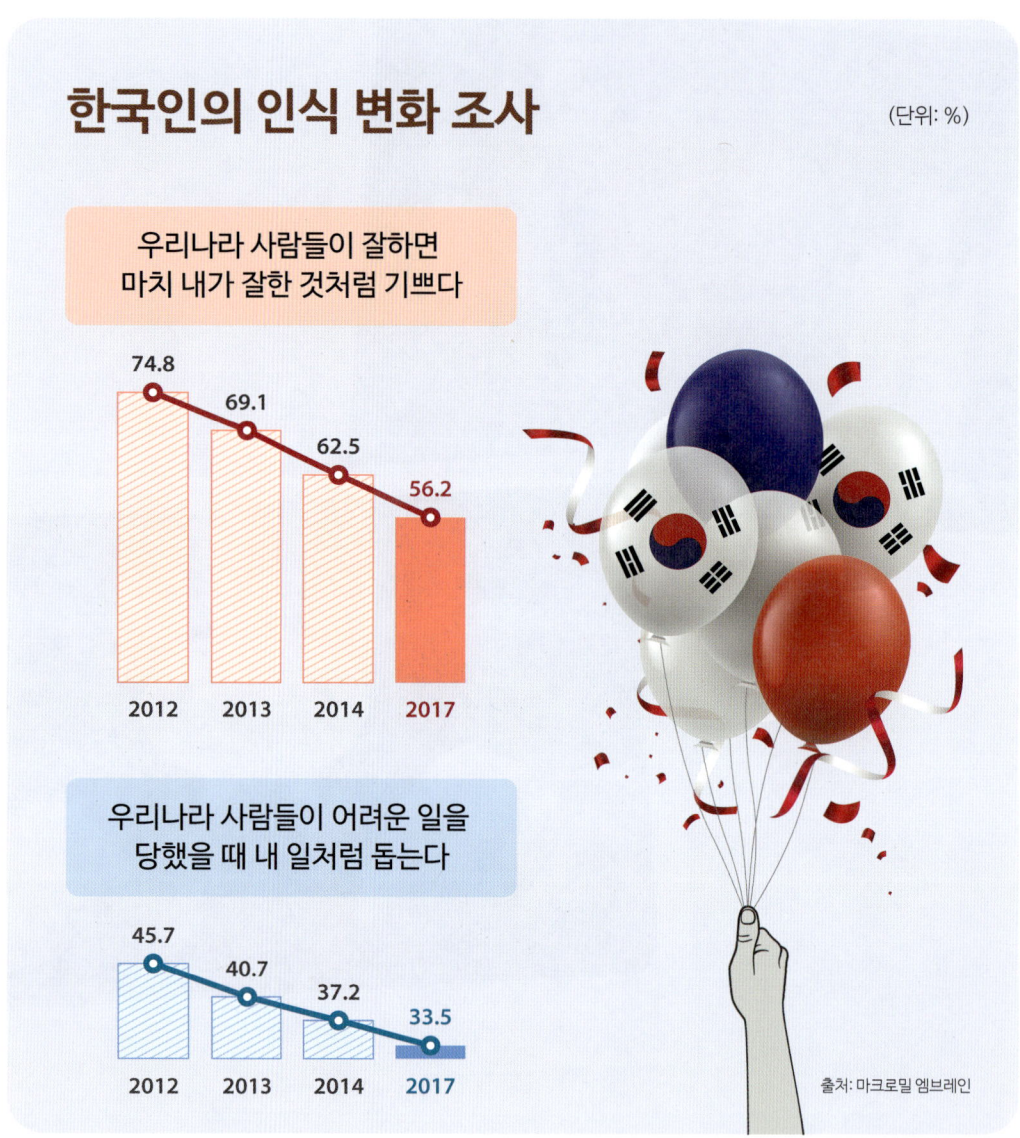

1. 위의 그래프가 의미하는 것은 무엇입니까? 그 결과에 대해 어떻게 생각합니까?

2. 여러분은 개인과 공동체 중 무엇이 더 중요하다고 생각합니까? 그렇게 생각하는 이유는 무엇입니까?

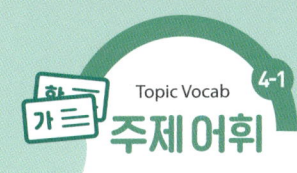

1 다음은 사고방식과 관련된 표현입니다. 알맞은 것을 연결하고 이 표현을 볼 때 떠오르는 경험이나 사람이 있다면 이야기해 보세요.

 저희 아버지는 매우 **보수적**이셔서 학생 때는 연애를 하면 안 된다고 생각하세요.

1) 개인주의 • • 가족처럼 가깝고 친한 것

2) 공동체주의 • • 개인의 가치나 이익을 중요하게 여기는 사고방식

3) 세대 차이 • • 새로운 변화를 받아들이지 않고 전통적인 것을 유지하려고 하는 것

4) 권위적 • • 다른 사람을 자신의 말에 따르도록 시키는 것

5) 보수적 • • 집단이나 사회를 위한 의무를 강조하는 사고방식

6) 열정적 • • 어떤 일에 애정을 가지고 열심히 하는 것

7) 가족적 • • 쉽게 감정의 영향을 받아서 행동하는 것

8) 감정적 • • 다른 시대를 살아온 집단 간에 존재하는 차이

2 다음은 인상과 관련된 표현입니다. 한국이나 한국인에 대한 첫인상은 어땠습니까?

운동 경기를 응원할 때나 콘서트에서 모두 같이 노래 부르는 모습을 보면서 매우 열정적이고 적극적이라는 **인상을 받았어요**.

인상을 받다	첫인상이 바뀌다	상냥하다	무뚝뚝하다
무표정하다	정이 많다	성향이 강하다	관계를 중시하다
행동이 민첩하다	일 처리가 신속하다		

Listening 4-1

들기

🎧 들어 보세요 ❶

준비

1 두 그림은 어떤 점이 다릅니까? 가운데 서서 웃고 있는 사람은 행복해 보입니까? 왜 그렇게 생각합니까?

2 여러분은 동양인과 서양인의 사고방식에 차이가 있다고 느껴 본 적이 있습니까? 언제 그렇게 느꼈습니까?

듣기 다음은 사고방식에 대해 배우는 수업의 토론입니다. 잘 듣고 질문에 답해 보세요.

중심 내용 파악하기

1 무엇에 대해 이야기하고 있습니까?

세부 내용 파악하기

2 다큐멘터리에서 제시한 실험의 결과를 정리해 보세요.

	동양인	서양인
가운데 있는 사람이 행복해 보입니까?	행복해 보이지 않음.	
실험을 통해 알 수 있는 사고방식은 무엇입니까?		

3 여학생과 남학생의 의견을 바르게 연결하세요.

- 여학생
- 남학생

- 동양인은 개인보다 공동체를 더 중시하는 경향이 있다.
- 사고방식은 자란 환경이나 교육의 영향을 받아 형성된다.
- 다큐멘터리의 실험을 젊은 세대들에게 다시 한다면 동양인과 서양인의 차이가 크지 않을 것이다.
- 동양인은 관계를 중시하다 보니 주변 사람들의 눈치를 보는 경향이 있다.

〔확장 활동하기〕

4 서양인은 개인주의 성향이 강하고 동양인은 공동체주의 성향이 강하다는 의견에 동의합니까?

들어 보세요 2

〔준비〕

1 여러분은 '정'이 무엇인지 압니까? '정'을 정의한다면 어떻게 정의하겠습니까?

'정'이란 _____.

2 잘 모르는 사람이 여러분에게 도움을 준 적이 있습니까? 그때 어떤 느낌이 들었습니까?

〔듣기〕 다음은 한국어 말하기 대회의 발표입니다. 잘 듣고 질문에 답해 보세요.

〔중심 내용 파악하기〕

1 이 사람은 무엇에 대해 발표하고 있습니까?

〔세부 내용 파악하기〕

2 이 사람이 한국인에게 받은 첫인상은 무엇이었습니까?

문법과 표현

명 을 막론하고　☞ 10쪽

특히 젊은 세대만을 대상으로 실험을 한다면 동서양을 막론하고 공동체보다는 개인을 중시한다는 결과가 나올 것 같아요.

3 이 사람의 한국인에 대한 첫인상이 바뀌게 된 경험은 무엇입니까?

1) 계단에서 모르는 사람이 가방을 들어 줌.
2) _____.
3) _____.
4) _____.

4 한국 또는 한국인에 대한 발표자의 생각으로 맞는 것을 모두 고르세요.

☐ 한국 회사는 권위적인 분위기가 있다.
☐ 아직도 정 많은 한국 사람들이 많이 있다.
☐ 한국 사람들은 표정이 밝고 마음이 따뜻하다.
☐ 한국 사람들은 모르는 사람의 일은 적극적으로 도와주지 않는다.

5 이 사람은 공동체주의와 정이 어떤 연관이 있다고 생각합니까?

_____ 보다는 _____ 을 생각하고 이웃이나 친구의 일도 자신의 일처럼 챙기는 _____ 가 지금까지 남아 정으로 나타났다고 생각한다.

이야기해 보세요

1 한국인의 공동체 의식이 강하다고 느꼈던 적이 있습니까? 그 경험에 대해서 이야기해 보세요.

한국은 아직도 공동체를 중시하는 문화가 남아 있는 것 같아요. 한국 친구를 보니까 자주 친척들과 다 같이 모여서 시간을 보내더라고요.

2 여러분은 여러분 나라 사람들과 한국 사람이 다르다고 느껴 본 적이 있습니까? 어떤 점이 다릅니까?

우리 나라 사람들에 비해 한국 사람들은 성격도 급하고 일도 신속하게 처리하는 것 같아요. 한국에 와서 인터넷을 신청했는데 다음 날 바로 설치를 해 줬어요.

문법과 표현

동 형 -으면 몰라도, 명 이면 몰라도 ☞ 10쪽
우리 나라에서는 도움을 요청하면 몰라도 아무런 요청도 하지 않는 낯선 사람을 도와주는 일은 별로 없습니다.

말하기

🖊 한국과 관련하여 여러분이 경험을 통해 느낀 점을 발표해 보세요.

준비해 보세요

1. 여러분은 한국에서 '정'을 느낀 경험이 있습니까?

2. 한국에서 느낀 '정'을 주제로 발표를 한다면 어떤 경험을 이야기하고 싶습니까?

모르는 사람이 무거운 짐을 들어 줬어요.

기차에서 아주머니가 음식을 나눠 주셨어요.

표현을 연습해 보세요

1. 다음은 주제를 제시할 때 사용하는 표현입니다. 다음 표현을 사용하여 '정'과 관련된 주제를 제시해 보세요.

주제 제시하기
▶ 발표의 주제를 제시합니다.

- 지금부터 …에 대해 말씀드리려고 합니다
- 제가 말씀드릴 주제는 …입니다

1) **지금부터** 한국 문화를 말할 때 빼놓을 수 없는 '**한국인의 정**'에 대해 말씀드리려고 합니다.
2) **제가 말씀드릴 주제는** '**한국에서 경험한 정**'입니다.

1) 한국인의 정   2) 한국에서 경험한 정   3) _____

2 다음은 주제와 관련된 경험을 제시할 때 사용하는 표현입니다. 다음 표현을 사용하여 '정'과 관련된 자신의 경험을 이야기해 보세요.

> ### 주제와 관련된 경험 제시하기
> ▶ 주제를 드러낼 수 있는 경험이나 사례를 제시합니다.
>
> - …는 경험을 한 적이 있습니다
> - 한번은 이런 일도 있었습니다
> - …는 몇 가지 경험을 하게 되었습니다

1) 저는 한국 사람들 마음속에 따뜻한 정이 있다는 것을 알게 **되는 경험을 한 적이 있습니다**. 계단에서 무거운 짐 가방을 옮기고 있었는데 갑자기 모르는 분이 다가와 저를 도와주셨습니다. **한번은 이런 일도 있었습니다**. 혼자 기차 여행을 하고 있는데….

2) 한국에 와서 회사 생활을 하며 한국 사람들의 정을 느낄 수 **있는 몇 가지 경험을 하게 되었습니다**. 어려운 일이 있을 때 회사 선배에게 이야기했는데 친동생을 챙기는 것처럼 도와주셔서 큰 고마움을 느꼈습니다. 또, 지난번 제 생일 때는….

1) 한국인의 정
- 모르는 사람이 짐 가방을 옮기는 것을 도와줌.

2) 한국에서 경험한 정
- 회사 선배들이 친동생을 챙기는 것처럼 잘 도와줌.

3)
-

3 다음은 자신의 견해를 밝힐 때 사용하는 표현입니다. 다음 표현을 사용하여 자신이 느낀 '정'에 대해 이야기해 보세요.

> ### 견해 밝히기
> ▶ 자신의 견해를 정리하여 이야기합니다.
>
> - …다고 생각합니다[봅니다]
> - …다는 생각이 듭니다
> - …는 것 같습니다

1) 한국에서는 종종 예상하지 못한 친절과 배려심을 느끼게 되는데 그게 바로 **'정'이라고 생각합니다**. 옛날부터 한국 사람들은 공동체 의식이 강했다고 들었는데 그런 공동체 의식이 정으로 나타나는 **것이라고 봅니다**.

2) 한국에는 어려움에 처한 사람을 보면 적극적으로 도움을 주는 사람들이 **많다는 생각이 듭니다**. 옛날부터 이웃이나 친구의 일도 자신의 일처럼 챙기는 것을 중요하게 여겼기 때문에 그런 문화가 남아 **있는 것 같습니다**.

1) 한국인의 정
- 예상치 못한 친절, 배려심이 바로 정
- 옛날 공동체 의식이 정으로 나타나는 것

2) 한국에서 경험한 정
- 어려움에 처한 사람을 보면 적극적으로 도움을 줌.
- 이웃, 친구의 일을 자신의 일처럼 중요하게 여겼던 문화가 남아 있는 것 같음.

3)
-
-

말하기 (Speaking 4-1)

이야기해 보세요

1 한국과 관련된 주제로 발표를 한다면 어떤 내용을 이야기하고 싶습니까?

- 한국인의 정
- 일 처리 속도
- 배달 문화
- 열정적인 한국인
- ?

2 주제를 하나 골라 보기와 같이 메모해 보세요.

보기

주제 제시하기	→	• 한국인의 정
주제와 관련된 경험 제시하기	→	• 모르는 사람이 계단에서 무거운 짐을 들어 준 일 • 기차에서 처음 만난 아주머니가 간식을 나누어 준 일
견해 밝히기	→	• 예상치 못한 친절과 배려심을 느낌. • 이런 정은 한국인의 공동체 의식과 관계가 있다고 생각됨.

메모하기

주제 제시하기	→	
주제와 관련된 경험 제시하기	→	
견해 밝히기	→	

3 메모한 내용을 바탕으로 발표해 보세요.

> 보기

> | 주제 제시하기 | 지금부터 한국 문화를 말할 때 빼놓을 수 없는 '한국인의 정'에 대해 말씀드리려고 합니다. |
>
> | 주제와 관련된 경험 제시하기 | 한국인에 대해 제가 받은 첫인상은 차갑다는 것이었습니다. 처음 한국에 왔을 때 길거리를 다니는 사람들의 얼굴이 매우 무표정했기 때문입니다. 그런데 한국에 살면서 한국인에 대한 이런 첫인상이 **바뀌는 몇 가지 경험**을 하게 되었습니다. 한번은 이런 일이 있었습니다. 계단에서 무거운 짐 가방을 옮기고 있는데 갑자기 모르는 분이 다가와 도움이 필요하냐고 묻더니 가방을 계단 위까지 들어 주셨습니다. 혼자 기차 여행을 할 때도 비슷한 일이 있었습니다. … |
>
> | 견해 밝히기 | 한국에서는 종종 예상치 못한 친절과 배려심을 느끼게 되는데 그게 바로 '정'이라고 생각합니다. 옛날부터 한국 사람들은 공동체 의식이 강했다고 들었는데 그런 공동체 의식이 정으로 **나타나는 것이라고 봅니다**. |

4-2 고정 관념과 가치관

1 고정 관념이란 무엇이라고 생각합니까?

2 위 사진에서 찾을 수 있는 고정 관념은 어떤 것이 있습니까?

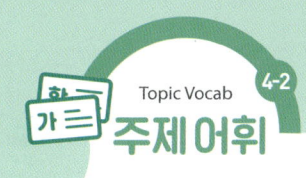

1 다음은 고정 관념과 관련된 표현입니다. 알맞은 표현을 골라 빈칸에 써 보세요.

1) 여자는 집안일을 하고 아이를 돌봐야 한다는 __고정 관념__ 을 깨야 한다고 생각해요.

2) 이번 사건을 바라보는 사람들의 _____ 이 모두 달라서 해결하는 데 시간이 더 걸렸어요.

3) 부모님들은 아이들이 어렸을 때부터 올바른 _____ 을 가질 수 있도록 도와줘야 해요.

4) 이번 면접시험에서는 모든 사람들이 알고 있는 기본적인 _____ 문제도 나올 거라고 해요.

5) 우리 사회에 존재하는 공정하지 못하고 한쪽으로 치우친 생각을 사회적 _____ 이라고 해요.

6) 저는 그 사람을 만나기 전에 소문을 통해 그 사람에 대한 _____ 을 가지고 있었는데 대화를 해 보고 제 생각이 잘못됐다는 걸 알았어요.

| 고정 관념 | 가치관 | 선입견 | 상식 | 시각 | 편견 |

2 다음은 고정 관념과 관련된 질문입니다. 친구들과 이야기해 보세요.

1) 한국이나 한국인에 대한 고정 관념이 있었습니까? 실제로 경험해 보고 생각이 바뀐 것도 있습니까?

> 저는 한국 사람들은 다 성격이 급할 거라는 **고정 관념을 가지고** 있었는데 한국인 룸메이트가 매사에 느긋한 걸 보고 그런 **고정 관념이 깨졌어요.**

2) 여러분 나라에서 상식으로 통하는 고정 관념이 있습니까?

3) 고정 관념 때문에 잘못된 판단을 하거나 따가운 시선을 받은 적이 있습니까?

4) 고정 관념에서 벗어나기 위해 의식적으로 노력한 적이 있습니까?

5) 어떻게 하면 잘못된 고정 관념을 깰 수 있을까요?

고정 관념을 갖다	고정 관념이 깨지다	고정 관념에서 벗어나다	고정 관념에 사로잡히다
상식으로 통하다	관점을 바꾸다	제도를 개선하다	인식이 바뀌다
의식적으로 노력하다	따가운 시선을 받다	잘못된 판단을 하다	좁은 시각으로 바라보다

읽기

읽어 보세요 1

준비

1. 여러분은 스스로 고정 관념을 가지고 있다고 생각합니까?

2. 고정 관념은 왜 생긴다고 생각합니까?

읽기 다음은 고정 관념에 대한 칼럼입니다. 글을 읽고 질문에 답해 보세요.

고정 관념을 깨 보자

가 최근 서울의 한 대학 총장이 TV 프로그램에서 고정 관념에서 벗어나야 할 필요성에 대해 이야기했다. 남들보다 앞서가기 위해서는 지금까지 다른 사람들이 보지 못한 것을 발견하거나 다른 사람들이 생각하지 못한 것을 생각할 수 있어야 하는데 고정 관념에 사로잡혀 있으면 새로운 것을 발견하거나 생각하는 것이 불가능하다는 것이다.

나 고정 관념이란 '어떤 대상에 대해 가지는 지나치게 일반화된 생각'이나 '사람들의 행동을 결정하는 잘 변하지 않는 의식'을 뜻한다. '남자가 여자보다 힘이 세니까 무거운 것은 남자가 들어야 한다'는 생각이나 '남자는 울면 안 된다' 혹은 '여자는 감정적이다', '여자가 남자보다 수학에 약하다'는 생각 등을 그 예로 들 수 있다.

다 이러한 고정 관념은 사회 대부분의 사람들이 공통적으로 가지고 있는 것으로 사람들에게 상식으로 **통하기 십상이다**. 그렇지만 사람들이 상식으로 알고 있는 것이라 하더라도 과학적인 근거가 없다면 그것은 고정 관념일 가능성이 높다. 또한 고정 관념은 사람들에게 선입견이나 편견을 심어 줌으로써 잘못된 판단이나 행동을 하도록 만들기도 한다. 실제로 우리가 뉴스를 통해 접하는 차별이나 혐오 범죄는 고정 관념에 그 뿌리를 두고 있는 경우가 많다.

라 그렇다면 고정 관념에서 벗어나기 위해서는 어떻게 해야 할까? 사람들은 어떤 대상을 접했을 때 자신이 가지고 있는 고정 관념에 따라 그 대상을 쉽게 판단하곤 한다. 고정 관념에 따라 생각하는 것은 편한 방법인 반면에 기존에 가지고 있던 생각을 버리고 새로운 생각을 하는 것은 쉬운 일이 아니다. 따라서 고정 관념에서 벗어나기 위해서는 의식적인 노력이 필요하다. 고정 관념에 갇히면 세상을 좁은 시각으로 바라볼 수밖에 없다. 우리가 보지 못했던 것을 깨닫고 한 걸음 더 나아가기 위해서는 우리가 알고 있는 사실이 고정 관념은 아닌지 확인하고 새롭게 생각해 보는 자세를 가져야 할 것이다.

중심 내용 파악하기

1 글쓴이가 이야기하고자 하는 것은 무엇입니까?

개요 파악하기

2 가 ~ 라 의 중심 내용을 연결하세요.

- 가 •   • 고정 관념의 특징과 문제점
- 나 •   • 고정 관념에서 벗어나야 할 필요성
- 다 •   • 고정 관념의 정의
- 라 •   • 고정 관념에서 벗어나는 방법

세부 내용 파악하기

3 고정 관념의 정의를 쓰세요.

> 고정 관념이란 _____ 이나
> _____ 을 뜻한다.

4 고정 관념의 문제점은 무엇입니까?

1) 새로운 것을 발견하거나 생각하는 것이 불가능함 .

2) _____ .

세부 내용 파악하기 | 확장 활동하기

5 이 글에서는 고정 관념에서 벗어나기 위해서 어떻게 해야 한다고 합니까? 여러분은 평소에 이런 노력을 하고 있습니까?

문법과 표현

동-기 십상이다 ☞ 11쪽

이러한 고정 관념은 사회 대부분의 사람들이 공통적으로 가지고 있는 것으로 사람들에게 상식으로 통하기 십상이다.

4-2. 고정 관념과 가치관

읽어 보세요 2

준비

1. 여러분 나라에서는 보통 집안일을 어떻게 나눠서 합니까?

2. 여러분 나라에는 남성 전업주부가 많습니까? 남성 전업주부에 대한 인식은 어떻습니까?

읽기 다음은 남성 전업주부에 대한 인식 개선을 촉구하는 글입니다. 글을 읽고 질문에 답해 보세요.

남성 전업주부로 살아간다는 것

가 저는 남성 전업주부입니다. 결혼할 때에는 저도 회사에 다녔지만 회사 생활이 적성에 맞지 않아 그만두었습니다. 우리 사회에는 예전부터 집안일과 육아는 여성의 일이라는 고정 관념을 가진 사람들이 많다는 것을 알고 있었습니다. 하지만 저는 그러한 생각은 말 그대로 고정 관념에 불과하다고 생각했습니다. 사회가 변화함에 따라 가치관도 많이 달라지면서 이제는 전통 사회에서 구분해 온 남성의 일과 여성의 일이 따로 존재하지 않게 되었다고 생각했기 때문입니다. 무엇보다도 제 아내는 자기 분야에서 실력을 인정받고 있어서 제가 집안일과 육아를 맡는 것이 저희 부부에게는 효율적인 선택이었습니다.

나 그런데 문제는 다른 데 있었습니다. 회사에 다니지 않는 저는 일정한 소득이 없다는 이유로 은행에서 신용 카드 발급을 거부당해야 했고, 보험에 가입할 때에도 '전업주부' 자격이 아니라 '무직' 자격으로만 가입할 수 있었습니다. 여성의 경우 전업주부 자격이 인정되지만 남성은 전업주부 자격이 인정되지 않기 때문입니다. 제가 견뎌야 하는 것은 남성 전업주부에 대한 사람들의 편견만이 아니었습니다. 남성 전업주부의 존재를 인정하지 않는 사회 제도 또한 참고 견뎌야 했습니다.

다 이제 내년이면 첫째 아이가 초등학교에 입학을 합니다. 주변에서는 초등학교에 이제 막 입학한 아이가 학교생활에 잘 적응하기 위해서는 입학하고 나서 몇 주만이라도 반드시 엄마가 같이 가야 한다고 입을 모아 말합니다. 아이를 학교에 들여보내고 나면 엄마들은 수업이 끝날 때까지 기다리면서 친분도 **쌓을 겸** 필요한 정보도 **교환할 겸** 다른 엄마들과 어울린다고 합니다. 그렇게 해서 엄마들끼리 가까워져야 아이들끼리도 서로 친하게 지낼 수 있기 때문입니다. 그러나 엄마들의 모임에 아빠가 끼기는 어렵습니다. 세상이 많이 바뀌었다고 말하지만 남성 전업주부가 아이를 키울 때 할 수 없는 일들이 분명 존재합니다.

라 남성 전업주부로 살아간다는 것은 결코 생각처럼 쉬운 일이 아닌 것 같습니다. 성별과 관계없이 집안일과 육아를 맡은 사람이 온전히 그 일의 가치를 인정받는 사회가 먼 미래의 일이 아니었으면 좋겠습니다. 제 글을 통해 남성 전업주부에 대한 인식이 바뀌고 나아가 제도도 개선되기를 희망합니다.

중심 내용 파악하기

1 글쓴이가 이 글을 쓴 이유는 무엇입니까?

┌───┐
│ _____에 대한 _____과 _____가 개선되기를 바라서 │
└───┘

개요 파악하기

2 가~라 의 중심 내용을 연결하세요.

- 가 • ──────────── • 남성 전업주부가 된 이유
- 나 • • 남성 전업주부로서 겪게 될 문제
- 다 • • 남성 전업주부로서 겪은 사회적 차별
- 라 • • 남성 전업주부에 대한 인식이 바뀌기를 희망

세부 내용 파악하기

3 글쓴이는 왜 전업주부가 되었습니까?

4 글쓴이가 생각하는 문제 상황은 무엇입니까?

1) 남성 전업주부에 대한 사람들의 편견
2) _____
3) _____

5 글쓴이가 바라는 사회는 어떤 사회입니까?

이야기해 보세요

1 다음은 고정 관념에서 벗어나야 풀 수 있는 퀴즈입니다.
  퀴즈를 풀어 보세요.

> 그림과 같이 놓여 있는 10원짜리 동전 중 두 개만 자리를 옮겨 가로 방향과 세로 방향으로 세웠을 때 70원이 되도록 만들어 보세요. 단, 십자가 모양은 유지해야 합니다.

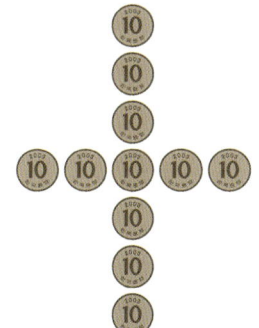

2 여러분이 갖고 있었던 고정 관념은 무엇인지, 고정 관념에서 벗어난 경험이 있는지 이야기해 보세요.

문법과 표현

동-을 겸 ☞ 11쪽

아이를 학교에 들여보내고 나면 엄마들은 친분도 쌓을 겸 필요한 정보도 교환할 겸 다른 엄마들과 어울린다고 합니다.

Writing 4-2 쓰기

📋 여러분의 경험을 담아 인식 개선을 촉구하는 글을 써 보세요.

준비해 보세요

1 여러분 나라에 집안일은 여자의 책임이라거나 남자가 전업주부를 하는 것은 자연스럽지 않다는 고정 관념이 있습니까? 이런 고정 관념에 대해서 어떻게 생각합니까?

왜 남성 전업주부는 별로 없을까?

왜 여자가 전업주부를 하는 경우가 더 많을까?

2 고정 관념에 대한 인식을 개선하기를 바라는 글을 쓴다면 어떤 내용을 써야 할까요?

- 문제 상황
- 인식 변화의 필요성
- 바람직한 방향
- ?

표현을 연습해 보세요

1 다음은 문제 상황을 설명할 때 사용하는 표현입니다. 다음 표현을 사용하여 집안일이나 전업주부와 관련된 고정 관념 때문에 일어난 문제 상황에 대해 설명해 보세요.

> **문제 상황 설명하기**
> ▶ 자신이 직접적 혹은 간접적으로 경험한 문제 상황을 설명합니다.

- …다는 이유로 …당하다
- …은 문제라고 생각하다

1) 전업주부를 선택한 저는 일정한 소득이 **없다는 이유로** 신용 카드 발급을 **거부당했습니다**. 보험에 가입할 때에도 '전업주부' 자격이 아니라 '무직' 자격으로만 가입할 수 있었는데 이런 **제도는 문제라고 생각합니다**.

1) 남성 전업주부
   - 소득이 없어 신용 카드 발급을 거부당함.
   - 보험 가입 때 '무직' 자격만 인정됨.

2)
   -
   -

2 다음은 변화의 필요성을 제시할 때 사용하는 표현입니다. 다음 표현을 사용하여 집안일이나 전업주부와 관련된 고정 관념을 깨야 할 필요성을 제시해 보세요.

변화의 필요성 제시하기
> 변화의 필요성과 바람직한 방향을 제시합니다.

- …을 수 있도록 …가 개선되어야 할 것이다
- …는 것이 바람직하다고 생각하다

1) 성별과 관계없이 집안일과 육아를 맡는 사람이 온전히 그 일의 가치를 인정받는 사회가 **될 수 있도록** 이제는 남성 전업주부에 대한 인식과 **제도가 개선되어야 할 것입니다**.

1) 남성 전업주부
   - 성별과 관계없이 집안일과 육아를 맡는 사람이 그 일의 가치를 인정받는 사회가 돼야 함.

2)
   -

3 다음은 희망을 표현할 때 사용하는 표현입니다. 다음 표현을 사용하여 인식 개선에 대한 희망을 표현해 보세요.

희망 표현하기
> 인식 개선에 대한 희망을 표현합니다.

- 이 글을 통해 …기를 기대하다[바라다]
- 이 글을 계기로 …기를 희망하다

1) **이 글을 통해** 남성 전업주부에 대한 관심이 **높아지기를 기대해 봅니다**.

1) 남성 전업주부
   - 사람들의 관심이 높아지기를 기대함.

2)
   -

- 써 보세요

1 여러분은 평소에 사람들의 행동이나 인식 중에 바뀌면 좋겠다고 생각한 것이 있습니까? 무엇입니까?

2 여러분이 이야기한 주제 중 하나를 골라 보기와 같이 개요를 써 보세요.

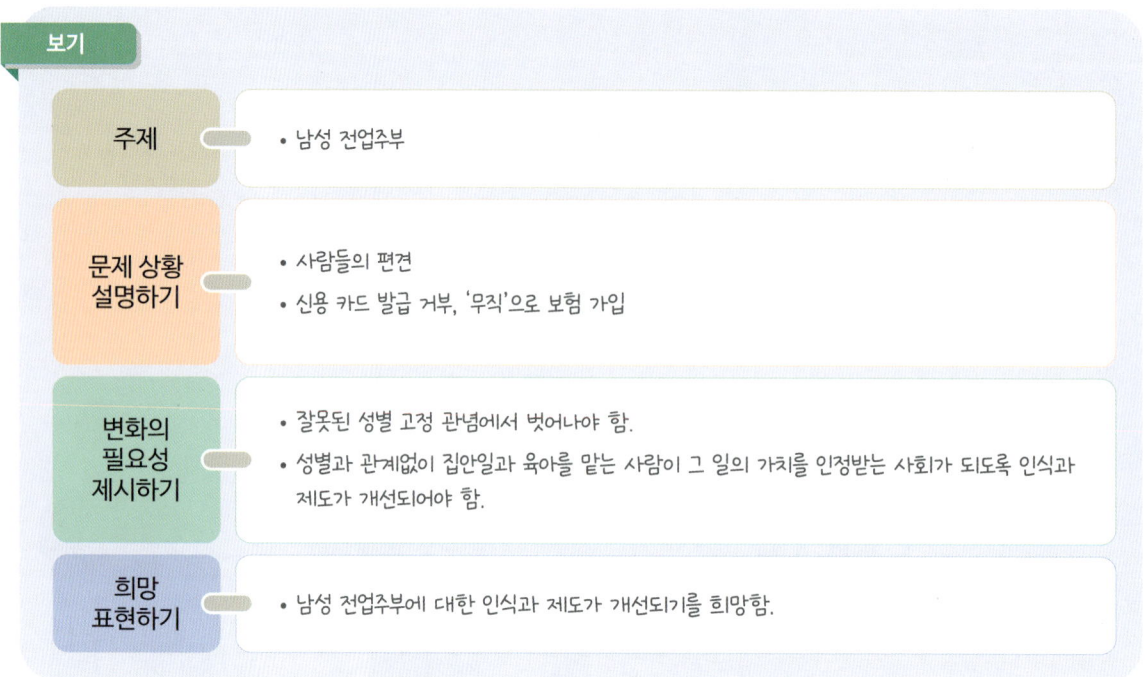

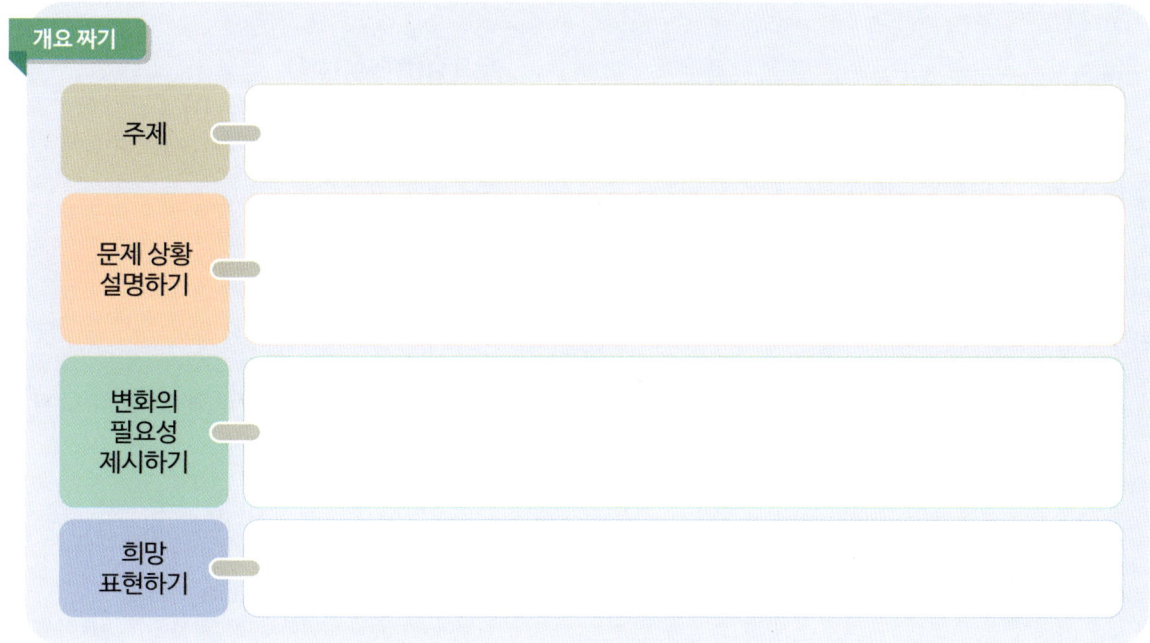

3 개요를 바탕으로 보기와 같이 인식 개선을 촉구하는 글을 써 보세요.

	보기	
제목	남성 전업주부	
서론	저는 남성 전업주부입니다. 결혼할 때에는 저도 회사에 다녔지만 회사 생활이 적성에 맞지 않아 그만두었습니다. 우리 사회에는 집안일과 육아는 여성의 일이라는 고정 관념을 가진 사람들이 많다는 것을 알고 있었습니다. 하지만 저는 그러한 생각은 말 그대로 고정 관념에 불과하다고 생각했습니다.	
본론	그런데 회사에 다니지 않는 저는 일정한 소득이 **없다는 이유로** 은행에서 신용 카드 발급을 **거부당해야 했고**, 보험에 가입할 때에도 '전업주부' 자격이 아니라 '무직' 자격으로만 가입할 수 있었습니다. 여성의 경우 '전업주부'의 자격이 인정되지만 남성은 전업주부의 자격이 인정되지 않기 때문입니다. 또한 세상이 많이 바뀌었다고 말하지만 육아를 하다 보면 남성 전업주부가 아이를 키울 때 할 수 없는 일들이 분명 존재합니다.	문제 상황 설명하기
	우리가 말로는 성별 고정 관념을 벗어나야 한다고 하면서 실제로 그런 환경을 만들려고 노력하지 않는다면 이런 현실은 먼 미래에도 바뀌지 않을 것입니다. 성별과 관계없이 집안일과 육아를 맡는 사람이 그 일의 가치를 인정받는 사회가 될 수 있도록 이제는 남성 전업주부에 대한 인식과 제도가 **개선되어야** 할 것입니다.	변화의 필요성 제시하기
결론	남성 전업주부로 살아간다는 것은 결코 생각처럼 쉬운 일이 아닌 것 같습니다. 저의 **글을 통해** 남성 전업주부에 대한 인식과 제도가 **개선되기를 희망합니다**.	희망 표현하기

Vocabulary 어휘

4-1. 문화와 사고방식

주제 어휘

가족적(家族的) [가족쩍]
관·명 가족 사이처럼 가깝고 친한 (것).
한 달에 한 번씩 모이는 동아리 모임은 매우 가족적이어서 항상 기다려진다.
family-like

감정적(感情的)
관·명 마음이나 기분에 의한 (것).
그는 마음이 가는 대로 행동하는 감정적인 사람이다.
emotional

개인주의(個人主義)
명 국가나 사회에 대하여 개인의 우월한 가치를 인정하는 사상.
개인주의가 나쁜 것은 아니지만 개인의 이익만 중시하다 보면 이기적으로 보일 수도 있다.
individualism

공동체주의(共同體主義)
생활이나 행동 또는 목적을 같이하는 집단의 가치를 강조하는 사상.
그는 한국의 경제 발전에 한국인의 공동체주의가 큰 역할을 했다고 주장했다.
communitarianism

관계(關係)를 중시(重視)하다
둘 이상의 사람, 사물, 현상이 서로 관련을 맺거나 관련이 있는 것을 중요하게 여기다.
한국인들은 관계를 중시하는 경향이 강해서 주변 사람들의 눈치를 많이 보는 것 같다.
to place emphasis on relationships

권위적(權威的)
관·명 자격이나 지위로 남을 따르게 하는 힘을 내세우는 (것).
박 부장님은 직원들에게 권위적으로 대하는 것으로 유명하다.
authoritative

무뚝뚝하다
형 말이나 행동, 표정이 부드럽고 상냥스러운 면이 없다.
버스 안에 앉아 있던 아주머니는 나의 질문에 무뚝뚝하게 대답했다.
to be blunt

무표정(無表情)하다
형 얼굴에 아무런 감정도 드러나 있지 않다.
장학금 받는 것을 친구들이 부러워하는 것 같아서 나는 일부러 무표정한 채로 있었다.
to be expressionless

보수적(保守的)
관·명 새로운 것이나 변화를 반대하고 전통적인 것을 유지하려는 (것).
그 나라 사람들은 매우 보수적이어서 반팔 티셔츠나 반바지를 입지 않는다.
conservative

상냥하다
형 성질이 밝고 부드러우며 친절하다.
점원이 손님들을 상냥하게 대하면서 가게 매출이 많이 올랐다.
to be friendly

성향(性向)이 강하다
성질에 따른 경향이 강하다.
경쟁심이 강한 오빠는 모든 일을 다른 사람보다 잘하고자 하는 성향이 강하다.
to have a strong tendency

세대(世代) 차이(差異)
연령층이 달라 서로 다른 의식을 가지고 살아온 사람들 사이에서 나타나는 의식의 차이.
젊은 세대와 기성세대 간의 세대 차이를 좁히지 않는다면 이 문제가 해결되기는 어렵다.
generation gap

열정적(熱情的) [열쩡적]
관·명 어떤 일에 열렬한 애정을 가지고 열중하는 (것).
그는 무대에서 열정적으로 피아노를 연주했다.
passionate

인상(印象)을 받다
어떤 것에 대하여 마음 깊이 강한 느낌을 받다.
자신의 생각을 분명하게 전달하는 그에게서 좋은 인상을 받았다.
to get an impression

일 처리(處理)가 신속(迅速)하다
일을 절차에 따라 정리하여 실행하거나 마무리를 짓는 것이 빠르다.
은행에 가기 전에 필요한 서류를 미리 준비해야 일 처리가 신속하게 이루어질 수 있다.
work be done quickly

정(情)이 많다
사랑이나 친근감을 느끼는 마음이 많다.
그가 냉정한 데 반해 그의 아내는 매우 정이 많다.
to be warmhearted

첫인상(印象)이 바뀌다 [처딘상]
첫눈에 느껴지는 인상이 변하다.
옷을 어떻게 입느냐에 따라서 그 사람에 대한 첫인상이 바뀌기도 한다.
first impression be changed

행동(行動)이 민첩(敏捷)하다
몸을 움직여 동작을 하거나 어떤 일을 하는 것이 빠르다.
그는 행동이 민첩한 데다가 머리까지 뛰어나서 항상 과제를 제일 먼저 끝낸다.
action be nimble

듣기

들어 보세요 1

구분(區分)되다
동 어떤 기준에 따라 전체가 몇 개의 부분으로 나뉘다.
기숙사는 남녀의 방이 구분되어 있다.
to be divided

동양(東洋)
명 유라시아 대륙의 동부 지역.
대부분의 동양 사람은 머리카락과 눈동자 색이 까맣다.
Asian

동의(同意)하다 [동의하다/동이하다]
동 의견을 같이하다.
그 사람을 추천하자는 의견에 모두 동의했다.
to agree

실험(實驗)
명 실제로 해 보는 일.
이 배가 물에 잘 뜨는지 실험을 해 봅시다.
experiment

찡그리다
동 얼굴의 근육이나 눈살에 몹시 힘을 주어 주름이 잡히게 하다.
그는 두통이 심해 얼굴을 찡그렸다.
to frown

토론(討論)
명 어떤 문제에 대하여 여러 사람이 각각 의견을 말하며 논의함.
우리는 사형 제도 폐지에 대한 토론을 시작했다.
discussion

들어 보세요 2

공동(共同)
명 둘 이상의 사람이나 단체가 함께 일을 하거나 같은 자격으로 관계를 가짐.
두 회사가 앞으로는 공동으로 기술을 개발하기로 계약했다.
joint

기계(機械)
명 힘을 써서 움직이거나 일을 하는 기기.
그는 기계를 잘 다루는 능력이 있다.
machine

어려움에 처하다
어려운 일이나 상황에 놓이다.
일을 진행하면서 우리는 예상하지 못한 어려움에 처했다.
to run into difficulties

연관(聯關)
명 사물이나 현상이 일정한 관계를 맺는 일.
이 일은 그 친구와 아무 연관이 없다.
connection

이익(利益)
명 물질적으로나 정신적으로 보탬이 되는 것.
그는 자기에게 이익이 되지 않는 일은 모두 거절했다.
profit

짐
명 다른 곳으로 옮기기 위하여 챙기거나 꾸려 놓은 물건.
등산을 가기 위해 짐을 챙겼다.
stuff

말하기

견해(見解)
명 어떤 사물이나 현상에 대한 자기의 의견이나 생각.
그와 나는 견해 차이가 크다.
opinion

사례(事例)
명 어떤 일이 전에 실제로 일어난 예.
이런 사례는 없었기 때문에 어떻게 처리해야 할지 모르겠다.
case

4-2. 고정 관념과 가치관

주제 어휘

가치관(價値觀)
명 가치에 대한 관점.
사회적인 변화가 지속되면서 사람들의 가치관도 많이 달라졌다.
value

고정 관념(固定觀念)
어떤 일에 대해 잘 변하지 않는 굳은 생각.
사회에는 아직도 직업에 대한 고정 관념이 남아 있다.
stereotype

고정 관념(固定觀念)에 사로잡히다
고정 관념에 생각이나 마음이 완전히 기울다.
고정 관념에 사로잡혀 있으면 현상을 제대로 파악할 수 없다.
to be fixated with stereotypes

고정 관념(固定觀念)에서 벗어나다
고정 관념에서 빠져나오다.
남성, 여성과 관련된 여러 고정 관념에서 벗어날 필요가 있다.
to be free from stereotypes

고정 관념(固定觀念)을 갖다
고정 관념을 가지다.
예전에는 많은 사람들이 남자와 여자의 역할이 다르다는 고정 관념을 갖고 있었다.
to have stereotypes

고정 관념(固定觀念)이 깨지다
고정 관념이 바뀌어 새로운 상태가 되다.
이 강의를 들으면서 한국인에 대한 고정 관념이 깨졌다.
stereotypes be broken

관점(觀點)을 바꾸다
사물이나 현상을 관찰할 때 그 사람이 보고 생각하는 태도나 방향을 바꾸다.
문제를 해결하기 위해서 관점을 바꿔 생각하는 것이 중요하다.
to change one's point of view

따가운 시선(視線)을 받다
사람들의 매섭고 날카로운 눈길을 느끼다.
길에 쓰레기를 버리다가 주변 사람들의 따가운 시선을 받아 고개를 들 수 없었다.
to receive glares

상식(常識)
명 사람들이 보통 알고 있거나 알아야 하는 지식.
책을 많이 읽은 그 아이는 상식이 풍부하다.
common sense

상식(常識)으로 통하다
여러 사람에게 상식으로 알려지다.
아이들은 학교에 가면 그 사회에서 상식으로 통하는 여러 지식을 학습하게 된다.
to be known as common sense

선입견(先入見) [서닙껸]
명 어떤 대상에 대하여 잘 알기 전에 이미 마음속에 가지고 있는 생각이나 관점.
무뚝뚝한 그 사람의 표정을 보고 나는 그 사람이 냉정할 것이라는 선입견을 갖게 되었다.
preconception

시각(視角)
명 사물을 바라보고 파악하는 입장.
이 문제는 다양한 시각으로 접근해야 해결할 수 있다.
point of view

의식적(意識的)으로 노력(努力)하다
어떤 것을 인식하면서 일부러 노력하다.
나는 사람들 앞에서 나의 단점을 드러내지 않으려고 의식적으로 노력한다.
to make a conscious effort

인식(認識)이 바뀌다
사물을 분별하고 판단하여 아는 것이 변하다.
세월이 흐르면서 결혼에 대한 인식이 바뀌었다.
perception be changed

잘못된 판단(判斷)을 하다
논리나 기준 등에 따라 구별하여 내리는 결정을 잘못하다.
그 결정에 대해 회사가 잘못된 판단을 했다는 직원들의 목소리가 커지고 있다.
to make the wrong decision

제도(制度)를 개선(改善)하다
관습이나 도덕, 법률 등의 규범이나 사회 구조의 체계를 고쳐 더 좋게 만들다.
더 좋은 교육을 제공하기 위해 정부는 교육 제도를 개선할 예정이다.
to reform the system

좁은 시각(視角)으로 바라보다
사물을 바라보고 파악할 때 여러 입장을 고려하지 못하다.
사회 현상을 이해할 때 좁은 시각으로 바라보면 한쪽으로 치우쳐서 생각하게 된다.
to look from a narrow viewpoint

편견(偏見)
명 공정하지 못하고 한쪽으로 치우친 생각.
사람에 대한 편견을 버려야 상대방을 온전히 이해할 수 있다.
prejudice

읽기

읽어 보세요 1

과학적(科學的)
관/명 과학을 기본으로 하여 옳고 정확한 근거를 갖는 (것).
이 세상에는 과학적으로 설명할 수 없는 일들도 존재한다.
scientific

범죄(犯罪)
명 법을 어기고 저지른 잘못.
정부는 범죄를 막기 위한 방안을 마련하고자 관련 분야 전문가들의 의견을 모으고 있다.
crime

뿌리
명 사물이나 현상을 이루는 근본을 비유적으로 이르는 말.
시, 소설 등 문학 작품에 반영되는 삶은 현실에 뿌리를 두고 있다.
root

일반화(一般化)되다
동 개별적인 것이나 특수한 것이 일반적인 것으로 되다.
우리 사회에 과소비 현상이 일반화되고 있다.
to be generalized

차별(差別)
명 둘 이상의 대상을 각각 등급이나 수준의 차이를 두어서 구별함.
우리 직장은 능력에 따른 차별이 심하다.
discrimination

총장(總長)
명 각 대학교를 대표하는 최고의 위치에 있는 사람.
김 교수는 총장 후보에 추천되었다.
chancellor

혐오(嫌惡)
명 싫어하고 미워함.
나는 사람 사이의 정이 사라져 가는 차가운 세상에 대해 혐오를 느낄 때가 많다.
hatred

혹은
부 그렇지 않으면. 또는 그것이 아니면.
나는 10년 혹은 20년 동안 외국에 나가 있을 생각이다.
or

읽어 보세요 2

견디다
동 사람이나 생물이 어려운 환경에서 죽지 않고 버티면서 살아 나가는 상태가 되다.
이 돈이면 며칠은 견딜 수 있을 것 같다.
to endure

무직(無職)
명 일정한 직업이 없음.
언니는 다니던 회사를 그만둬서 현재 무직이지만 학교에 다니는 나보다 더 바쁘다.
unemployed

발급(發給)
명 기관에서 카드, 증명서 등을 만들어 줌.
비자 발급을 위해 대사관에 인터뷰하러 갔다.
issue

소득(所得)
명 경제 활동의 결과로 얻는 돈.
모든 사람은 버는 소득의 일부를 세금으로 낸다.
income

십자가(十字架)
명 기독교도를 상징하는 '十' 자 모양의 표.
내 친구는 십자가 목걸이를 항상 하고 다닌다.
cross

온전히(穩全히)
부 본래 모습 그대로.
오늘은 주말이라서 하루를 온전히 쉬었다.
completely

육아(育兒)
명 어린아이를 기름.
육아 문제로 고민하는 부부가 많다.
parenting

전업주부(專業主婦) [저넙쭈부]
명 다른 직업을 갖지 않고 집안일만 전문으로 하는 주부.
아이를 키우기 위해 일을 그만두고 전업주부가 되는 사람들이 늘고 있다.
full-time housewife

존재(存在)하다
동 현실에 실재하다.
이 세상에 신이 존재한다고 믿는다.
to exist

촉구(促求)하다
동 어떤 일을 급하게 하도록 요구하다.
사람들은 정부에 건강 보험 제도를 개선할 것을 강력히 촉구했다.
to urge

친분(親分)을 쌓다
아주 가깝고 깊은 정을 쌓다.
그 두 집안은 날짜를 정해 놓고 서로 오가며 친분을 쌓고 있다.
to build relationships

❖ **자유롭게 써 보세요.**

5

기후와 지형

5-1 기후 변화
5-2 독특한 지형의 여행지

5-1	기후 변화	5-2	독특한 지형의 여행지
듣기 1	열대야 현상에 대한 뉴스를 듣고 내용 파악하기	읽기 1	여행지에 대한 잡지 기사를 읽고 지형적 특징 파악하기
듣기 2	기후 변화에 대한 발표를 듣고 시각 자료 내용 이해하기	읽기 2	한반도지형에 대한 글을 읽고 인상 파악하기
말하기	시각 자료 제시하며 발표하기	쓰기	여행지 묘사하는 글 쓰기

5-1 기후 변화

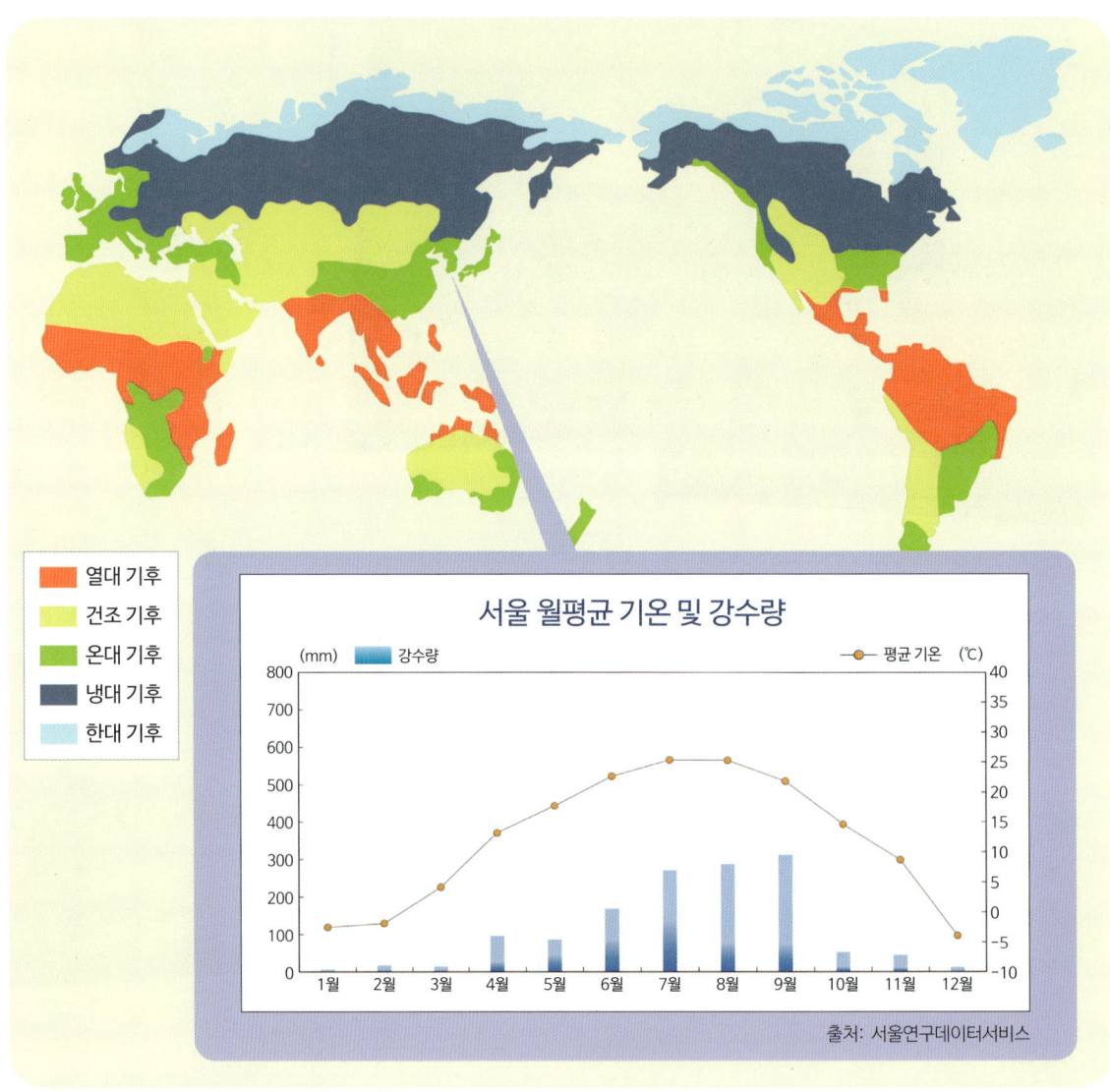

1. 위의 그림과 그래프를 보고 한국 기후의 특징을 이야기해 보세요.

2. 여러분 나라는 어떤 기후에 속합니까? 여러분 나라의 기후와 한국 기후의 공통점과 차이점을 이야기해 보세요.

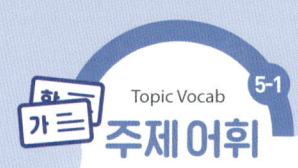

1 다음은 날씨와 관련된 표현입니다. 아래를 보고 오늘 날씨를 이야기해 보세요.

한국의 여름 기후가 **고온 다습**하다고 들었는데 실제로 생활해 보니 힘든 점이 많아요. 오늘도 기온이 32℃까지 오르고….

오늘 **체감 온도**가….

고온 다습　　체감 온도　　미세 먼지　　초미세 먼지　　강수 확률

2 인포그래픽을 보고 지구 온난화에 따른 영향을 이야기해 보세요.

지구 온난화로 **해수면이 상승하고 해안 도시가 침수되고** 있어요.

기후 변화	이상 기후	자연재해	가뭄/홍수
한파	초강력 태풍	대형 산불	인류를 위협하다
동식물이 멸종되다	해수면이 상승하다	서식지가 파괴되다	
평균 기온이 상승하다	인명 피해가 발생하다	해안 도시가 침수되다	

들기 Listening 5-1

🎧 들어 보세요 ①

준비

1 여러분은 날씨 정보를 자주 확인합니까? 날씨 정보 중 여러분이 특히 관심을 두는 것은 무엇입니까?

   기온   미세 먼지   강수 확률   체감 온도   ?

2 한국 사람들은 여름에 어떤 날씨 정보를 확인할까요?

듣기 다음은 '열대야 현상'을 설명하는 기상 정보 뉴스입니다. 잘 듣고 질문에 답해 보세요.

중심 내용 파악하기

1 '열대야 현상'이란 무엇입니까?

   _____ 부터 다음 날 _____ 사이에 _____ 이 _____ 이면 열대야라고 합니다.

세부 내용 파악하기

2 다음은 '열대야 현상'이 자주 나타나는 지역입니다. 관련된 내용을 바르게 연결하세요.

   도시   •   •   높은 기온
   남부 지역 •   •   높은 습도
   해안가   •   •   열섬 현상

3 '열대야 현상'에 대한 설명으로 맞는 것을 모두 고르세요.

   ☐ 열대야 일수는 앞으로도 더 늘어날 것으로 전망된다.
   ☐ 열대야는 낮에 뜨거워진 땅의 열기가 식지 않아 나타난다.
   ☐ 초열대야는 밤에 가장 높은 기온이 30℃ 이상인 때를 말한다.
   ☐ 열대야는 바람이 순환하지 못해 도시 중심부의 기온이 높아지는 것이다.

확장 활동하기

4 여러분 나라 도시에서도 열섬 현상이나 열대야 현상이 나타나는지 이야기해 보세요.

문법과 표현

통-다시피 ☞ 12쪽

아시다시피 세계 여러 나라들이 기후 변화로 몸살을 앓고 있는데요.

들어 보세요 2

준비

1. 다음 사진들은 최근 지구 곳곳에서 일어나고 있는 자연재해를 보여 줍니다. 각각의 사진에 나타난 자연재해는 무엇입니까? 이 외에도 알고 있는 자연재해가 있다면 함께 이야기해 보세요.

2. 지난 20년간 자연재해는 두 배 이상 증가했다고 합니다. 자연재해의 발생이 증가하는 원인은 무엇일까요?

듣기 다음은 기후 변화에 대한 발표의 일부분입니다. 잘 듣고 질문에 답해 보세요.

중심 내용 파악하기

1. 이 발표에서는 무엇에 대해 이야기하고 있습니까?

세부 내용 파악하기

2. 발표 내용과 관련된 시각 자료를 연결하세요.

산불 •	• 그래프
해수면 상승 •	• 표
기후 변화에 대한 인식 •	• 영상, 사진

3. 호주에서 일어난 산불에 대한 설명으로 맞는 것을 모두 고르세요.

☐ 산불은 1년 넘게 꺼지지 않고 계속되었다.
☐ 2019년에 발생하여 많은 야생 동물이 죽었다.
☐ 산불로 많은 숲이 사라졌지만 인명 피해는 없었다.
☐ 지구 온난화로 인한 폭염과 가뭄이 산불로 이어졌다.

4 기후 변화의 예로 언급되지 <u>않은</u> 것을 고르세요.

① 폭우　　　　　　　② 폭설
③ 초열대야　　　　　④ 초강력 태풍

5 해수면이 상승하면 일어날 일로 언급된 것을 모두 고르세요.

☐ 잦은 산불　　　　☐ 동식물 멸종　　　　☐ 기록적인 한파
☐ 해안 도시 침수　　☐ 동식물의 서식지 파괴　☐ 지구의 평균 기온 상승

이야기해 보세요

1 여러분이 알고 있는 독특한 기상 현상이 있습니까? 그 현상에 대해 이야기해 보세요.

무지개 　　　오로라 　　　회오리 　　　백야

2 여러분 나라에도 기후 변화 현상이 있습니까? 어떤 현상이 나타나는지 자세히 이야기해 보세요.

> 사우디아라비아 남서부 지역에는 원래 눈이 오지 않는데 작년에는 기온이 영하 2℃까지 떨어지면서 눈이 내렸어요.

- 초열대야 현상이 나타났어요.
- 장마가 길어졌어요.
- 봄과 가을이 짧아졌어요.
- 온대 기후인데 아열대 식물이 자라요.
- 겨울에 눈이 오지 않아요.
- ?

문법과 표현

동-는 한, **형**-은 한 ☞ 12쪽
지구 온난화가 계속되는 한 기후 변화에 따른 자연재해도 계속 발생할 것이기 때문입니다.

Speaking 5-1 말하기

🎤 기후 변화에 대한 시각 자료를 제시하고 그 자료를 설명하면서 발표해 보세요.

준비해 보세요

1 기후 변화에 대해 발표할 때 어떤 내용을 중점적으로 이야기하고 싶습니까?

☐ 실태 ☐ 원인 ☐ 영향 ☐ 해결 방안 ☐ _____

2 위의 내용을 효과적으로 전달하기 위해서 어떤 자료를 사용하고 싶습니까?

사진 영상 그래프 표 그림 ?

표현을 연습해 보세요

1 다음은 시각 자료를 제시할 때 사용하는 표현입니다. 다음 표현을 사용하여 연습해 보세요.

시각 자료 제시하기

▶ 주장을 효과적으로 전달할 수 있는 시각 자료를 제시하고 그 출처를 밝힌다.

- 먼저 [다음으로/이번에는] 이 사진[영상/표/그래프]을 봐 주십시오
- 이 사진[영상/표/그래프]은 …에서 발표한[에 실린] …입니다
- 이 그래프[표]는 …에서 …을 대상으로 …을 조사한 결과입니다

1) 먼저 이 사진을 봐 주십시오. 이 사진은 L타 **신문에 실린**, 2019년 호주에서 발생했던 산불 **사진입니다**.

2) **다음으로** 이 표를 봐 주십시오. 이 표는 국립해양조사원에서 **발표한**, 기후 변화에 따른 연평균 해수면 상승률을 나타낸 **것입니다**.

3) 이 그래프는 한국리서치에서 1,000명의 서울 **시민을 대상으로** 기후 변화에 대한 **인식을 조사한 결과입니다**.

1) 사진

2) 표

연평균 해수면 상승률		(%)
구분	1990~2019년 (30년간)	2010~2019년 (10년간)
동해안	3.83	5.17
남해안	2.65	3.63
서해안	3.12	3.68

* 출처: 국립해양조사원

3) 그래프

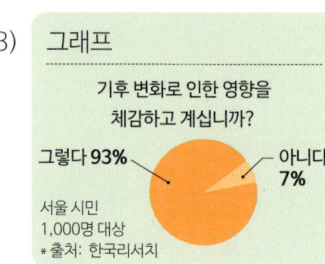

기후 변화로 인한 영향을 체감하고 계십니까?

그렇다 93% 아니다 7%

서울 시민 1,000명 대상
* 출처: 한국리서치

2 다음은 시각 자료를 설명할 때 사용하는 표현입니다. 다음 표현을 사용하여 연습해 보세요.

시각 자료 설명하기

> 자료를 해석하거나 자료와 관련된 사실을 설명합니다.

- 이 사진[영상/표/그래프]은 …는지를 보여 줍니다
- 보시다시피 …었습니다
- 이 사진[영상/표/그래프]을 살펴보면 …다는 것을 알 수 있습니다

1) **이 사진은** 산불이 얼마나 **심각했는지를 보여 주는데요**. 이 산불은 6개월간 지속되었고 그 피해 면적은 12.4만 제곱킬로미터(㎢)라고 합니다.
2) **보시다시피** 1990년부터 2019년까지 30년 동안 해수면이 상승한 것보다 2010년부터 2019년까지 10년 동안 해수면이 더 빠르게 **상승했습니다**.
3) **이 그래프를 살펴보면** 많은 사람들이 기후 변화로 인한 영향을 체감하고 **있다는 것을 알 수 있습니다**.

1) 사진
- 산불의 심각성을 보여 줌.

2) 표
- 2010년부터 2019년까지 10년 동안 해수면이 전보다 더 빠르게 상승함.

3) 그래프
- 많은 사람들이 기후 변화를 체감하고 있음.

3 위에서 연습한 표현을 사용하여 아래의 시각 자료를 제시하고 설명해 보세요.

1) 사진

2) 표

3) 그래프

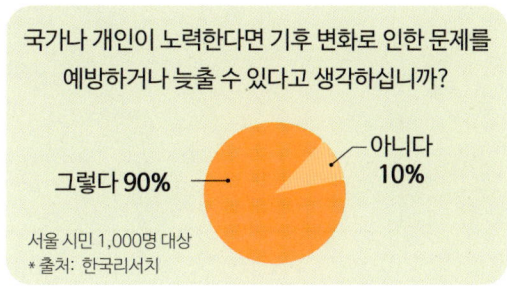

말하기 5-1

- 이야기해 보세요

1 기후 변화와 관련된 사진이나 표, 그래프 등을 찾고 보기와 같이 메모해 보세요.

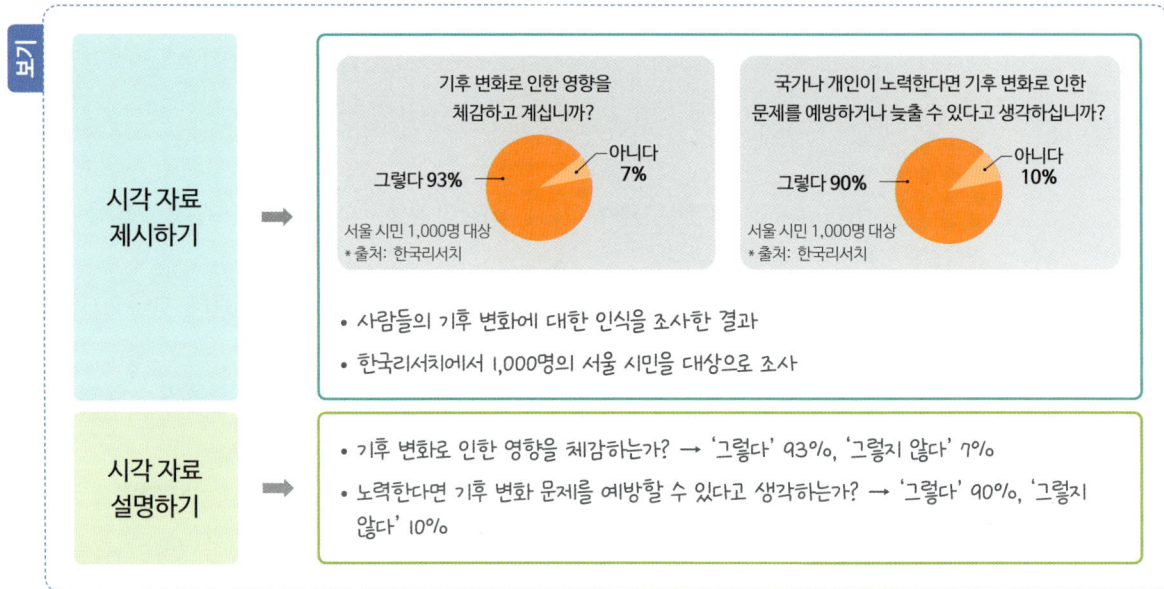

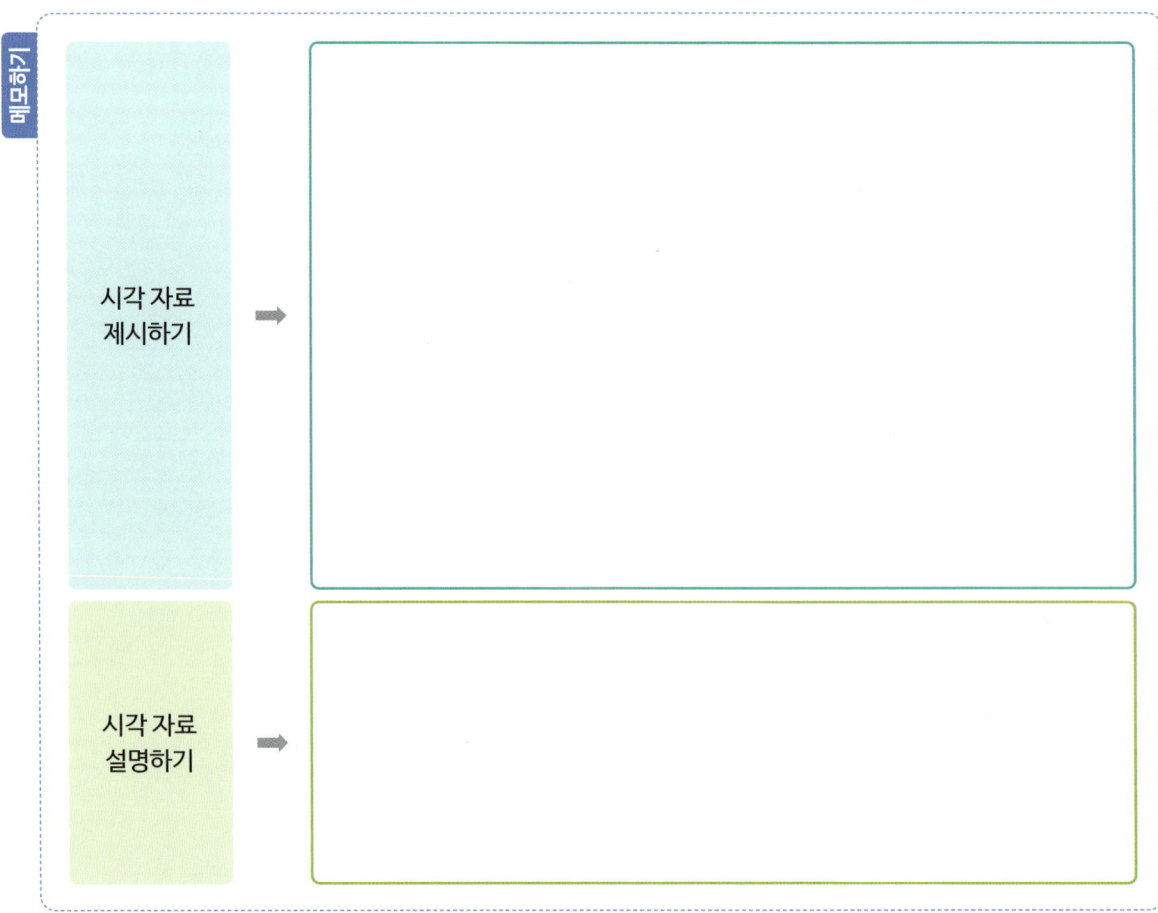

2 메모한 내용을 바탕으로 여러분이 찾은 시각 자료를 설명해 보세요.

보기

시각 자료 제시하기
이 그래프를 봐 주십시오. 이 그래프는 서울 시민들의 기후 변화에 대한 인식을 조사한 결과입니다. 한국리서치에서 1,000명의 서울 시민을 대상으로 조사했는데요.

시각 자료 설명하기
이 그래프를 살펴보면 기후 변화의 영향을 체감하고 있느냐는 질문에 '그렇다'는 응답은 93%를 차지하고 '그렇지 않다'는 응답은 7%에 불과한 것으로 나타났습니다. 다음으로 국가나 개인이 노력한다면 기후 변화 문제를 예방할 수 있다고 생각하는지를 묻는 질문에 '그렇다'는 응답이 90%, '그렇지 않다'는 응답이 10%를 차지하고 있는 것으로 나타났습니다. 이 조사를 통해 많은 사람들이 기후 변화를 체감하고 있으며 인간의 노력으로 기후 변화를 늦출 수 있다고 생각한다는 것을 알 수 있습니다.

독특한 지형의 여행지

서해
동해
남해

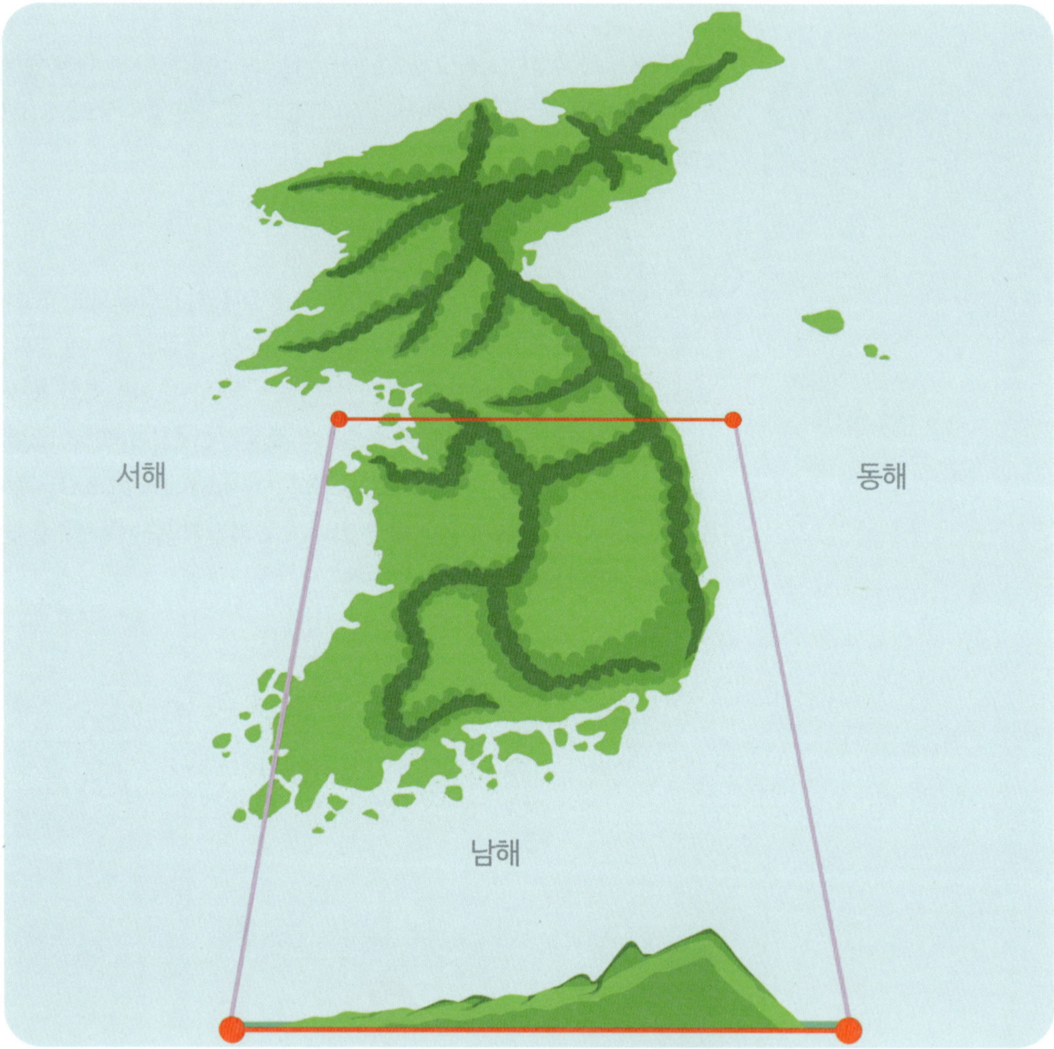

1   위의 그림은 한국의 지형적 특징을 나타냅니다. 어떤 특징을 볼 수 있습니까?

2   여러분 나라는 어떤 지형적인 특징이 있습니까?

1 다음은 지형과 관련된 표현입니다. 알맞은 표현을 써 보세요.

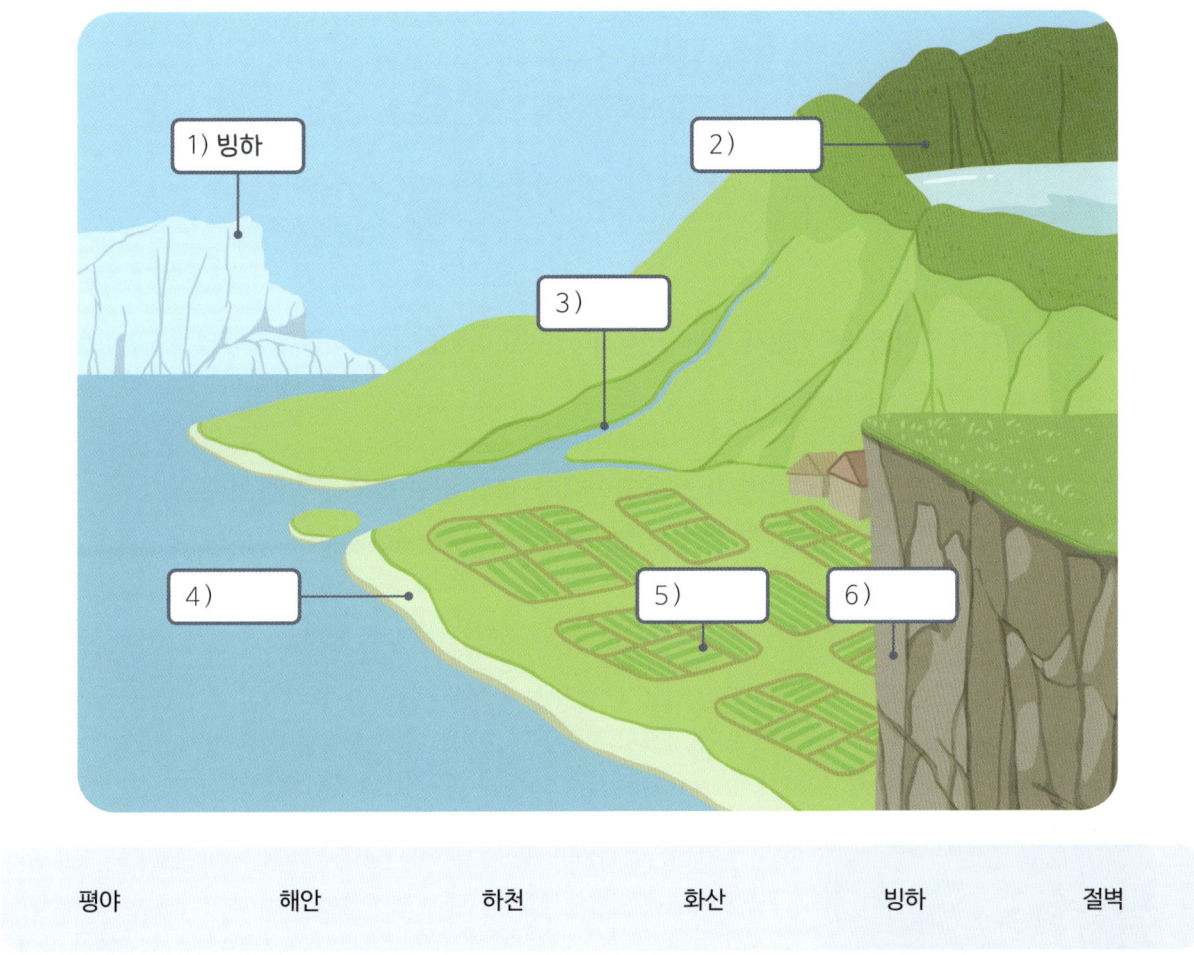

| 평야 | 해안 | 하천 | 화산 | 빙하 | 절벽 |

2 다음은 지형적 특징 및 풍경이나 인상 및 느낌에 대해 이야기할 때 사용하는 표현입니다. 여러분 나라에 아래 표현을 사용하여 묘사할 수 있는 곳이 있다면 이야기해 보세요.

지형적 특징 및 풍경	인상 및 느낌
어우러지다 끝없이 이어지다 모래로 뒤덮이다 바위로 이루어지다 지형이 형성되다 경사가 가파르다/완만하다	빼어나다 웅장하다 신비롭다 환상적이다 숨이 막히다 장관을 이루다 절경이 펼쳐지다 한 폭의 그림 같다 말로 표현할 수 없다 감탄이 절로 나오다

5-2. 독특한 지형의 여행지

읽기

읽어 보세요 1

준비

1 여러분은 여행지를 선택할 때 어떤 곳을 선호합니까?

| 구경거리가 많은 관광지 | 푹 쉴 수 있는 휴양지 | 역사적인 유적지 | 자연 풍경이 아름다운 곳 | ? |

2 여러분이 가 본 여행지 중 지형적 특징이 인상적이었던 곳이 있습니까? 어떤 특징이 있는 곳이었습니까?

읽기 다음은 여행 잡지에 실린 여행지 소개 글입니다. 글을 읽고 질문에 답해 보세요.

꼭 가 봐야 할 독특한 지형의 여행지

세계는 다양한 지형으로 이루어져 있다. 높은 산이 **있는가 하면** 깊은 바다도 있고 넓은 평야도 있다. 자연은 때때로 놀라울 만큼 독특한 지형을 형성하여 사람들에게 아름다운 풍경을 선물한다. 여기 숨 막힐 정도로 아름다운, 죽기 전에 꼭 가 봐야 할 독특한 지형의 여행지 세 곳을 소개한다.

할롱 베이는 3,000여 개의 크고 작은 섬들로 이루어진 베트남의 명소이다. 하늘에서 내려온 용의 입에서 나온 보석들이 할롱 베이의 섬들이 되었다는 전설이 전해지는데, 석회암으로 이루어진 수많은 섬들과 여러 모양의 바위들을 보고 있으면 보석이 섬이 되었다는 이야기가 이해된다. 석회암으로 인해 바닷물이 비취색을 띠는데 한 폭의 그림 같은 풍경에 감탄이 절로 나온다.

우유니 사막은 원래 바다였는데 건조한 기후로 인해 바닷물이 마르면서 하얀 소금으로 뒤덮인 사막이 되었다. '세상에서 가장 큰 거울'이라고 불리는 이곳은 우기가 되면 하얀 소금을 덮은 빗물 때문에 실제의 하늘과 물에 비친 하늘이 이어져 장관을 이룬다. 이때 이곳을 지나는 사람들을 보면 마치 하늘 위를 걷고 있는 것같이 보여 신비로운 느낌을 준다.

송네 피오르는 빙하가 녹은 골짜기에 바닷물이 들어와 형성된 지형으로 그 길이가 200km이며 깊이는 1,300m나 된다. 배를 타고 지나가다 보면 숨 막히는 절경이 끝없이 이어진다. 주위를 둘러싸고 있는 웅장한 산과 가파른 절벽, 곳곳의 폭포와 산꼭대기의 눈이 어우러진 환상적인 경치를 보고 있으면 그 어떤 말도 할 수 없게 된다.

중심 내용 파악하기
1 이 글에서 소개된 여행지의 공통점은 무엇입니까?

세부 내용 파악하기
2 이 글에서 소개된 여행지의 지형적 특징 및 풍경에 대해서 쓰세요.

여행지	지형적 특징 및 풍경
할롱 베이	• 수많은 석회암 섬과 여러 모양의 바위로 이루어져 있음. • 석회암으로 인해 바닷물이 비취색임.
우유니 사막	• •
송네 피오르	• •

3 각 여행지의 인상 및 느낌을 연결하세요.

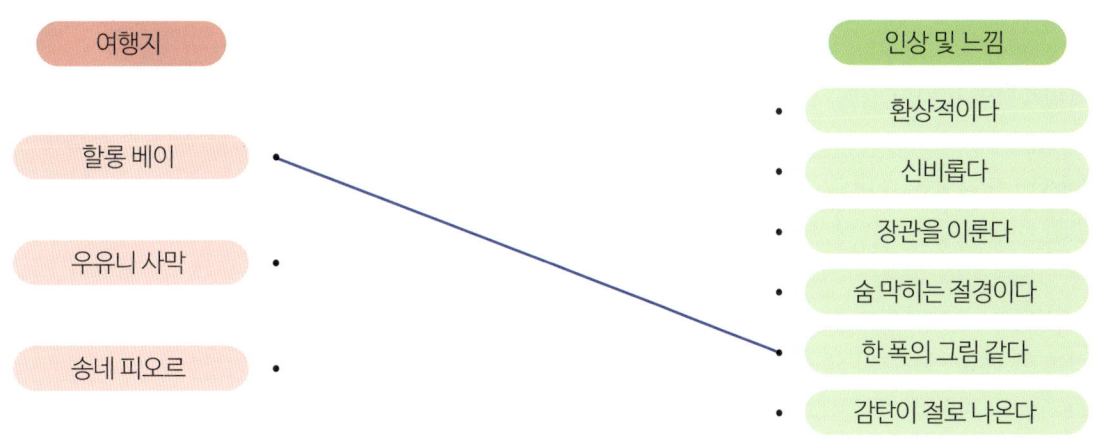

확장 활동하기
4 여러분은 이 여행지를 보고 어떤 인상을 받았는지 이야기해 보세요.

문법과 표현

동-는가 하면, 형-은가 하면   ☞ 13쪽
높은 산이 있는가 하면 깊은 바다도 있고 넓은 평야도 있다.

읽어 보세요 2

준비

1. 한국에서 여행해 본 곳 중 가장 경치가 아름다웠던 곳은 어디입니까? 그곳은 어떤 지형이었습니까?

| 산 | 평야 | 해안 | 강 | 화산 | ? |

2. 그곳의 경치는 어땠습니까? 경치를 봤을 때의 느낌을 어떻게 표현하고 싶습니까?

읽기 다음은 여행지를 다녀온 후 쓴 글입니다. 글을 읽고 질문에 답해 보세요.

자연이 빚어낸 신비로운 여행지, 한반도지형

가 강원도 영월을 여행할 때 빼놓을 수 없는 곳은 바로 '한반도지형'이다. 한반도지형은 그 모습이 우리나라 국토를 닮았다고 해서 붙여진 이름이다. 이곳은 지형이 특이할 뿐만 아니라 사계절 내내 빼어난 풍경을 자랑하여 여행객들의 발길이 끊이지 않는 강원도의 대표적인 명소가 되었다.

나 한반도지형을 제대로 보려면 그 건너편 산 중턱에 마련된 전망대에 올라가야 하는데 주차장에서 전망대까지는 멀지 않고 경사도 완만해서 쉽게 올라갈 수 있었다. 15분 정도 숲길을 걸어 전망대에 도착하니 한반도지형이 한눈에 내려다보였다. 여기저기서 정말 똑같다는 감탄이 터져 나왔다. 한반도를 꼭 닮은 모습도 신비로울뿐더러 주변의 산, 강, 하늘이 함께 만들어 내는 풍경 또한 매우 아름다워 왜 이곳이 명소인지 알 수 있었다.

다 한반도지형은 굽이쳐 흐르는 하천에 의해 형성되었다고 한다. 전망대에서 바라보면 오른쪽은 절벽을 따라 이어지는 숲이 우리나라 동쪽에 있는 높은 산들을 연상하게 하고, 왼쪽은 모래로 이루어져 있어 서해의 해안가가 떠오른다. 게다가 울릉도를 닮은 바위까지 있어 인상적이었다. 오직 자연의 힘으로 이런 지형이 형성되었다는 사실이 **놀라울 따름이었다.**

라 한반도지형을 여행할 때 놓쳐서는 안 되는 것 중 하나는 일몰을 감상하는 것이다. 주변을 산책하다 보니 어느새 해가 지고 있어서 멋진 풍경을 카메라에 담기 위해 다시 전망대에 섰다. 운이 좋게 날이 맑아서 석양에 물들어 가는 한반도지형의 모습을 생생하게 카메라에 담을 수 있었다. 하늘과 강을 붉게 물들인 석양은 한반도지형과 함께 말로 표현할 수 없을 정도로 아름다운 경치를 만들어 냈다. 저녁까지 머무를 수 있다면 일몰을 꼭 감상할 것을 추천한다.

마 한국의 아름다운 경치를 찾아 떠나고 싶다면 영월 '한반도지형'에 꼭 가 보기를 바란다. 누구든지 이곳의 아름다움에 푹 빠지게 될 것이다.

중심 내용 파악하기

1 무엇에 대해 소개하고 있습니까?

개요 파악하기

2 가~마의 중심 내용을 연결하세요.

가 •　　　　　　　　　　• 명소에 대한 첫인상 및 느낌

나 •　　　　　　　　　　• 명소의 지형적 특징

다 •　　　　　　　　　　• 명소의 기본 정보

라 •　　　　　　　　　　• 명소에서 가장 인상 깊었던 것

마 •　　　　　　　　　　• 명소 추천

세부 내용 파악하기

3 이곳이 유명한 이유는 무엇입니까?

4 이 글에서 설명하는 '한반도지형'의 특징을 모두 고르세요.

☐ 인공적으로 만들어진 지형이다.　　　　☐ 하천이 굽이쳐 흐르면서 형성되었다.

☐ 울릉도를 떠올리게 하는 바위가 있다.　☐ 숲과 절벽이 많은 곳은 서해를 연상시킨다.

5 다음의 표현을 사용하여 이곳에 대한 글쓴이의 느낌을 이야기해 보세요.

　　　신비롭다　　　　　놀라울 따름이다　　　　말로 표현할 수 없다

이야기해 보세요

1 아래는 독특한 지형을 자랑하는 세계의 여행지입니다. 어떤 지형적 특징이 있는지 이야기해 보세요.

아이슬란드 화산

파묵칼레 온천

사하라 사막

아마존강

문법과 표현

동 형 -을 따름이다, 명 일 따름이다　☞ 13쪽

오직 자연의 힘으로 이런 지형이 형성되었다는 사실이 놀라울 따름이었다.

쓰기 (Writing 5-2)

📋 지형적으로 특색 있는 여행지를 묘사하는 글을 써 보세요.

준비해 보세요

1. 여러분 나라의 독특한 지형적 특징을 가진 곳 중 소개하고 싶은 곳이 있습니까? 어떤 곳입니까?

2. 여행지를 묘사하는 글을 쓸 때 어떤 내용을 쓸 수 있을까요?

   기본 정보   지형적 특징   풍경   인상 및 느낌   ?

표현을 연습해 보세요

1. 다음은 지형적 특징 및 풍경을 설명할 때 사용하는 표현입니다. 다음 표현을 사용하여 여러분 나라의 독특한 지형적 특징을 가진 곳을 설명해 보세요.

   지형적 특징 및 풍경 설명하기
   ▸ 여행지의 지형적 특징을 설명하고 풍경을 묘사합니다.
   - …에 의해 형성된 지형 [산/하천] 이다
   - …과 …이 어우러지다
   - 석회암 [모래/바위/빙하] 으로 이루어지다

   1) 한반도지형은 굽이쳐 흐르는 **하천에 의해 형성된 지형이다**. 한반도의 모습을 닮아서 한반도지형이라 불린다.
   2) 그랜드 캐니언은 오랜 침식 **작용에 의해 형성된 지형인데** 가파른 **절벽과** 다양한 색의 **지층이 어우러져 있다**.

   1) 한반도지형

   • 굽이쳐 흐르는 하천에 의해 형성됨.

   2) 그랜드 캐니언

   • 오랜 침식 작용에 의해 형성된 지형인데 가파른 절벽, 다양한 색의 지층이 어우러져 있음.

   3)
   •
   •

2. 다음은 인상 및 느낌을 표현할 때 사용하는 표현입니다. 다음 표현을 사용하여 여러분 나라의 독특한 지형적 특징을 가진 곳의 인상과 느낌을 표현해 보세요.

인상 및 느낌 표현하기

▶ 여행지에 대한 인상과 느낌을 씁니다.

- …에 감탄이 절로 나오다
- …을 따름이다
- …는 장관이다 [장관을 이루다]
- …어(서) 어떤 말도 할 수 없다

1) 석양으로 물들어 가는 한반도지형의 **모습에 감탄이 절로 나온다**. 오직 자연의 힘으로만 이런 지형이 형성되었다는 사실이 **놀라울 따름이었다**.

2) 그랜드 캐니언의 웅장함은 이 세상 어떤 카메라로도 담을 수 **없는 장관이다**. 이곳에 도착하자마자 끝없이 펼쳐진 절경에 **놀라 어떤 말도 할 수 없었다**.

1) 한반도지형

- 석양으로 물드는 모습에 감탄이 절로 나옴.
- 자연의 힘이 놀라움.

2) 그랜드 캐니언

- 웅장한 규모가 장관임.
- 절경에 놀라 어떤 말도 할 수 없었음.

3)

써 보세요

1. 여러분이 가 본 곳 중 지형적 특징이 뚜렷한 여행지가 있습니까? 어느 곳에 대해 글을 쓰고 싶습니까?

한국, 한라산

아르헨티나, 이구아수 폭포

남아프리카공화국, 테이블산

아이슬란드, 스카프타펠

2 여러분이 가 본 곳 중 가장 인상 깊은 곳을 골라 보기와 같이 개요를 써 보세요.

보기

여행지	• 한반도지형 　– 강원도 영월에 위치 　– 우리나라 국토를 닮아 '한반도지형'이라 불림.
지형적 특징 및 풍경 설명하기	• 굽이쳐 흐르는 하천에 의해 형성됨. • 한반도 모습을 닮음.
인상 및 느낌 표현하기	• 자연의 힘으로만 이런 지형이 형성되었다는 사실이 놀라울 따름임. • 일몰 때 보면 진정한 장관임.

개요 짜기

여행지	
지형적 특징 및 풍경 설명하기	
인상 및 느낌 표현하기	

3 개요를 바탕으로 보기와 같이 글을 써 보세요.

보기

제목	자연이 빚어낸 신비로운 여행지, 한반도지형
처음	강원도 영월을 여행할 때 빼놓을 수 없는 곳은 바로 '한반도지형'이다. 한반도지형은 강원도 영월군에 위치하고 있으며 그 모습이 마치 우리나라 국토를 닮았다고 해서 '한반도지형'이라고 불리게 되었다.
중간	<mark>한반도지형은 굽이쳐 흐르는 하천에 의해 형성된 지형이다.</mark> 전망대에서 바라보면 오른쪽은 절벽을 따라 이어지는 숲이 우리나라 동쪽에 있는 높은 산들을 연상하게 하며 왼쪽은 모래로 이루어져 서해의 해안가가 떠오른다. 게다가 울릉도를 닮은 바위까지 있어 인상적이었다. 오직 자연의 힘으로 이런 지형이 형성되었다는 사실이 놀라울 따름이었다. 일몰 때 보는 한반도지형은 더욱 아름답게 느껴진다. 하늘과 강을 붉게 물들이며 넘어가는 석양은 한반도지형과 함께 어떤 말도 할 수 없을 정도로 아름다운 절경을 만들어 냈다. 해가 저물기 전의 모습도 아름다웠지만 저물어 가는 해에 물든 한반도지형은 진정한 장관이었다.	지형적 특징 및 풍경 설명하기, 인상 및 느낌 표현하기
끝	한국의 아름다운 경치를 찾아 떠나고 싶다면 영월 '한반도지형'에 꼭 가 보기를 바란다. 누구든지 이곳의 아름다움에 푹 빠지게 될 것이다.

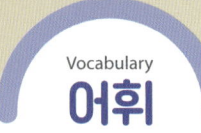

Vocabulary 어휘

5-1. 기후 변화

주제 어휘

가뭄
명 오랫동안 계속하여 비가 내리지 않아 메마른 날씨.
오랜 가뭄 끝에 비가 내렸다.
drought

강수(降水) 확률(確率) [확뉼]
어느 기간 동안 1mm 이상의 비, 눈, 우박 등이 내릴 가능성.
일기 예보에서 내일 우리 지역의 강수 확률이 50%라고 했다.
chance of precipitation

고온(高溫) 다습(多濕)
기온이 높고 습기가 많음.
올여름 당분간 고온 다습한 무더위가 계속될 거라고 한다.
hot and humid

기후 변화(氣候變化)
일정 지역에서 여러 해에 걸쳐서 나타나는 평균적인 날씨의 변화.
기후 변화로 인한 피해가 심각해지면서 환경 오염 문제에 관심을 갖는 사람들이 늘고 있다.
climate change

대형(大型) 산불(山불) [산뿔]
큰 규모의 산불.
지난 5월 발생한 대형 산불이 한 달 넘게 계속되고 있다.
large wildfire

동식물(動植物)이 멸종(滅種)되다 [멸쫑되다/멸쫑뒈다]
동물과 식물이 아주 없어지다.
자연환경이 파괴되어 그 안에서 살아가는 여러 동식물이 멸종되고 있다.
animals and plants become extinct

미세(微細) 먼지
구별하기 어려울 정도로 아주 작은 먼지.
수도권의 미세 먼지가 매우 심각한 수준이다.
fine dust

서식지(棲息地)가 파괴(破壞)되다
생물이 일정하게 자리를 잡고 사는 곳이 부서지거나 망가지다.
개발로 인해 서식지가 파괴되면서 멸종되는 동물이 늘어나고 있다.
habitat be destroyed

이상 기후(異常氣候)
기온이나 강수량 등이 정상 범위를 벗어난 상태.
이상 기후로 농작물에 큰 피해가 발생했다.
abnormal climate

인류(人類)를 위협(威脅)하다 [일류]
세계의 모든 사람을 힘으로 겁주고 무섭게 하다.
과학은 인류를 위협하는 수단으로 나쁘게 이용될 수도 있다.
to threaten humanity

인명(人命) 피해(被害)가 발생(發生)하다 [발생하다]
자연재해나 사고 등으로 사람이 생명을 잃거나 다치는 피해가 생기다.
비행기 추락으로 많은 인명 피해가 발생했다.
to cause casualties

자연재해(自然災害)
명 태풍, 가뭄, 홍수, 지진, 화산 폭발 등의 피할 수 없는 자연 현상으로 인하여 일어나는 피해.
우리는 언제 닥쳐올지 모르는 자연재해를 대비해야 한다.
natural disaster

체감 온도(體感溫度)
인체가 느끼는 더위나 추위를 수량적으로 나타낸 것.
오늘은 차갑고 강한 바람 때문에 체감 온도가 많이 떨어질 것이라고 했다.
perceived temperature

초강력(超强力) 태풍(颱風) [초강녁]
힘이나 영향이 아주 강한 태풍.
50년 만의 초강력 태풍이 우리나라로 올라오고 있다.
super typhoon

초미세(超微細) 먼지
지름이 2.5마이크로미터(㎛) 이하인, 미세 먼지보다 더 작은 먼지.
공기 청정기가 초미세 먼지를 잘 걸러 낼 수 있을지 의문이다.
ultra-fine dust

평균 기온(平均氣溫)이 상승(上昇)하다
일정 기간 관측한 기온의 평균값이 올라가다.
평균 기온이 상승하면서 황사가 심해지고 있다.
average temperature rises

한파(寒波)
명 겨울철에 기온이 갑자기 내려가는 현상.
한파가 몰아치면 농작물의 값이 오를 것이다.
cold wave

해수면(海水面)이 상승(上昇)하다
바닷물의 표면이 올라가다.
해수면이 상승하여 많은 농경지가 물에 잠겼다.
sea level rises

해안(海岸) 도시(都市)가 침수(浸水)되다
바다와 육지가 맞닿은 부분에 있는 도시가 물에 잠기게 되다.
빙하가 계속 녹아 해수면이 상승하면 해안 도시가 침수될 위험이 있다.
coastal cities be flooded

홍수(洪水)
명 비가 많이 와서 강이나 개천에 갑자기 크게 불어난 물.
그는 지난 홍수에 집을 잃었다.
flood

듣기

들어 보세요 ❶

급격히(急激히) [급껴키]
부 변화의 움직임 등이 급하고 강하게.
눈이 내린 뒤 산속은 급격히 기온이 떨어졌다.
rapidly

기상(氣象)
명 바람, 구름, 비, 눈, 더위, 추위 등 대기 중에서 일어나는 현상을 모두 이르는 말.
이 지역은 하루 중에도 여러 번 날씨가 바뀔 정도로 기상 변화가 심하다.
weather

대도시(大都市)
명 지역이 넓고 인구가 많은 도시.
서울특별시는 우리나라에서 제일 큰 대도시이다.
metropolis

도시화(都市化)
명 도시의 문화 형태가 도시 이외의 지역으로 발전·확대됨.
산업화와 함께 이루어진 도시화는 도시 인구의 증대를 가져왔다.
urbanization

몸살을 앓다 [알타]
어떤 일 때문에 고통을 겪다.
매년 가을이면 설악산은 관광객으로 몸살을 앓는다.
to suffer from body aches

순환(循環)하다
동 일정한 간격을 두고 자꾸 되풀이하여 돌다.
이 버스는 관광지 내에서만 하루에 열 번씩 오가며 순환하는 버스이다.
to be circulated

열기(熱氣)
명 뜨거운 기운.
한국 응원단으로 가득 찬 경기장은 열기가 대단했다.
heat

열대야(熱帶夜) [열때야]
명 방 밖의 온도가 25℃ 이상인 무더운 밤.
며칠째 계속되는 열대야 현상으로 잠을 못 이루는 사람이 많다.
tropical night

열섬(熱섬) 현상(現像) [열썸]
도시 중심 부분의 기온이 주변 지역보다 높은 상태.
열섬 현상으로 인해 뜨거운 여름에 도시는 더욱 무더워진다.
urban heat island phenomenon

일수(日數) [일쑤]
명 날의 수.
이 지역은 비가 오는 일수가 1년에 200일 정도이다.
number of days

중심부(中心部)
명 사물의 한가운데나 중심이 되는 부분.
대도시 중심부의 교통난은 밤낮이 따로 없는 게 특징이다.
central area

초열대야(超熱帶夜) [초열때야]
방 밖의 온도가 30℃ 이상인 아주 무더운 밤.
녹지가 별로 없고 건물이 50% 이상을 차지하는 영등포 지역은 초열대야 현상을 보인다.
super tropical night

해안가(海岸가) [해안까]
명 바닷물과 땅이 서로 닿은 곳이나 그 근처.
해안가로 밀려오는 거대한 파도 때문에 모두 대피했다.
coastline

들어 보세요 2

규모(規模)
명 사물이나 현상의 크기나 범위.
동네에 규모가 큰 쇼핑몰이 들어선다고 한다.
size

기록적(記錄的)
관 명 기록에 남아 있거나 남을 만한 (것).
이번 경기에서 기록적인 점수 차이로 이겼다.
record

기상청(氣象廳)
명 우리나라의 기상 상태를 관측하고 예보하는 일을 맡아 하는 곳.
기상청은 내일 비가 내릴 것이라고 예보했다.
Korea Meteorological Administration

기후학자(氣候學者)
명 기온, 비, 눈, 바람 등의 대기 상태에 능통하거나 그것을 연구하는 사람.
기후학자들은 기후 변화의 심각성을 보여 주는 증거가 있다고 말한다.
climatologist

목숨
명 사람이나 동물이 숨을 쉬며 살아 있는 힘.
그 사고로 인해 많은 사람들이 목숨을 잃었다.
life

아열대(亞熱帶) [아열때]
명 열대와 온대의 중간 지대. 위도 20~30도 사이의 지역.
벼는 열대나 아열대 지방과 같이 덥고 비가 많이 내리는 지역에서 잘 자란다.
subtropical

언급(言及)되다
동 어떤 문제가 말해지다.
그의 작품은 평론가들 사이에서 자주 언급된다.
to be mentioned

온대(溫帶)
명 열대와 한대 사이에 있는, 연평균 기온이 0℃에서 20℃ 사이의 따뜻한 지역.
온대 기후 지역은 사계절이 뚜렷하게 나타난다는 특징이 있다.
temperate zone

재난(災難)
명 뜻밖에 일어난 불행한 사고와 고생.
자연에 의한 재난은 피하기가 어렵다.
disaster

말하기

방안(方案)
명 일을 처리하거나 해결하여 나갈 방법이나 계획.
문제점을 정확히 파악하여 개선 방안을 찾아야 한다.
measure

상승률(上昇率) [상승뉼]
명 올라가는 비율.
물가 상승률이 4%를 넘었다.
rate of increase

실태(實態)
명 있는 그대로의 상태. 또는 실제의 모양.
정부에서는 환경 오염의 실태에 대하여 조사하기로 했다.
actual condition

주장(主張)
명 자기의 의견이나 주의를 굳게 내세우는 것.
이 글에는 글쓴이의 주장이 잘 나타나 있다.
argument

중점적(重點的) [중쩜적]
관 명 여럿 가운데 가장 중요하게 여기는 (것).
사회 복지에 중점적인 투자가 이루어지고 있다.
focused

해석(解釋)하다
동 문장 등으로 표현된 내용을 이해하고 설명하다.
선생님께서는 어려운 글을 해석해서 쉽게 알려 주셨다.
to interpret

5-2. 독특한 지형의 여행지

주제 어휘

감탄(感歎)이 절로 나오다
마음속 깊이 느껴 놀라는 소리가 저절로 밖으로 나오다.
누구나 눈 속에 핀 매화를 보면 감탄이 절로 나올 것이다.
exclaim with admiration

경사(傾斜)가 가파르다
기울어진 상태나 정도가 몹시 심하다.
경사가 가파른 길에 눈까지 내려서 오르기가 힘들다.
slope be steep

경사(傾斜)가 완만(緩慢)하다
기울어진 상태나 정도가 심하지 않다.
모래 질이 부드럽고 경사가 완만해 해수욕장으로 좋은 조건을 갖추고 있다.
slope be gradual

끝없이 이어지다 [끄덥씨]
끝나는 곳이 없이 계속되다.
구불구불한 길이 끝없이 이어졌다.
to continue endlessly

말로 표현(表現)할 수 없다
생각이나 느낌을 말로 드러내 나타낼 수 없다.
지금의 행복한 심정을 말로 다 표현할 수가 없다.
to be indescribable

모래로 뒤덮이다
빈 데가 없이 모래로 온통 덮이다.
모래로 뒤덮인 사막이 끝없이 펼쳐져 있다.
to be covered with sand

바위로 이루어지다
아주 큰 돌로 만들어지다.
이 섬은 크고 작은 수많은 바위로 이루어져 있다.
to be made up of rocks

빙하(氷河)
명 수백 수천 년 동안 쌓인 눈이 얼음 덩어리로 변하여 그 자체의 무게로 압력을 받아 이동하는 현상. 또는 그 얼음덩어리.
기온의 상승으로 인하여 빙하가 녹으면 해안선도 변화하게 된다.
glacier

빼어나다
형 여럿 가운데서 특별히 뛰어나다.
이 지방은 경치도 빼어나고 인심도 좋다.
to be remarkable

숨이 막히다
숨을 쉴 수 없을 정도로 답답함을 느끼다.
달려왔더니 숨이 턱턱 막힌다.
to be breathtaking

신비(神祕)롭다
형 사람의 힘이나 지혜가 미치지 못할 정도로 신기하고 묘한 느낌이 있다.
신비로운 우주의 세계에 마음이 완전히 사로잡혔다.
to be mysterious

어우러지다
동 여럿이 조화를 이루거나 섞이다.
해마다 봄이 되면 동네 사람들은 모두 어우러져서 축제를 즐기곤 했다.
to come together in harmony

웅장(雄壯)하다
형 규모가 거대하고 넉넉하다.
아무리 화려하고 웅장한 궁궐도 주인을 잃으면 쓸쓸해진다.
to be grandiose

장관(壯觀)을 이루다
훌륭하고 넓고 큰 모습을 만들다.
지금쯤 제주에는 유채꽃이 장관을 이룰 것이다.
to form a spectacular sight

절경(絶景)이 펼쳐지다
더할 나위 없이 훌륭한 경치가 나타나다.
산의 꼭대기에 오르니 절경이 펼쳐졌다.
magnificent view unfolds

절벽(絶壁)
명 바위가 높이 솟아 있는 가파른 낭떠러지.
절벽 끝에 올라서자 다리가 몹시 떨렸다.
cliff

지형(地形)이 형성(形成)되다
땅의 모양이나 상태가 이루어지다.
제주도에는 아름답고 특이한 지형이 형성된 곳이 많다.
terrain be formed

평야(平野)

명 땅의 모양이 높아졌다 낮아졌다 하지 않는, 평평하고 넓은 들.
예로부터 강 하류에는 기름진 평야가 발달했다.
plain

하천(河川)

명 강과 시내를 함께 이르는 말.
우리 마을에 있는 하천은 예전에는 맑은 물이 흘렀으나 지금은 심하게 오염되었다.
river and stream

한 폭(幅)의 그림 같다

한 장의 그림처럼 아름답다.
산꼭대기에서 내려다보는 경치는 한 폭의 그림 같았다.
to be like a painting

해안(海岸)

명 바다와 육지가 맞닿은 부분.
해안은 새벽 산책을 나온 사람들로 붐볐다.
coast

화산(火山)

명 땅속에 있는 가스, 마그마 등이 땅을 뚫고 나와 생긴 지형.
화산이 폭발하여 근처의 마을이 화산재로 덮였다.
volcano

환상적(幻想的)
관 명 생각 등이 현실적인 기초나 가능성이 없는 (것).
안개에 휩싸인 거리가 환상적으로 보인다.
fantastic

읽기

읽어 보세요 1

골짜기

명 산과 산 사이에 푹 들어간 곳.
골짜기는 온통 초록색으로 덮여 있었다.
valley

때때로
부 경우에 따라서 가끔.
그는 때때로 나를 실망시키곤 했다.
sometimes

띠다
동 빛깔이나 색 등을 가지다.
붉은빛을 띤 장미가 아름답게 피어 있었다.
to be tinged with

바닷물 [바단물]
명 바다에 모여 있는 짠물.
한여름인데도 바닷물이 너무 차가워 수영할 수가 없다.
sea water

보석(寶石)

명 다이아몬드, 에메랄드 등의 아주 단단하고 색깔과 빛이 아름다우며 희귀한 광물.
그녀는 화려한 보석이 박힌 반지는 싫다며 얇은 금반지 하나를 집어 들었다.
gem(stone)

비취색(翡翠色)
명 비취의 빛깔과 같이 곱고 짙은 푸른색.
달빛을 받은 호수는 아름답고 은은한 비취색으로 반짝이고 있었다.
jade color

빗물 [빈물]
명 비가 와서 고이거나 모인 물.
빗물이 창에 부딪혀 유리를 타고 흘러 내린다.
rain water

산꼭대기(山꼭대기) [산꼭때기]
명 산의 맨 위.
한여름 날씨인데도 산꼭대기에 오르니 쌀쌀했다.
top of the mountain

석회암(石灰巖) [서쾨암/서퀘암]
명 탄산 칼슘(calcium carbonate)을 주요 성분으로 하는 퇴적암.
이 폭포의 위층은 석회암으로 되어 있다.
limestone

여(餘)
'그 수를 넘음'의 뜻을 더하는 말.
이번 행사에는 총 400여 명의 사람들이 참석했다.
approximately

용(龍)
명 상상의 동물 가운데 하나로, 몸은 거대한 뱀과 비슷한데 비늘과 네 개의 발을 가지며 뿔은 사슴, 귀는 소에 가깝다.
피타야는 용의 머리를 닮았다고 해서 '용과'라고도 불린다.
dragon

우기(雨期)
명 일 년 중 비가 많이 오는 시기.
우기가 지나고 숨 막히는 열풍이 분다.
rainy season

전설(傳說)
명 옛날부터 전해 내려오는 이야기.
어느 나라에나 옛날부터 전해 내려오는 믿기 어려운 전설들이 있다.
legend

지형적(地形的)
관 명 땅의 생긴 모양과 관련된 (것).
서울은 언덕이 많은 지형적인 이유로 자전거 타기가 쉽지 않다.
topographical

폭포(瀑布)
명 절벽에서 곧장 쏟아져 내리는 물줄기.
산의 한쪽 골짜기에서는 거대한 소리를 내며 폭포가 쏟아지고 있었다.
waterfall

휴양지(休養地)
명 편안히 쉬면서 몸과 마음을 보양하기에 알맞은 곳.
이 도시는 산과 바다가 모두 가까이 있어 최고의 휴양지로 꼽힌다.
holiday destination

읽어 보세요 2

국토(國土)
명 나라의 땅.
한국은 국토의 삼면이 바다에 접해 있다.
national territory

굽이치다
동 물이 힘차게 흘러 구부러진 곳이 생기게 되다.
강물이 굽이쳐 흐르고 있다.
to meander

발길 [발낄]
명 앞으로 움직여 걸어 나가는 발.
나는 광화문으로 발길을 돌렸다.
step

붉다 [북따]
형 빛깔이 핏빛과 같다.
붉은 피를 뚝뚝 흘리고 있다.
to be red

빛어내다
동 어떤 결과나 현상을 만들어 내다.
파란 하늘과 노란 은행잎이 빛어내는 가을의 풍경이 참 아름답다.
to mold

산(山) 중턱(中턱)
명 산의 중간쯤 되는 곳.
해가 산 중턱에 걸려 있다.
middle of the mountain

석양(夕陽)

명 저녁때의 햇빛.
아이가 낮잠을 자고 일어난 때는 이미 석양 무렵이었다.
sunset

연상(聯想)하다
동 하나의 생각이 다른 생각을 불러일으키다.
심한 홍수로 집들이 물에 잠기는 장면을 보며 나는 노아의 홍수를 연상했다.
to associate

영월(寧越)

명 강원도에 있는 군 이름.
영월은 '한반도지형'으로 유명하다.
Yeongwol

오직
부 여러 가지 가운데서 다른 것은 있을 수 없고 다만.
그는 1년 동안 오직 공부에만 집중했다.
only

온천(溫泉)

명 땅속에서 솟아나는 더운물이 있는 곳.
집에 오는 길에 온천에 들러 그동안 쌓인 피로를 풀려고 한다.
hot spring

울릉도(鬱陵島)

명 경상북도 울릉군에 속하는 화산섬의 이름.
울릉도까지는 힘들게 갔으나, 마침 바람과 파도가 멎어 독도까지 가 볼 기회를 얻을 수 있었다.
Ulleungdo Island

쓰기

묘사(描寫)하다
동 어떤 대상이나 사물 등을 언어로 서술하거나 그림을 그려서 표현하다.
그 소설은 주인공의 성격 묘사가 뛰어나다.
to portray

지층(地層)

명 흙, 모래 등이 땅 위에 쌓여 층을 이루는 것.
이 지역의 지층은 계단의 모양을 이루고 있다.
stratum

침식 작용(浸蝕作用)

비, 바람, 빙하, 강물 등의 활동에 의하여 땅의 겉면이 점점 깎이는 일.
파도의 침식 작용으로 그 동굴이 만들어졌다.
erosion

특색(特色)
명 보통의 것과 다른 점.
그는 별다른 특색 없는 평범한 사람이었다.
distinctive characteristic

❖ 자유롭게 써 보세요.

6 환경과 주거 공간

6-1 도시와 환경

6-2 주거 공간

6-1 도시와 환경

- 듣기 1: 살기 좋은 도시에 대한 토크쇼를 듣고 내용 파악하기
- 듣기 2: 생태 도시에 대한 발표를 듣고 발표 개요 파악하기
- 말하기: 학문적 발표하기

6-2 주거 공간

- 읽기 1: 집 소개 글을 읽고 내용 파악하기
- 읽기 2: 수필 '그리운 나의 집'을 읽고 감각적 표현 파악하기
- 쓰기: 수필 쓰기

Intro 들어가기 6-1 도시와 환경

1 위의 도시 중 가 본 곳이 있습니까? 어떤 인상을 받았습니까?

2 어떤 도시가 살기 좋은 도시라고 생각합니까?

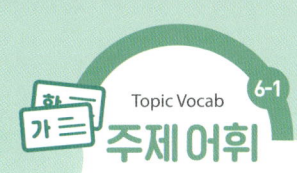

Topic Vocab 6-1 주제 어휘

1 다음은 도시의 여러 조건을 이야기할 때 사용하는 표현입니다. 아래의 도시는 어떤 장점과 문제점을 가지고 있습니까?

서울은 **대중교통 체계가** 잘 **갖춰져** 있어요. 지하철로 어디든 갈 수 있고….

서울
- 🙂 대중교통
- 🙂 인터넷
- ☹️ 인구 밀집

밴쿠버
- 🙂 기후
- 🙂 녹지
- ☹️ 주택 가격

친환경적이다	자연 친화적이다	치안이 좋다	녹지가 많다
기후가 온화하다	공원이 조성되다	경제 수준이 높다	문화생활을 즐기다
인구가 밀집되다	주택 가격이 높다	자연을 훼손하다	무분별하게 개발되다
재생 에너지를 사용하다	건축물/유적을 보존하다	도시 기반 시설이 잘되다	
대중교통 체계가 갖춰지다	우수한 교육 환경을 갖추다	과거와 현재가 공존하다	

2 여러분 나라의 수도는 어떤 장점과 문제점을 가지고 있습니까?

우리 나라의 수도는 **인구가** 매우 **밀집되어** 있어요. 그래서 **주택 가격도 높아요.** 하지만 **도시 기반 시설이 잘되어** 있어서….

6-1. 도시와 환경

들어 보세요 1

준비

1. 다음은 한국인이 살고 싶어 하는 도시입니다. 왜 살고 싶은 도시로 뽑혔을까요?

2. 여러분 나라에서 살기 좋은 도시로 꼽히는 곳은 어디입니까? 그곳은 왜 살기 좋은 도시로 꼽힙니까?

듣기 다음은 외국인들이 자기 나라의 도시에 대해서 이야기하는 토크쇼입니다. 잘 듣고 질문에 답해 보세요.

[중심 내용 파악하기]

1. 이 사람들은 무엇에 대해 이야기하고 있습니까?

[세부 내용 파악하기]

2. 살기 좋은 도시의 조건으로 언급된 것을 모두 고르세요.

☐ 안전　　☐ 교육　　☐ 기후　　☐ 문화
☐ 녹지　　☐ 대중교통　☐ 편의 시설　☐ 재생 에너지

[세부 내용 파악하기] [확장 활동하기]

3. 각 나라의 대표가 이야기한 도시의 장점은 무엇입니까? 여러분 나라의 수도는 어떤 장점이 있습니까?

멜버른	• 도시 경관이 아름다움.	•	•
서울	• 밤늦게까지 문을 여는 곳이 많음.	•	•
빈	• 녹지가 많음.	•	•
도쿄	• 경제의 중심지임.	•	•

문법과 표현

동형 -지 않을까 하다, **명** 이 아닐까 하다　　14쪽

한국에는 살기 좋은 도시가 많이 있지만 생활하기에는 서울이 가장 편하지 않을까 합니다.

들어 보세요 2

준비

1. 친환경 도시는 어떤 요소를 갖춰야 한다고 생각합니까?

재생 에너지

자원 재활용

친환경 교통수단

2. 친환경 도시에 대해 발표를 한다면 어떤 내용을 이야기하는 것이 좋을까요?

정의 특징 유형 사례 ?

듣기 다음은 친환경 도시에 대한 발표입니다. 잘 듣고 질문에 답해 보세요.

[중심 내용 파악하기]

1. 이 발표에 알맞은 제목을 쓰세요.

[개요 파악하기]

2. 발표의 개요로 알맞은 것은 무엇입니까?

①
1. 생태 도시의 정의
2. 생태 도시의 유형
3. 성공적인 생태 도시의 사례

②
1. 생태 도시의 정의
2. 세계의 생태 도시
3. 생물 다양성 생태 도시

③
1. 생태 도시의 정의
2. 대도시의 문제점
3. 생태 도시의 목표

[세부 내용 파악하기]

3. 생태 도시의 정의를 쓰세요.

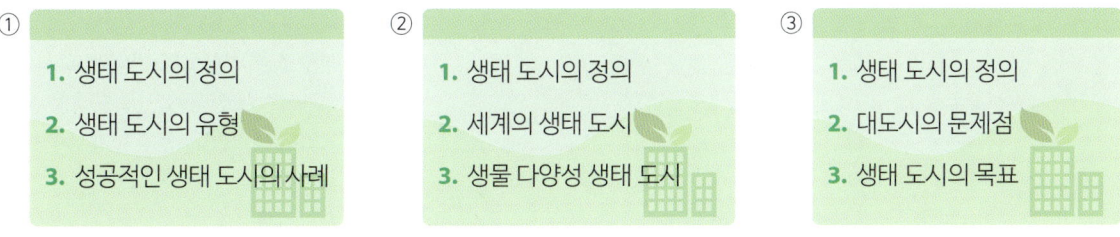

생태 도시란 _____ 과 _____ 이 _____ 체계를 갖춘 도시이다.

듣기

4 알맞은 내용을 쓰세요.

유형	목표	관련 도시
생물 다양성 생태 도시	생물이 서식하는 환경을 조성함.	
자연 순환성 생태 도시		독일 프라이부르크
지속 가능성 생태 도시		

5 발표 마무리 부분에서 밝힌 발표자의 의견은 무엇입니까?

이야기해 보세요

1 다음은 살기 좋은 도시의 조건을 나타내고 있습니다. 아래에서 제시한 것 외에 다른 조건은 어떤 것이 있을까요?

2 여러분이 중요하게 생각하는 살기 좋은 도시의 조건을 순서대로 적어 보고 그렇게 생각하는 이유를 이야기해 보세요.

살기 좋은 도시의 조건
1) _____
2) _____
3) _____

> 제가 가장 중요하게 생각하는 조건은 교통입니다. 대중교통이 잘되어 있어서 도시의 어느 곳이든 쉽게 갈 수 있다면 만족스러운 삶을 살 수 있을 거라고 생각합니다. 두 번째로 중요한 조건은….

3 세계의 도시 중 살고 싶은 도시는 어디입니까? 이유는 무엇입니까?

문법과 표현

동 **-고자 하다** 14쪽
지금부터 '생태 도시'에 대해 발표하고자 합니다.

말하기 (Speaking 6-1)

✏️ 도시와 환경에 관련된 주제로 발표해 보세요.

준비해 보세요

1 '살기 좋은 도시'라는 주제로 발표를 한다면 어떤 내용으로 발표하고 싶습니까?

2 어떤 순서로 발표하고 싶습니까? 발표할 내용을 고르고 순서도 정해 보세요.

- [1] 정의
- [ ] 특징
- [ ] 종류
- [ ] 사례
- [ ] 조건
- [ ] 영향
- [ ] 전망
- [ ] _____

표현을 연습해 보세요

1 다음은 발표를 시작할 때 사용하는 표현입니다. 다음 표현을 사용하여 '살기 좋은 도시'라는 주제로 이야기해 보세요.

발표 시작하기
▶ 주제를 소개하고 그 주제를 선택한 이유를 말합니다.

- 제 발표 주제는 …입니다
- 제가 이 주제를 선택한 이유는 …기 때문입니다
- 저는 …에 대해 발표하고자 합니다

1) 제 발표 주제는 '살기 좋은 도시'입니다. 제가 이 주제를 선택한 이유는 우리가 어떤 곳에 사느냐는 삶의 질과 직접적으로 연관되므로 우리가 살고 있는 도시를 살기 좋은 곳으로 변화시키는 일이 매우 중요하다고 **생각하기 때문입니다**.

1) 주제: 살기 좋은 도시
- 주제 선택 이유: 어떤 곳에 사느냐는 삶의 질과 직접적으로 연관되므로 도시를 살기 좋은 곳으로 변화시키는 일이 매우 중요하기 때문

2) 주제: 살기 좋은 도시
- 주제 선택 이유: _____

2 다음은 발표 개요를 제시할 때 사용하는 표현입니다. 다음 표현을 사용하여 '살기 좋은 도시'라는 주제로 발표 개요를 제시해 보세요.

발표 개요 제시하기
▶ 발표할 내용을 순서대로 제시합니다.

- 제 발표는 크게 … 부분으로 이루어졌습니다
- 첫 번째로/두 번째로/세 번째로 …에 대해 살펴보겠습니다[말씀드리겠습니다]
- 먼저/다음으로/이어서/마지막으로

1) **제 발표는 크게 세 부분으로 이루어졌습니다. 첫 번째로** 현대 도시의 문제점에 대해 살펴보겠습니다. **두 번째로** 살기 좋은 도시의 조건에 대해 말씀드리겠습니다. **마지막으로** 우리가 살고 있는 도시를 살기 좋은 도시로 변화시키기 위한 현실적인 방안을 제시하겠습니다.

1) 차례
1. 현대 도시의 문제점
2. 살기 좋은 도시의 조건
3. 현실적인 방안 제시

2) 차례
1. _____
2. _____
3. _____

3 다음은 발표 내용을 정리 및 마무리할 때 사용하는 표현입니다. 다음 표현을 사용하여 '살기 좋은 도시'라는 주제의 발표를 마무리해 보세요.

발표 내용 정리 및 마무리하기
▶ 발표 내용을 요약하여 이야기하고 결론을 제시합니다.
▶ 발표를 마무리하며 감사 인사를 합니다.

- 지금까지 발표한 내용을 종합해 보면 …다고 할 수 있습니다
- 이상으로 발표를 마치겠습니다. 제 발표를 들어 주셔서 감사합니다
- 지금까지 말씀드린 것을 간단히 정리하고 제 의견을 말씀드리겠습니다

1) **지금까지 발표한 내용을 종합해 보면** 살기 좋은 도시를 만들기 위해서는 정부와 지방 자치 단체의 실효성 있는 정책뿐만 아니라 개인의 지속적인 관심과 자발적인 참여 또한 매우 **중요하다고 할 수 있습니다.** … **이상으로 발표를 마치겠습니다. 제 발표를 들어 주셔서 감사합니다.**

1) 결론

2) 결론

- **이야기해 보세요**

1. 도시와 환경에 관련된 주제를 정해 보세요. 어떤 주제로 발표하고 싶습니까?

    생태 도시   대도시의 문제   살기 좋은 도시   ?

2. 발표 주제와 관련된 정보를 찾아 보기와 같이 메모해 보세요.

보기	메모하기
발표 시작하기 → • 생태 도시	
발표 개요 제시하기 → 1. 생태 도시의 개념 2. 생태 도시의 유형 3. 생태 도시의 사례	
발표 내용 정리 및 마무리하기 → • 여러 문제를 가지고 있는 도시도 노력을 통해 변화할 수 있음. • 생태 도시 조성을 통해 편리한 생활을 누리고 자연도 지킬 수 있음.	

3. 메모한 내용을 바탕으로 발표해 보세요.

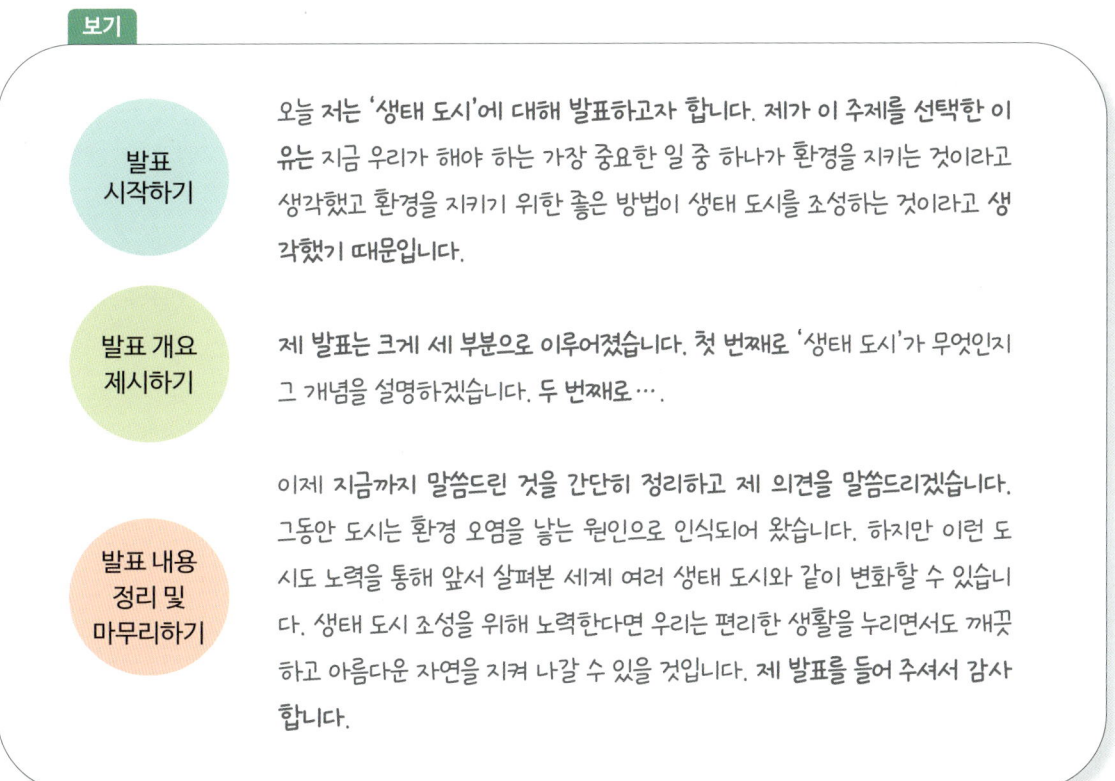

보기

발표 시작하기: 오늘 저는 '생태 도시'에 대해 발표하고자 합니다. 제가 이 주제를 선택한 이유는 지금 우리가 해야 하는 가장 중요한 일 중 하나가 환경을 지키는 것이라고 생각했고 환경을 지키기 위한 좋은 방법이 생태 도시를 조성하는 것이라고 생각했기 때문입니다.

발표 개요 제시하기: 제 발표는 크게 세 부분으로 이루어졌습니다. 첫 번째로 '생태 도시'가 무엇인지 그 개념을 설명하겠습니다. 두 번째로 ….

발표 내용 정리 및 마무리하기: 이제 지금까지 말씀드린 것을 간단히 정리하고 제 의견을 말씀드리겠습니다. 그동안 도시는 환경 오염을 낳는 원인으로 인식되어 왔습니다. 하지만 이런 도시도 노력을 통해 앞서 살펴본 세계 여러 생태 도시와 같이 변화할 수 있습니다. 생태 도시 조성을 위해 노력한다면 우리는 편리한 생활을 누리면서도 깨끗하고 아름다운 자연을 지켜 나갈 수 있을 것입니다. 제 발표를 들어 주셔서 감사합니다.

6-2 주거 공간

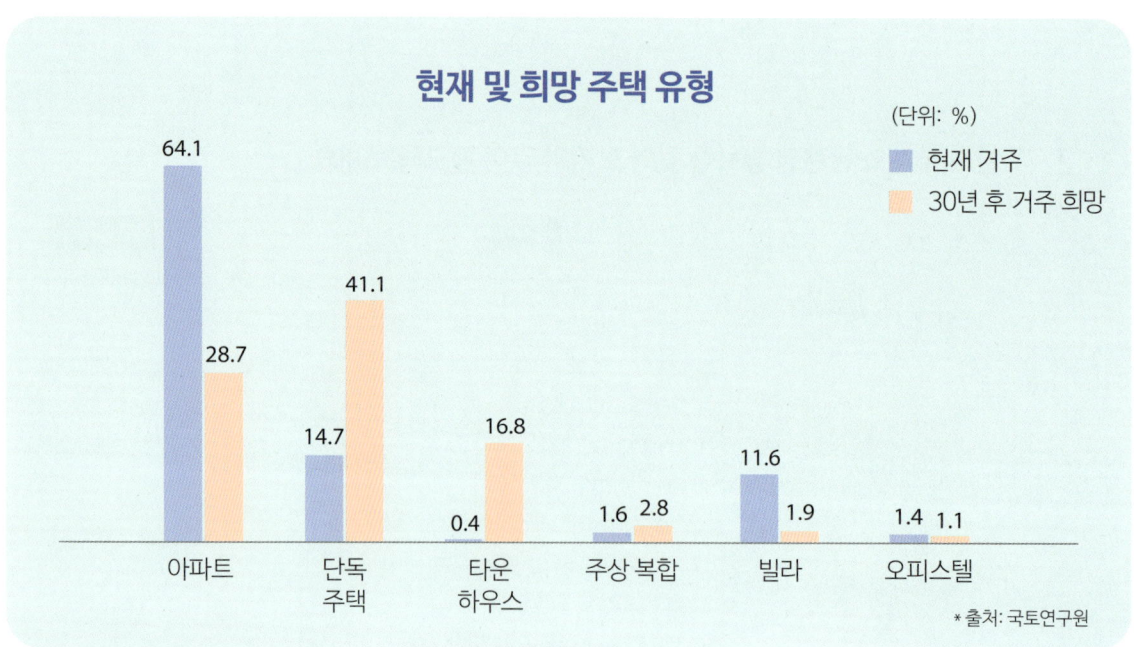

아파트

단독 주택

타운 하우스

주상 복합

빌라

오피스텔

1   지금 어떤 집에 살고 있습니까? 그 집에 만족합니까?

2   앞으로 어떤 집에 살고 싶습니까? 왜 그렇습니까?

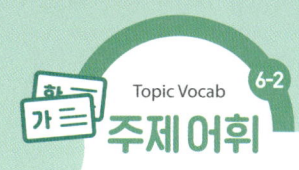

1 다음은 집과 관련된 표현입니다. 빈칸에 공간의 이름을 쓰고 여러분의 집은 어떤 공간으로 이루어져 있는지 이야기해 보세요.

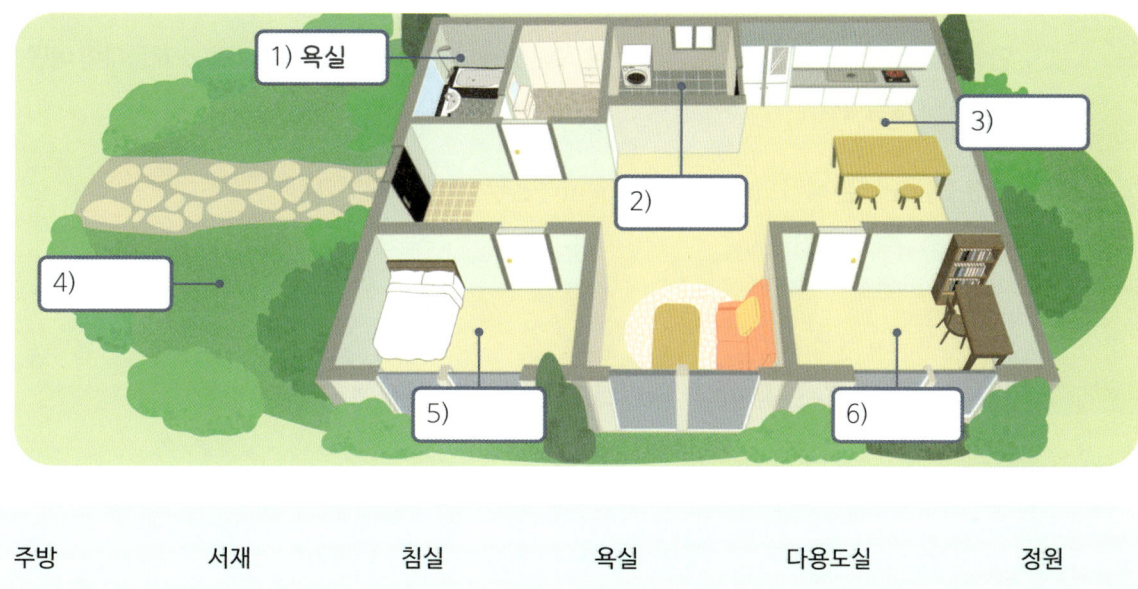

1) 욕실
2)
3)
4)
5)
6)

주방   서재   침실   욕실   다용도실   정원

2 여러분은 집을 볼 때 어떤 점을 중요하게 생각합니까? 여러분의 집을 꾸민다면 각각의 공간을 어떤 느낌으로 꾸미고 싶습니까?

집은 **채광이 좋은** 게 중요하니까 거실에 큰 창문이 있었으면 좋겠어요.

베란다에서 식물을 키워 **은은한 향이 나는** 공간으로 만들고 싶어요.

현대적이다	무난하다	화사하다	아기자기하다	채광이 좋다
통풍이 잘되다	방음이 잘되다	온기가 느껴지다	감각이 돋보이다	분위기가 아늑하다
전망이 탁 트이다	은은한 향이 나다	포근한 느낌이 들다		

6-2. 주거 공간

읽기 6-2

읽어 보세요 1

준비

1. 인터넷에서 자신의 집을 소개하는 글을 본 적이 있습니까? 여러분 집이나 방을 소개한다면 어떤 공간을 소개하고 싶습니까?

2. 직접 집을 꾸며 본 적이 있습니까? 집을 꾸미려면 무엇이 필요할까요?

가구   소품   조명   향초   식물   ?

읽기 다음은 자신의 집을 소개하는 글입니다. 글을 읽고 질문에 답해 보세요.

저만의 공간을 소개합니다

안녕하세요? 오늘은 제가 살고 있는 곳을 보여 드리려고 합니다. 거실, 주방, 침실, 화장실이 있는 구조의 오피스텔인데요. 처음 갖게 된 저만의 공간이라 설레는 마음으로 제 취향의 가구와 소품들로 채워 보았습니다.

먼저 현관의 신발장 위에는 라벤더 향의 향초를 두었습니다. 집에 들어설 때마다 은은한 라벤더 향을 맡으며 집에 왔다는 편안함을 느낍니다.

현관을 지나면 바로 거실이 보이는데요. 거실에는 네모난 큰 창문이 있습니다. 높은 층이라 햇빛도 잘 들고 밤이 되면 창문을 통해 서울의 아름다운 야경을 볼 수 있습니다. 경치를 마음껏 감상하고 싶어서 창문 바로 앞에 안락의자와 작은 탁자를 두었는데 제가 이 집에서 제일 좋아하는 곳이 바로 여기입니다. 이곳에서는 주로 차를 마시며 책을 읽거나 바깥 경치를 감상합니다.

침실은 둥지같이 아늑하고 온기가 느껴지는 공간으로 꾸미고 싶었습니다. 침대에는 폭신한 이불을 놓았고 옆에는 따뜻한 색감의 조명을 두었습니다. 밤에 은은한 불빛 아래서 조용한 음악을 들으며 하루를 마무리하곤 합니다. 침대 옆에는 장식장이 있는데요. 장식장에는 여러 곳을 여행하며 모은 아기자기한 소품들이 있습니다. 이것들을 볼 때마다 여행 갔을 때의 추억이 생각납니다.

마지막 공간은 주방입니다. **마음 같아서는** 주방도 지금 보여 드리고 싶은데요. 아직 다 **정리도 안 되고 해서** 오늘은 소개해 드리지 못하겠습니다. 기회가 될 때 또 글을 올릴게요. 구경하러 와 주셔서 감사합니다.

↳ 하이 아늑하고 예쁜 집이네요. 다음에 주방도 꼭 보여 주세요. 기대됩니다. 😊

중심 내용 파악하기
1 무엇을 소개하고 있습니까?

세부 내용 파악하기
2 각 장소에 어떤 가구와 물건이 있습니까?

	가구 및 물건
현관	
거실	
침실	침대,

3 이 집에 대한 설명으로 맞는 것을 모두 고르세요.

☐ 주방은 정리를 못 한 채로 소개했다.
☐ 높은 층에 있어 밤에 보는 전망이 좋다.
☐ 거실에 있는 큰 창으로 빛이 잘 들어온다.
☐ 거실, 방 두 개, 주방, 화장실로 구성되어 있다.

4 서로 관련 있는 것을 연결하세요.

현관 •　　　　　　　　• 조용한 음악을 듣는다.
　　　　　　　　　　　• 라벤더 향이 은은하게 난다.
거실 •　　　　　　　　• 차를 마시며 책을 읽는다.
　　　　　　　　　　　• 서울의 야경을 볼 수 있다.
침실 •　　　　　　　　• 여행했을 때의 추억을 떠올릴 수 있다.

추론하기
5 침실을 왜 '둥지'에 비유했을까요?

문법과 표현

명 같아서는　☞ 15쪽
마음 같아서는 주방도 지금 보여 드리고 싶은데요.

동 형 -고 해서, 명 이고 해서　☞ 15쪽
아직 다 정리도 안 되고 해서 오늘은 소개해 드리지 못하겠습니다.

읽어 보세요 2

준비

1. 어릴 때 어떤 집에 살았습니까?
그 집을 생각하면 어떤 장면이 떠오릅니까?

읽기 다음은 어린 시절 살았던 집에 대한 수필입니다. 글을 읽고 질문에 답해 보세요.

그리운 나의 집

가 내가 좋아하는 우리말에 '철들다'는 표현이 있다. '철'은 옳고 그름을 판단하는 지혜로움과 정신적 성숙을 의미한다. 봄, 여름, 가을, 겨울, 일 년을 구분해 놓은 계절이라는 뜻도 있다. 그래서 '철들었다'고 하면 자연의 변화를 이해하고 따를 줄 안다는 의미가 된다. 나는 시골의 자연 속에서 흙과 풀을 밟으며, 나무와 꽃과 함께 어린 시절을 보냈다.

나 내가 어릴 때 살던 집은 계절들이 머물다 가는 정류장이었다. 마당에는 키 큰 감나무가 한 그루 서 있었고, 그 아래 깊은 우물이 있었다. 담장 아래에는 어머니가 만든 작은 꽃밭이 있었는데 봄, 여름, 가을, 겨울 할 것 없이 일 년 내내 계절에 따라 다른 꽃이 피어 꽃밭의 사계를 완성했다.

다 보통 시골에서는 마당에 상추나 고추 같은 채소를 심는다. 살림이 넉넉하지 않으니 이런 채소들은 삼시 세끼를 해결하는 데 여러 가지로 도움이 된다. 그런데 우리 집 마당은 먹을 수 있는 채소가 아닌 꽃들로 가득했다. 어린 나는 어머니가 꽃을 무척 좋아해서 그랬나 보다고 생각했다. 그러다 어른이 되어 돌아가신 어머니를 추억하다가 문득 깨달았다. 가난하고 어려운 삶 속에서도 어머니는 자신만의 세계 하나를 갖고 싶어 하셨구나. 생각해 보면 그 꽃밭은 식구들로 북적이던 우리 집에서 유일하게 어머니를 위한 공간이었다. 꽃밭은 어머니의 힘들고 외로운 삶을 어루만져 주고 들어 주던 말동무였던 셈이다.

라 내 어린 시절을 품고 있는 그 집을 추억하면 아늑한 행복감이 든다. 따뜻한 햇볕이 마루 안쪽 깊숙이 들던 집, 지붕에서 빗방울이 토도독 톡톡 소리를 내며 내려와 마당에 구멍을 뚫던 집, 노랗게 떨어진 감꽃으로 꽃목걸이를 만들어 누이의 목에 걸어 주던 집, 엄마 몰래 달콤쌉싸름한 달고나 과자를 만들어 먹던 집, 저녁밥 짓는 냄새가 놀고 있던 형제들을 불러들이던 집, 나중에 커서 시인이 될 아이가 장난을 치며 자라던 집.

마 매년 계절이 돌아오지만 같은 계절이 아니라는 걸 알게 된 나는 그 집을 떠나 다른 세상에서 어른이 되었다. 다행히 나는 언제든 돌아갈 수 있는 추억의 집 한 채를 가슴속에 가지고 있다. 그 집에는 여전히 계절마다 다른 꽃들이 피어나는 엄마의 꽃밭이 있고 철들지 않은 어린 소년이 살고 있다. 내가 다시 어린 시절로 돌아간다면 꽃밭 앞에 앉아 있는 엄마의 등을 가만히 껴안아 주고 싶다.

림태주(시인)

*저자의 허락을 받고 쉽게 수정하였습니다.

개요 파악하기

1 가 ~ 마 의 중심 내용을 연결하세요.

- 가 • • 행복한 어린 시절의 추억
- 나 • • '철'의 의미
- 다 • • 우리 집의 사계절
- 라 • • 꽃밭의 의미와 어머니에 대한 그리움
- 마 • • 어린 시절의 집을 그리워하는 나

세부 내용 파악하기

2 작가가 제시하고 있는 '철'의 두 가지 의미를 쓰세요.

- _____
- _____

3 이 글의 내용으로 맞는 것을 모두 고르세요.

☐ 어머니는 마당에 채소를 심으셨다.　　　☐ 집의 마당에는 감나무와 우물이 있었다.
☐ 어머니는 이야기를 나눌 사람이 많았다.　☐ 작가의 집은 경제적으로 여유롭지 못했다.

4 다음 감각과 관련 있는 표현을 연결하세요.

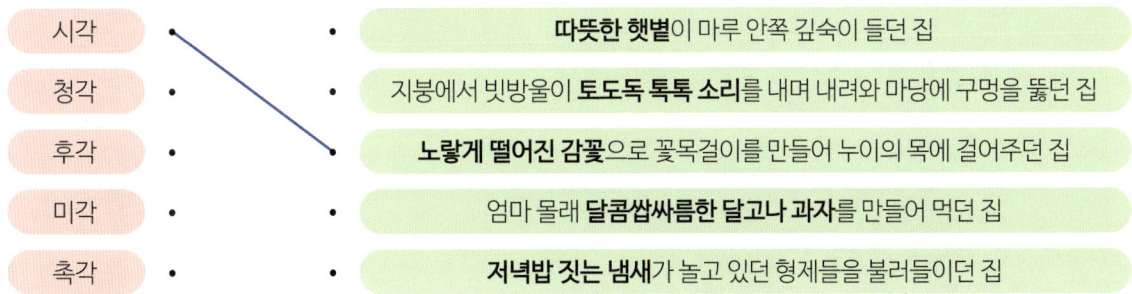

추론하기

5 작가는 왜 어릴 때 살던 집을 '계절들이 머물다 가는 정류장'이라고 했습니까?

이야기해 보세요

1 여러분의 집에서 가장 마음에 드는 공간은 어디입니까? 그 공간을 묘사해 보고 좋아하는 이유도 이야기해 보세요.

2 어릴 때 살았던 집이나 할머니, 할아버지 댁에 대한 기억이 있습니까? 그때를 생각하면 어떤 장면이 가장 기억납니까? 그 장면에 대해서 이야기해 보세요.

쓰기 6-2

집을 소재로 하여 수필을 써 보세요.

준비해 보세요

1. 수필을 써 본 적이 있습니까? 수필은 어떤 글입니까?

2. 아래는 감각적 표현을 사용한 문장입니다. 감각적 표현을 사용하면 생생한 느낌을 전달할 수 있습니다. 감각적 표현은 무엇일까요? 아래 예를 보고 이야기해 보세요.

- 표현을 연습해 보세요

1 다음은 감각적 표현입니다. 감각적 표현을 사용하여 여러분이 어릴 때 살던 집을 묘사해 보세요.

감각적 표현 사용하여 글쓰기

> 시각, 청각, 후각, 미각, 촉각을 나타내는 표현을 사용하여 생생함이 느껴지도록 묘사합니다.

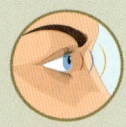
시각
노랗다, 빨갛다, 밝다, 어둡다, 달빛, 별빛….

청각
빗소리, 파도 소리, 새소리, 웃음소리….

후각
꽃향기, 라벤더 향, 저녁밥 짓는 냄새, 된장찌개 냄새….

미각
달콤하다, 새콤하다, 매콤하다, 달콤쌉싸름하다….

촉각
부드럽다, 거칠다, 폭신하다, 따끔하다, 차갑다….

1) • 시각: **노랗게 떨어진 감꽃**으로 꽃목걸이를 만들었다.
   • 청각: 지붕에서 **빗방울이 토도독 톡톡 소리**를 냈다.
   • 후각: 밖에서 놀다 보면 **저녁밥 짓는 냄새**가 났다.
   • 미각: 엄마가 만들어 주신 **떡볶이는 매콤하면서도 달콤해서** 자꾸 젓가락이 갔다.
   • 촉각: 내 방에서 **폭신한 이불**을 덮고 누워 있으면 참 편안했다.

1) 어릴 때 살던 집
   • 시각: 노랗게 떨어진 감꽃
   • 청각: 빗방울 소리
   • 후각: 저녁밥 짓는 냄새
   • 미각: 매콤하면서도 달콤한 떡볶이
   • 촉각: 폭신한 이불

2) 어릴 때 살던 집
   • 시각:
   • 청각:
   • 후각:
   • 미각:
   • 촉각:

쓰기

- 써 보세요

1 어떤 집에 대해 쓰고 싶습니까?

- 어릴 때 살던 집
- 고향 집
- 지금 살고 있는 집
- ?

2 그 집을 생각하면 무엇이 떠오릅니까? 감각적 표현을 사용하여 메모해 보세요.

- 따뜻한 햇볕이 들던 마당
- 즐겨 먹던 음식 냄새
- 아늑한 침실
- 폭신한 이불
- 정원에 피어 있던 아름다운 꽃들
- 지붕에 떨어지는 빗소리
- 어머니가 만들어 주신 달콤한 간식

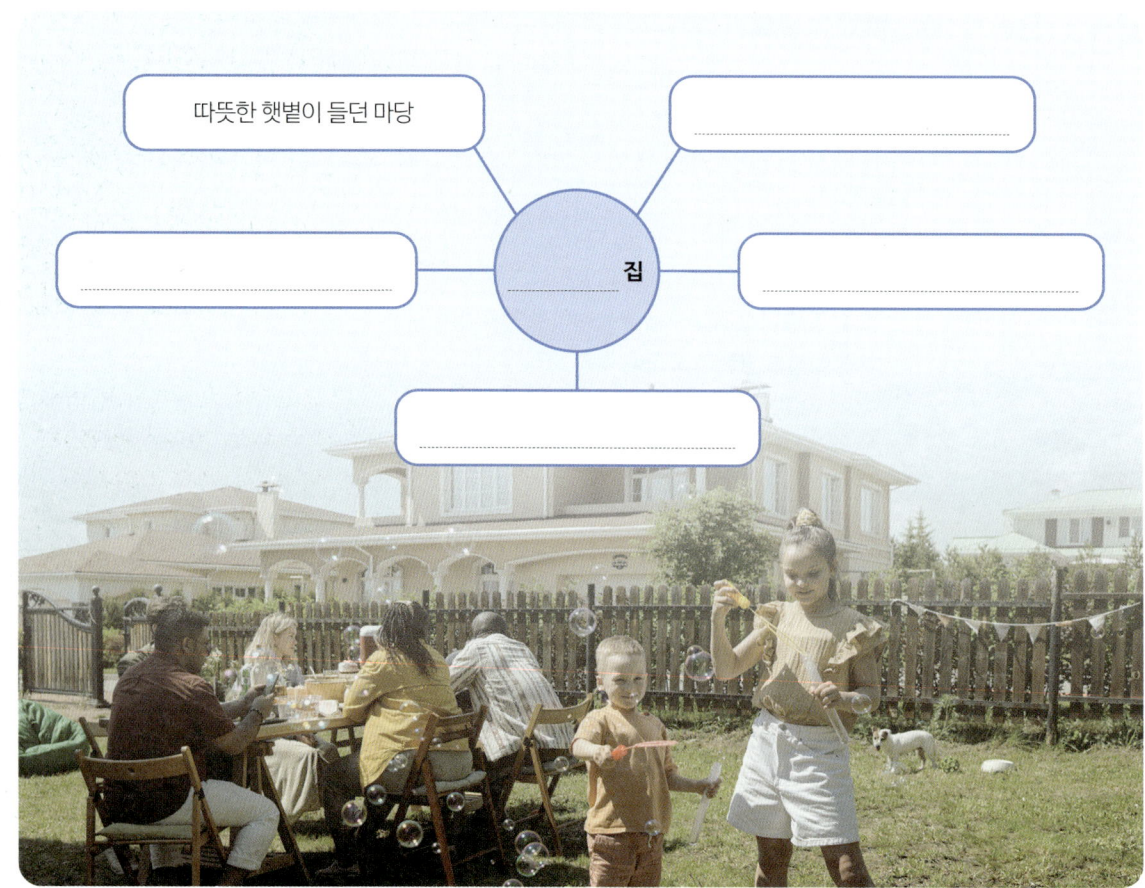

3 메모한 내용을 바탕으로 집에 대한 수필을 써 보세요.

쓰기

_____ 집

4 친구의 수필을 읽고 감상을 이야기해 보세요.

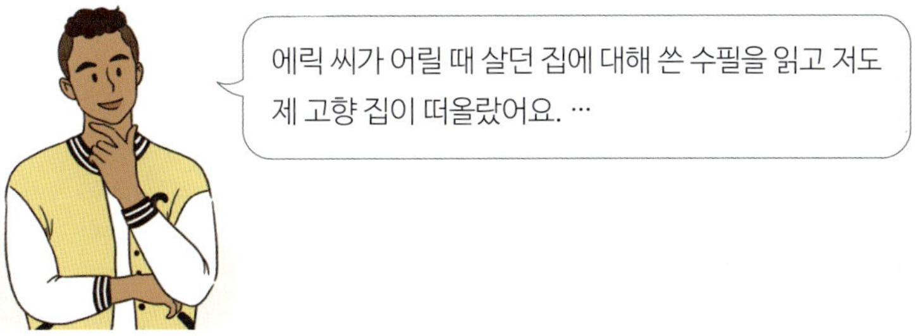

에릭 씨가 어릴 때 살던 집에 대해 쓴 수필을 읽고 저도 제 고향 집이 떠올랐어요. …

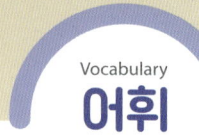

6-1. 도시와 환경

주제 어휘

건축물(建築物)을 보존(保存)하다   [건충물]
다양한 목적에 따라 설계하여 지은 건물 및 구조물을 잘 보호하여 유지하다.
오래된 건축물을 잘 보존할 필요가 있다.
to preserve buildings

경제(經濟) 수준(水準)이 높다
생산이나 소비 등과 관련된 사람들의 활동 수준이 높다.
경제 수준이 높아지면서 다양한 여가 활동을 즐기는 사람들이 증가하고 있다.
to have a high economic level

공원(公園)이 조성(造成)되다
공원이 만들어지다.
우리 마을에 커다란 공원이 조성될 계획이다.
park be built

과거(過去)와 현재(現在)가 공존(共存)하다
지나간 때와 지금이 함께 존재하다.
이 도시는 오래된 건물과 새로운 건물이 함께 있어서 과거와 현재가 공존하는 느낌을 준다.
past and present coexist

기후(氣候)가 온화(溫和)하다
평균적인 날씨가 맑고 따뜻하다.
이곳은 경치가 아름답고 기후가 온화하여 휴양지로 유명하다.
to have mild climate

녹지(綠地)가 많다
풀이나 나무가 있는 땅이 많다.
도로 주변에 각종 나무가 있는 녹지가 많아지고 있다.
to have lots of greenery

대중교통(大衆交通) 체계(體系)가 갖추어지다
여러 사람이 이용하는 버스, 지하철과 같은 교통수단이 잘 마련되어 있다.
이 도시는 버스나 지하철로 어디든지 갈 수 있을 정도로 대중교통 체계가 잘 갖춰져 있다.
public transportation system be well-equipped

도시(都市) 기반(基盤) 시설(施設)이 잘되다
도로, 전기, 수도, 병원, 학교 등 도시에 필수적인 시설이 잘되어 있다.
신도시는 공원, 도로, 수도 등 도시 기반 시설이 잘되어 있는 편이다.
urban infrastructure be good

무분별(無分別)하게 개발(開發)되다
산업이나 경제가 올바른 판단이나 계획 없이 발전되다.
도시가 무분별하게 개발된 결과로 주변의 녹지가 사라지고 있다.
to develop indiscriminately

문화생활(文化生活)을 즐기다
문화와 관련된 활동을 즐겁게 하다.
이 도시는 수많은 공연, 전시회 등이 1년 내내 열려 문화생활을 즐기기에 좋다.
to enjoy cultural life

우수(優秀)한 교육(敎育) 환경(環境)을 갖추다
뛰어난 교육 환경을 가지고 있다.
새로 개발된 신도시는 우수한 교육 환경을 갖추고 있어서 아이가 있는 부모들이 살고 싶어 한다.
to have an excellent educational environment

유적(遺跡/遺蹟)을 보존(保存)하다
남아 있는 역사적인 자취를 잘 보호해서 남기다.
파리는 오래된 유적을 잘 보존하고 있어 볼거리가 많다.
to preserve relics

인구(人口)가 밀집(密集)되다   [밀찝뙤다/밀찝뛔다]
특정 지역에 사람들이 빽빽하게 모여 살다.
수도권에 인구가 밀집되어 있어서 교통난이 심각하다.
population be concentrated

자연(自然) 친화적(親和的)
자연과 잘 어울려 지내는 (것).
새로 만들어지는 병원 산책로는 환자들이 신발을 벗고 걸을 수 있도록 자연 친화적인 황토를 사용할 계획이다.
to be nature-friendly

자연(自然)을 훼손(毁損)하다
자연을 망가뜨려 못 쓰게 만들다.
그 건설 회사는 새로운 건물을 지으면서 자연을 훼손하여 사회적으로 문제가 되고 있다.
to destroy nature

재생(再生) 에너지를 사용(使用)하다
계속 사용해도 다시 공급되는 태양열, 수력, 풍력 등과 같은 에너지를 쓰다.
우리 지역에서는 태양열로 전기를 사용하는 가정에 지원금을 주는 등 재생 에너지를 사용하는 것을 권장하고 있다.
to use renewable energy

주택(住宅) 가격(價格)이 높다
집의 값이 비싸다.
경제적으로 발전한 도시의 대부분은 주택 가격이 높은 편이다.
housing price be high

치안(治安)이 좋다
사회의 질서가 잘 유지되어 안전하다.
이곳은 밤늦은 시간에 혼자 다니는 것이 가능할 정도로 치안이 좋다.
public order be good

친환경적(親環境的)
관 명 자연환경을 오염시키지 않고 자연과 잘 어울리는 (것).
요즘에는 전기 자동차를 개발하는 등 친환경적인 에너지를 사용하려고 노력한다.
to be eco-friendly

듣기

들어 보세요 1

경관(景觀)
명 산이나 들, 강, 바다 등의 자연이나 지역의 풍경.
설악산은 가을에 경관이 뛰어난 산으로 알려져 있다.
landscape

경마(競馬)
명 일정한 거리를 말을 타고 달려 빠르기를 겨루는 경기.
가족들과 함께 휴일을 맞아 경마를 보려고 경마장에 갔다.
horse racing

세기(世紀)
명 100년 동안을 세는 단위로, 수량을 나타내는 말 뒤에 쓰인다.
이 도시는 19세기 건축물들이 어우러져 있어 과거와 현재가 공존하는 느낌이 든다.
century

식료품(食料品) [싱뇨품]
명 음식의 재료가 되는 물품.
식료품 가게들이 많아 쉽게 반찬이나 생활에 필요한 물건을 살 수 있다.
grocery

장애인(障礙人)
명 신체가 불편하거나 정신적인 문제가 있어 일상생활이나 사회생활에 어려움이 있는 사람.
장애인 올림픽은 올림픽과는 또 다른 감동과 흥분을 줄 것이다.
disabled person

중심지(中心地)
명 어떤 일이나 활동의 중심이 되는 곳.
서울특별시는 대한민국의 수도로 정치·경제·문화의 중심지이다.
center

칠하다
동 면이 있는 사물에 기름이나 액체, 물감 등을 바르다.
바탕을 까만색으로 칠했더니 너무 어두워 보인다.
to paint

페인트
명 벽이나 가구 등 물체에 바르면 굳어져서 색깔을 내거나 보호해 주는 물질.
대문을 칠하려고 파란색 페인트를 샀다.
paint

허가(許可)
명 행동이나 일을 하도록 허락함.
여기에 건물을 지으려면 허가를 받아야 한다.
approval

들어 보세요 2

간격(間隔)
명 거리나 시간이 벌어진 사이.
이곳은 기차가 한 시간 간격으로 지나간다.
interval

교통수단(交通手段)
명 사람이 이동하거나 짐을 옮기는 데 쓰는 수단.
대부분의 사람들은 버스나 지하철을 교통수단으로 이용한다.
means of transportation

배차(配車)
명 일정한 간격으로 자동차나 기차 등을 나누어 보냄.
학교까지 가는 시내버스는 배차 시간이 10분 간격으로 정해져 있다.
dispatch car/bus/train

복원(復元)하다
동 원래대로 회복하다.
지진으로 무너진 건물들을 복원하려면 몇 달은 걸릴 것이다.
to restore

산업화(産業化)
명 생산의 효율성이 높아짐에 따라 공업 및 제조업 중심의 사회로 변화하는 현상.
산업화가 급속히 진행되면서 많은 사람들이 도시로 이동하고 있다.
industrialization

생태(生態) 도시(都市)
사람과 자연 또는 환경이 조화되어 함께 살 수 있도록 체계를 갖춘 도시.
우리 도시는 공원과 자연을 관찰할 수 있는 곳을 만드는 등 생태 도시로 변화하고자 노력하고 있다.
ecological city

재사용(再使用)하다
동 한 번 썼던 물건 등을 다시 쓰거나 목적에 맞게 고쳐서 쓰다.
이 플라스틱은 화분이나 쓰레기통 등으로 재사용할 수 있다.
to reuse

주거(住居)
명 일정한 곳에 머물러 삶. 또는 그런 집.
주택난이 심한 대도시에서는 시민들의 주거 문제를 해결하는 것이 중요한 문제이다.
housing

중점(重點)을 두다 [중쩜]
어떤 것을 가장 중요하게 생각해야 할 점으로 여기다.
이번 캠프는 학생들이 다양한 경험을 쌓을 수 있게 하는 데 중점을 두었다.
to focus on

최소화(最少化)하다
동 가장 적게 하다.
재해는 사람의 노력에 따라서 그 피해를 최소화할 수 있다.
to minimize

태양광 발전(太陽光發電)
태양의 빛을 전기 에너지로 바꾸는 발전 방식.
국내 태양광 발전 시설 설치량이 작년에 비해 여섯 배나 늘어났다.
solar power generation

태양열 주택(太陽熱住宅) [태양녈]
태양열을 이용하여 난방을 하거나 온수를 공급할 수 있도록 만든 집.
태양열 주택에 살면 난방비를 줄일 수 있어 좋다.
solar house

혼잡(混雜)
명 여럿이 한데 섞여 복잡함.
결혼식 사회를 보기로 한 친구가 교통 혼잡으로 제시간에 도착하기가 어려울 듯하다.
congestion

말하기

실효성(實效性)
명 실제로 효과를 나타내는 성질.
그가 제출한 계획안에는 그 계획의 실효성이 잘 드러나지 않는다.
effectiveness

이어서
부 앞의 말이나 행동 등에 계속하여.
불이 꺼지고 이어서 영화가 시작되었다.
sequentially

자발적(自發的) [자발쩍]
관/명 남이 시키거나 요청하지 않아도 자기 스스로 하는 (것).
토론 수업은 학생들의 자발적인 참여로 이루어진다.
voluntary

조화(調和)롭다
형 서로 잘 어울리다.
넥타이 색깔이 옷 색깔과 조화로워 보기에 좋다.
to be harmonious

종합(綜合)하다
동 여러 가지를 한데 모아서 합하다.
주변 사람들의 의견을 종합하여 결정을 내렸다.
to collect

지방 자치 단체(地方自治團體)
법이 정한 범위 안에서 그 지방의 공적인 일을 처리할 수 있는 단체.
지역 축제를 진행하기 위해서는 지방 자치 단체의 역할이 중요하다.
local government

지속적
관 명 어떤 상태가 오래 계속되는 (것).
쓰레기 문제 해결을 위해서는 시민들의 지속적인 노력이 필요하다.
continuous

6-2. 주거 공간

주제 어휘

감각(感覺)이 돋보이다
어떤 사물이나 현상에 대한 남다른 감각이나 판단력이 드러나다.
이번 패션쇼에서는 선명한 색과 깔끔한 디자인으로 젊은 감각이 돋보이는 옷들이 소개되었다.
to be highly sensuous

다용도실(多用途室)
명 주택에서 세탁기 등을 놓거나 다양한 용도로 사용할 수 있도록 설계되어 있는 방.
어머니는 다용도실에 세탁기와 다리미 등을 놓고 세탁실로 쓰셨다.
multi-purpose room

무난(無難)하다
형 이렇다 할 단점이나 흠잡을 만한 것이 없다.
이 노래는 가사의 의미가 좋고 잔잔한 발라드라서 결혼 축가곡으로 부르기에 무난하다.
to be safe

방음(防音)이 잘되다
안의 소리가 밖으로 새어 나가거나 밖의 소리가 안으로 들어오지 못하도록 막혀 있다.
이 호텔은 방음이 잘되어 있지 않아 옆방에서 나는 작은 소리까지 다 들린다.
soundproofing be good

분위기(雰圍氣)가 아늑하다
주위를 둘러싸고 있는 상황이나 환경이 따뜻하고 포근한 느낌을 주다.
이 섬은 규모가 작고 산으로 둘러싸여 있어 아름다울 뿐 아니라 분위기도 아늑하다.
atmosphere be cozy

서재(書齋)
명 서적을 갖추어 두고 책을 읽거나 글을 쓰는 방.
서재 한쪽 벽은 갖가지 책들로 꽉 차 있었다.
study

아기자기하다
형 여러 가지 작은 것들이 어울려 예쁘다.
침대 옆에는 인형과 같은 아기자기한 물건들이 놓여 있었다.
to be cutesy

온기(溫氣)가 느껴지다
따뜻한 기운이 느껴지다.
따뜻한 찻잔을 만지니 손끝에 온기가 느껴진다.
to feel warmth

욕실(浴室)
명 목욕할 수 있도록 시설을 갖춘 방.
운동이 끝나고 욕실에 들어가 샤워를 했다.
bathroom

은은(隱隱)한 향(香)이 나다
진하지 않은 향이 나다.
향초를 꺼내 놓았더니 방에서 은은한 향이 났다.
to have a delicate scent

전망(展望)이 탁 트이다
멀리 내다보이는 경치가 막혀 있지 않고 잘 보이다.
등산을 시작한 지 두 시간 만에 전망이 탁 트인 정상에 도착했다.
to have an open view

정원(庭園)
명 집 안에 있는 뜰이나 꽃밭.
봄이 되니 정원에 핀 꽃과 나무가 더욱 아름답다.
garden

주방(廚房)
명 음식을 만들거나 차리는 방.
주방이 좁아서 새로 산 식탁을 놓을 수 없다.
kitchen

채광(採光)이 좋다
창문으로 햇빛이 잘 들어오다.
지하에 있는 연습실은 채광이 좋지 않아 안이 어둡다.
lighting be good

침실(寢室)
[명] 잠을 자는 방.
그는 잠을 자러 침실로 들어갔다.
bedroom

통풍(通風)이 잘되다
바람이 잘 통하다.
이 건물은 통풍이 잘돼서 시원한 것이 특징이다.
to have good ventilation

포근한 느낌이 들다
부드럽고 따뜻한 느낌이 들다.
겨울이 되어 두꺼운 이불을 꺼내어 덮으니 포근한 느낌이 들었다.
to have a warm feeling

현대적(現代的)
[관][명] 현대에 적합한 느낌이 있는 (것).
그 건물은 19세기에 지어졌다고는 믿어지지 않을 만큼 현대적으로 설계되었다.
modern

화사(華奢)하다
[형] 화려하게 아름답다.
커튼을 밝은 색깔로 바꿨더니 거실이 더 화사해 보였다.
to be vibrant

읽기

읽어 보세요 1

네모나다
[형] 네모 모양으로 되어 있다.
얼굴이 네모나 보이는 남자가 내 앞으로 걸어왔다.
to be square

둥지
[명] 새가 알을 낳거나 사는 곳.
새들은 나뭇가지와 흙으로 부지런히 둥지를 꾸몄다.
nest

라벤더
[명] 여름에 보라색 꽃이 피는 풀.
친구에게 라벤더 향이 나는 향수를 선물했다.
lavender

색감(色感)
[명] 색에서 받는 느낌.
이 그림은 전체적으로 색감이 좋다.
perception of color

안락의자(安樂椅子) [알라긔자/알라기자]
[명] 팔걸이가 있고 앉는 자리에 편안하게 기대어 앉도록 만든 의자.
할머니는 안락의자에 앉아서 쉬고 계신다.
armchair

조명(照明)
[명] 밝게 비추는 빛.
이 도서관은 조명이 좋아서 학생이 많이 찾는다.
light

탁자(卓子)
[명] 물건을 올려놓기 위하여 책상 모양으로 만든 가구를 통틀어 이르는 말.
찻잔을 탁자 위에 내려놓았다.
table

폭신하다
[형] 조금 포근하게 부드럽다.
새로 산 이불은 폭신해서 잠이 잘 온다.
to be soft

향초(香초)
[명] 향을 넣어 만든 초.
향초를 켜면 집 안의 안 좋은 냄새를 없앨 수 있다.
scented candle

읽어 보세요 2

감꽃
[명] 감나무의 꽃.
감꽃을 주워서 꽃반지를 만들었다.
persimmon flower

감나무
명 감이 열리는 나무.
해마다 가을이면 우리 집 감나무에 감이 많이 열린다.
persimmon tree

그루
명 식물, 특히 나무를 세는 단위.
정원에 나무 두 그루를 심었다.
counter for plants/trees

그르다
형 어떤 일이 옳지 않은 면이 있다.
철수는 무슨 일이든지 옳고 그름을 따진다.
to be wrong

깊숙이 [깁쑤기]
부 위에서 밑바닥까지 또는 겉에서 속까지의 거리가 아주 멀게.
그는 눈을 가릴 정도로 모자를 깊숙이 눌러썼다.
deeply

껴안다 [껴안따]
동 두 팔로 감싸서 품에 안다.
동생은 인형을 꼭 껴안고 잔다.
to hug

누이
명 같은 부모에게서 태어난 사이거나 친척 가운데 남자가 여자 형제를 이르는 말.
그는 누이 집에서 하는 일 없이 생활하고 있다.
sister (boy's perspective)

달고나
명 불 위에 국자를 올리고 그 안에 설탕과 소다를 넣어 만든 과자.
드라마가 유명해지면서 드라마 속에 등장한 달고나도 인기가 많아졌다.
dalgona

달콤쌉싸름하다
형 달면서 조금 쓴맛이 있다.
이 반찬은 씹을수록 달콤쌉싸름한 맛이 난다.
to be bittersweet

담장(담牆)
명 집이나 일정한 공간을 둘러막기 위하여 흙, 돌, 벽돌 등으로 쌓아 올린 것.
담장 밑에서는 벌써 꽃이 피기 시작했다.
fence

마루
명 집 안에 평평한 목재를 깔아 놓은, 방과 방 사이에 있는 곳.
시골집에 도착하자마자 신발을 벗고 마루에 올라갔다.
(wooden) floor

말동무 [말똥무]
명 함께 이야기할 만한 친구.
외국에 살 때 답답한 것 중 하나는 말동무가 없는 것이다.
companion

머물다
동 도중에 멈추거나 일시적으로 어떤 곳에 묵다.
버스가 정류장에 잠시 머물다 떠났다.
to stay

문득
부 생각이나 느낌 등이 갑자기 떠오르는 모양.
문득 고개를 들어 하늘을 올려다보았다.
suddenly

미각(味覺)
명 맛을 느끼는 감각.
그는 미각이 발달하지 않은 사람은 음식점 주인이 될 자격이 없다고 말했다.
sense of taste

북적이다
동 많은 사람이 한곳에 모여 매우 시끄럽게 떠들거나 바쁘게 움직이다.
날씨가 좋아 관광지는 사람들로 북적이고 있다.
to be crowded

불러들이다
동 불러서 안으로 들어오게 하다.
주말에 친구를 집에 불러들였다.
to call into

빗방울 [비빵울/빋빵울]
명 비가 되어 하늘에서 떨어지는 물방울.
맑았던 하늘에서 갑자기 빗방울이 떨어지기 시작했다.
raindrop

살림
명 한집안을 이루어 살아가는 일.
친구는 직장을 그만두고 살림만 한다.
housekeeping

삼시(三時) 세끼
아침, 점심, 저녁의 세 끼.
그는 삼시 세끼 쌀밥에 고기반찬을 배부르게 먹고 자랐다.
three meals a day

상추
명 국화과의 한해살이풀 또는 두해살이풀. 잎을 쌈으로 싸서 먹는 채소.
고기를 상추에 싸서 먹으면 맛있다.
lettuce

성숙(成熟)
명 몸과 마음이 자라서 어른스럽게 됨.
신체뿐 아니라 정신의 성숙도 필요하다.
maturity

수필(隨筆)
명 인생이나 자연 또는 일상생활에서의 느낌이나 체험을 생각나는 대로 쓴 자유로운 형식의 글.
그는 수필에서 자기의 생각을 솔직하게 표현했다.
essay

시인(詩人)
명 시를 전문적으로 짓는 사람.
그는 어린 시절에 시인이 되고 싶었다.
poet

식구(食口)
명 한집에서 함께 살면서 끼니를 같이하는 사람.
오늘은 아버지 생신이라 오랜만에 온 식구가 모여 외식을 하기로 했다.
family member

어루만지다
동 가볍게 쓰다듬어 만지다.
할머니는 손자의 아픈 배를 손으로 어루만져 주셨다.
to caress

우물
명 물을 얻기 위하여 땅을 파서 지하수가 모이도록 한 곳.
옛날 우리 마을에는 사람들이 언제든지 물을 퍼서 쓸 수 있는 우물이 있었다.
well

유일(唯一/惟一)하다
형 오직 하나밖에 없다.
그는 마을에서 유일하게 나와 나이가 같았다.
to be the only one

철들다
동 옳고 그름을 분별하여 판단하는 힘이 생기다.
오빠는 나이를 먹더니 철들어서 부모님께 효도를 하고 있다.
to become mature

토도독 톡톡
빗방울 등이 바닥이나 나뭇잎 위에 반복해서 떨어지는 소리.
밤사이 비가 왔는지 토도독 톡톡 지붕에서 물 떨어지는 소리가 들렸다.
pitter-patter

품다 [품따]
동 생각이나 느낌 따위를 마음속에 가지다.
그 학생은 차별을 하는 선생에게 불만을 품고 있었다.
to embrace

후각(嗅覺)
명 냄새를 맡는 감각.
개는 인간보다 후각이 발달하여 냄새를 잘 맡는다.
sense of smell

쓰기

감싸다
동 전체를 둘러서 싸다.
아이는 두 손으로 얼굴을 감싸고 울기 시작했다.
to cover

따끈하다
형 꽤 따뜻하고 더운 느낌이 있다.
날이 추워지니 따끈한 차 한 잔이 생각난다.
to be hot

새콤하다
형 조금 신맛이 있다.
여름에 먹는 자두는 새콤해서 맛있다.
to be sour

소재(素材)
명 어떤 것을 만드는 데 바탕이 되는 재료.
그 작가는 요즘 중산층의 생활을 소재로 한 작품을 쓰고 있다.
material

파도(波濤)
명 바다에 이는 물결.
조용한 바닷가에서 파도 소리를 들으면 마음이 편안해진다.
wave

7 인간과 심리

- **7-1** 인간관계와 심리
- **7-2** 심리와 성격

7-1	**인간관계와 심리**
듣기 1	호감에 대한 대화를 듣고 내용 파악하기
듣기 2	인간관계에 대한 강연을 듣고 비결 파악하기
말하기	비결에 대해 설명하기

7-2	**심리와 성격**
읽기 1	DISC 검사에 대한 백과사전을 읽고 내용 파악하기
읽기 2	자기소개서 쓰는 법을 소개한 글 읽기
쓰기	자기소개서에 강점과 약점에 대해 쓰기

7-1 인간관계와 심리

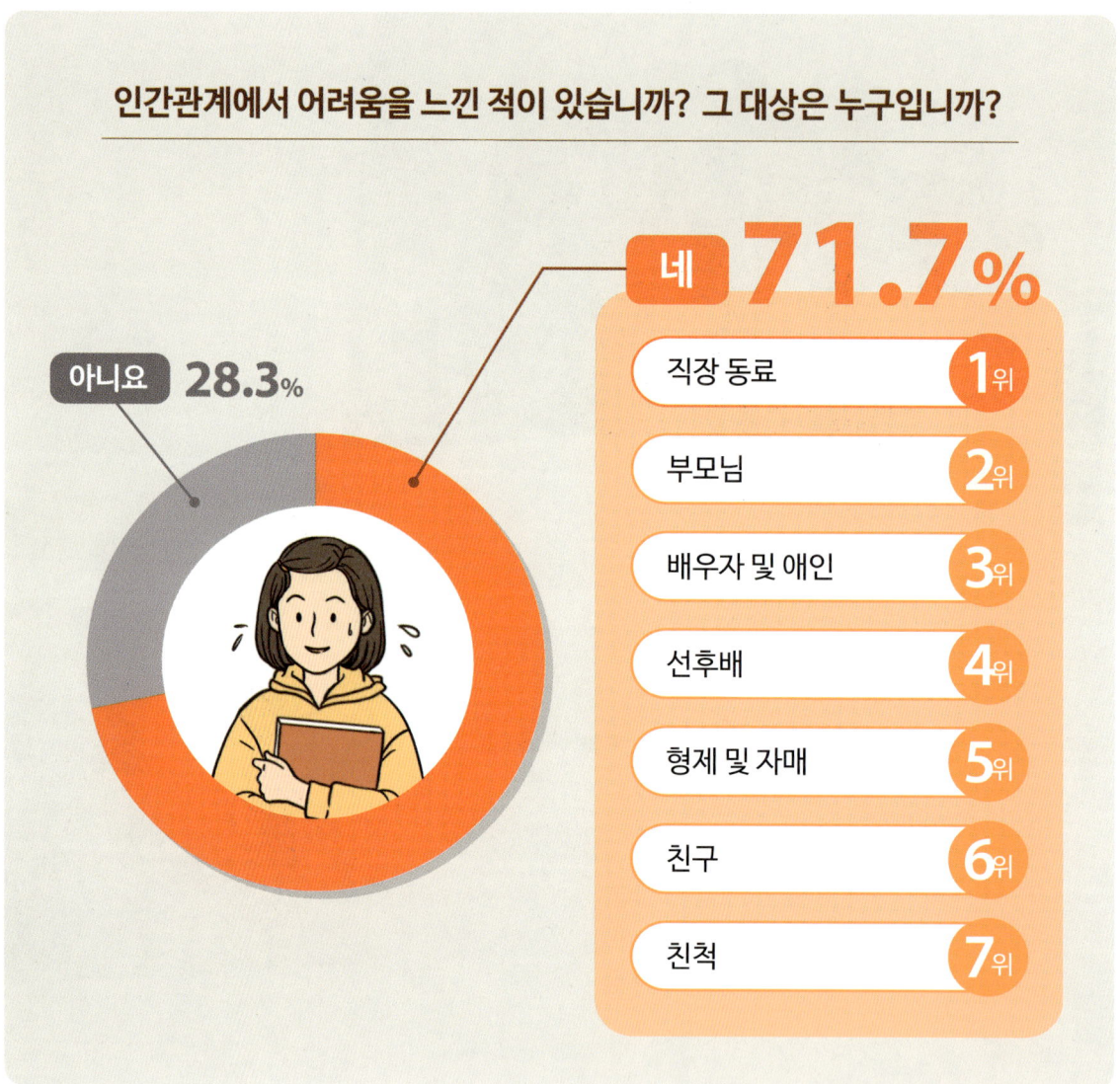

1. 여러분은 인간관계를 맺거나 유지하는 데 어려움을 느낀 적이 있습니까?

2. 대하기 어렵다고 느낀 사람은 누구입니까? 왜 그렇습니까?

Topic Vocab 7-1
주제 어휘

1 여러분은 어떤 사람에게 호감을 느낍니까? 아래에서 호감 가는 사람을 골라 표시하고 그 이유도 이야기해 보세요.

- ☐ 관계를 잘 맺고 끊는 사람
- ☐ 자신을 있는 그대로 드러내는 사람
- ☐ 여러 사람들과 좋은 관계를 유지하는 사람
- ☐ 다른 사람을 존중하는 사람
- ☐ 자존감이 높은 사람
- ☐ 대화를 잘 이어 나가는 사람
- ☐ 나와 취향이 비슷한 사람
- ☐ 다른 사람의 말을 경청하는 사람
- ☐ 나와 공통의 관심사를 가진 사람
- ☐ 다른 사람의 말에 공감을 잘하는 사람

> 저는 **관계를 잘 맺고 끊는** 사람이 좋아요. 사실 저는 싫은 사람한테도 싫다는 표현을 못 하고 스트레스를 받으면서도 그 사람을 만나거든요. 그래서 저와 달리 맺고 끊는 게 분명한 사람을 보면 호감을 느끼고 친해지고 싶어요.

관계를 맺다/끊다/유지하다   경청하다   공감하다   존중하다
자존감이 높다   취향이 비슷하다   대화를 이어 나가다
공통의 관심사를 갖다   있는 그대로 드러내다/받아들이다

7-1. 인간관계와 심리

2 다음은 인간관계에서 어려움을 겪는 상황입니다. 여러분은 다음과 같은 경험을 한 적이 있습니까?

> 다른 사람이 뒤에서 제 **험담을 하는** 걸 알게 됐어요.
> 그때는 그냥 그 상황을 회피하고 싶어서 모르는 척했어요.

☐ 뒤에서 내 험담을 하는 것을 알게 됐다.

☐ 다른 사람의 눈치를 봐야 했다.

☐ 사람들의 대화에 끼기 어렵다고 느꼈다.

☐ 무리한 요구를 하는 사람을 만났다.

☐ 문제를 해결하지 않고 회피했다.

☐ 사람들 앞에서 과장되게 행동했다.

☐ 어떤 사람과 둘만 있을 때 어색함을 느꼈다.

☐ 잘 보이려고 하다가 오히려 부자연스러운 모습을 보였다.

대화에 끼다	남의 눈치를 보다	과장되게 행동하다	무리한 요구를 하다
어색함을 느끼다	문제를 회피하다	뒤에서 험담을 하다	부자연스러운 모습을 보이다

들어 보세요 1

준비

1. 여러분은 출연자의 자연스러운 일상 모습을 담은 방송 프로그램을 본 적이 있습니까? 이런 관찰 예능 프로그램이 왜 인기가 있다고 생각합니까?

2. 어떤 사람이 나에게 호감이 있음을 알 수 있는 신호가 있다고 생각합니까? 어떨 때 나에게 호감이 있다는 것을 알 수 있습니까?

눈이 계속 마주친다.

내가 하는 이야기에 잘 웃어 준다.

이야기할 때 내 쪽으로 몸이 기울어 있다.

듣기 다음은 호감에 대한 대화입니다. 잘 듣고 질문에 답해 보세요.

중심 내용 파악하기

1. 두 사람이 이야기하는 프로그램은 어떤 프로그램입니까?

세부 내용 파악하기

2. 대화에서 언급한 사람들이 호감이 있을 때 하는 행동을 모두 고르세요.

   ☐ 손을 탁자 아래에 둔다.   ☐ 상대방을 오랫동안 쳐다본다.
   ☐ 상대방 쪽으로 몸을 기울인다.   ☐ 상대방이 물을 마실 때 따라 마신다.

3. 사람에게 호감을 얻는 전략과 이유입니다. 알맞은 말을 써 보세요.

전략	이유
_____ 에 대해 물어보기.	
서로의 _____ 을 찾을 수 있는 대화하기.	

4 대화의 내용과 일치하면 ○, 일치하지 않으면 ✗ 하세요.

1) 외모나 취향이 비슷한 사람을 만나면 호감을 느낄 가능성이 높다. (   )

2) 사람들이 하는 행동을 관찰하면 상대방에게 호감이 있는지를 알 수 있다. (   )

3) 처음 보는 사람과 친해지려면 상대방과 관심사가 달라도 내 이야기를 많이 하는 것이 좋다. (   )

확장 활동하기

5 여러분은 호감 가는 사람이 있을 때 표현을 하는 편입니까? 어떻게 표현합니까?

들어 보세요 2

준비

1 여러분은 인간관계 때문에 고민한 적이 있습니까? 어떤 고민이었습니까?

2 인간관계로 인한 고민이 있을 때 여러분은 보통 어떻게 합니까? 그 방법은 어떤 효과가 있습니까?

- ☐ SNS에 글을 쓴다.
- ☐ 친구에게 조언을 구한다.
- ☐ 전문가의 강연이나 책을 본다.
- ☐ 심리 상담사에게 상담을 받는다.
- ☐ _____.

듣기 다음은 인간관계에 대한 강연입니다. 잘 듣고 물음에 답해 보세요.

중심 내용 파악하기

1 무엇에 대해 이야기하고 있습니까?

2 강연자가 이야기하는 비결의 내용을 쓰세요.

1) 자신을 있는 그대로 인정한다 .

2) _____.

3) _____.

문법과 표현

동-고 보다 ☞ 16쪽

듣고 보니 나도 친한 친구들한테 그러는 것 같아.

세부 내용 파악하기

3 인간관계에 어려움을 겪는 사람들은 어떤 성향이 있습니까?

추론하기

4 강연자가 설명하는 비결과 일치하는 태도를 고르세요.

① 자신에게 장점만 있는 것이 아니라 단점도 있음을 인정한다.
② 다른 사람들 앞에서는 최대한 밝은 모습을 보여 주려고 한다.
③ 다른 사람의 감정을 상하게 하지 않기 위해서 최선을 다해 노력한다.
④ 처음 보는 사람 앞에서는 자신의 진짜 모습을 드러내지 않기 위해 애쓴다.

이야기해 보세요

1 다음의 의견 중 맞다고 생각하는 것에 표시하고 그렇게 생각하는 이유를 이야기해 보세요.

상대방의 행동을 따라 하는 것은 호감의 신호이다.	( )
다른 사람에게 자신을 있는 모습 그대로 보여 주는 것이 좋다.	( )
사람은 외모, 환경, 취향, 관심사 등이 유사할수록 호감을 느낀다.	( )
소개팅할 때 상대방에게 설렜던 경험에 대해서 물어보면 호감을 얻을 수 있다.	( )

2 여러분은 다른 사람들에게 자신의 모습을 솔직하게 보여 주는 편입니까?

문법과 표현

동형 -은 나머지 ☞ 16쪽

어떤 사람에게 잘 보이고 싶다는 마음을 가질 때 우리는 너무 조심스러운 나머지 부자연스럽게 행동하기까지 합니다.

말하기 7-1

🎤 인간관계나 심리와 관련된 주제 중 관심 있는 주제를 골라 자신만의 비결을 설명해 보세요.

─ 준비해 보세요

1 다음은 호감과 관련된 심리 실험입니다. 이 실험으로 무엇을 알 수 있다고 생각합니까?

심리 실험 결과 1

실험은 각각 다른 다리 위에서 이루어졌습니다. (가)는 튼튼하고 안정감 있는 다리였고 (나)는 심하게 흔들리는 다리였습니다.

각각의 다리 위에서 한 여자가 남자들에게 설문지 작성을 부탁했습니다. 여자는 설문지를 다 작성한 남자들에게 연구에 대해 궁금한 것이 있으면 전화하라면서 자신의 전화번호를 줬습니다.

실험 결과, 흔들리는 다리에서 설문 조사를 한 남자들이 안정감 있는 다리에서 설문 조사를 한 남자들보다 훨씬 더 많이 여자에게 전화했습니다.

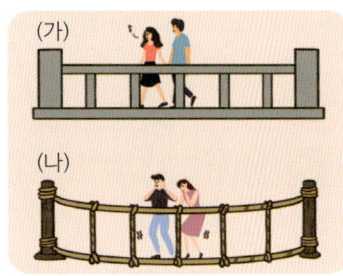

심리 실험 결과 2

실험 참가자들에게 여러 사람의 사진을 순서를 정하지 않고 보여 줬습니다. 이때 사진마다 보여 주는 횟수를 다르게 했습니다.

사진을 모두 보여 준 후 실험 참가자들에게 각각의 사진 속 인물들에게 느끼는 호감도를 물어봤습니다. 그 결과, 사진을 보여 준 횟수가 많을수록 호감도가 높게 나타났습니다.

표현을 연습해 보세요

1 다음은 비결을 알게 된 과정을 설명할 때 사용하는 표현입니다. 다음 표현을 사용하여 '준비해 보세요'에서 이야기한 호감을 얻는 비결을 알게 된 과정에 대해 설명해 보세요.

비결을 알게 된 과정 설명하기
▸ 비결을 소개하고 그 비결을 알게 된 과정을 이야기합니다.

- …는 법에 대해 알게 되었습니다
- …을 통해서 …는 비결을 알게 되었습니다

1) 저는 심리 프로그램을 보고 다른 사람에게 호감을 **얻는 법에 대해 알게 되었습니다**.

2) 저는 우연히 한 심리 실험에 대한 기사를 읽게 됐고 그 실험 **결과를 통해서** 다른 사람에게 호감을 **얻는 비결을 알게 되었습니다**.

1) 심리 프로그램
 - 다른 사람에게 호감을 얻는 법

2) 심리 실험 결과 1
 - 다른 사람에게 호감을 얻는 비결

3) 심리 실험 결과 2
 -

2 다음은 비결을 제시할 때 사용하는 표현입니다. 다음 표현을 사용하여 '준비해 보세요'에서 이야기한 호감을 얻는 비결을 제시해 보세요.

비결 제시하기
▸ 자신이 알게 된 비결을 제시하고 자세히 설명합니다.

- …는 것은 …는 좋은 방법입니다
- …는 비결은 …는 것입니다

1) 신나고 설렜던 경험에 대해 물어보고 그 이야기를 **듣는 것은** 상대방의 호감을 **얻는 좋은 방법입니다**. 상대방에게 신나고 설렜던 경험을 이야기해 달라고 하면 상대방은 그 이야기를 하면서 다시 그때의 감정이 생각나 두근거림을 느끼게 되는데, 이 두근거림을 지금 이야기를 들어 주는 사람한테 느끼는 감정으로 착각하게 되는 것입니다.

2) 다른 사람에게 호감을 **얻는 비결은** 흔들리는 다리 위에 있을 때처럼 긴장된 상황에서 그 사람을 **만나는 것입니다**. 놀이 기구를 타거나 무서운 영화를 보는 것과 같이 긴장된 상황에서는 심장이 빨리 뛰게 되는데 이러한 자연스러운 현상이 상대방에 대한 호감으로 느껴지기 때문입니다.

1) 심리 프로그램
 - 신나고 설렜던 경험에 대해 묻고 이야기 듣기.

2) 심리 실험 결과 1
 - 흔들리는 다리 위에 있을 때처럼 긴장된 상황에서 만나기.

3) 심리 실험 결과 2
 -

3 다음은 내용을 정리할 때 사용하는 표현입니다. 다음 표현을 사용하여 '준비해 보세요'에서 이야기한 호감을 얻는 비결을 정리해서 설명해 보세요.

정리하기
▶ 제시한 비결에 대해 더 간단하게 설명합니다.

- 즉 …는 것입니다
- 다시 말해서 …다는 것입니다

1) **즉** 자신의 감정을 착각하여 호감이라고 **느끼는 것입니다**.
2) **다시 말해서** 긴장된 상황에서의 느낌을 호감이라고 **생각한다는 것입니다**.

1) 심리 프로그램
- 자신의 감정을 착각하여 호감이라고 느낌.

2) 심리 실험 결과 1
- 긴장된 상황에서의 느낌을 호감이라고 생각함.

3) 심리 실험 결과 2
-

이야기해 보세요

1 인간관계나 심리와 관련된 주제 중 어떤 것에 관심이 있습니까? 관심 있는 주제와 관련된 자신만의 비결이 있습니까?

- 자존감을 높이는 법
- 좋은 친구를 사귀는 법
- 인간관계를 잘 맺는 법
- ?

2 자신만의 비결을 보기와 같이 메모해 보세요.

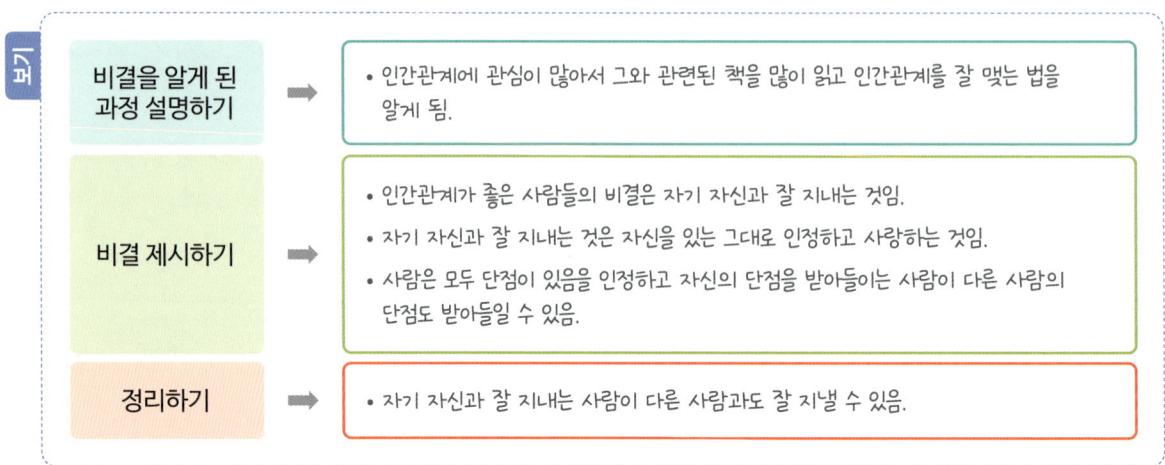

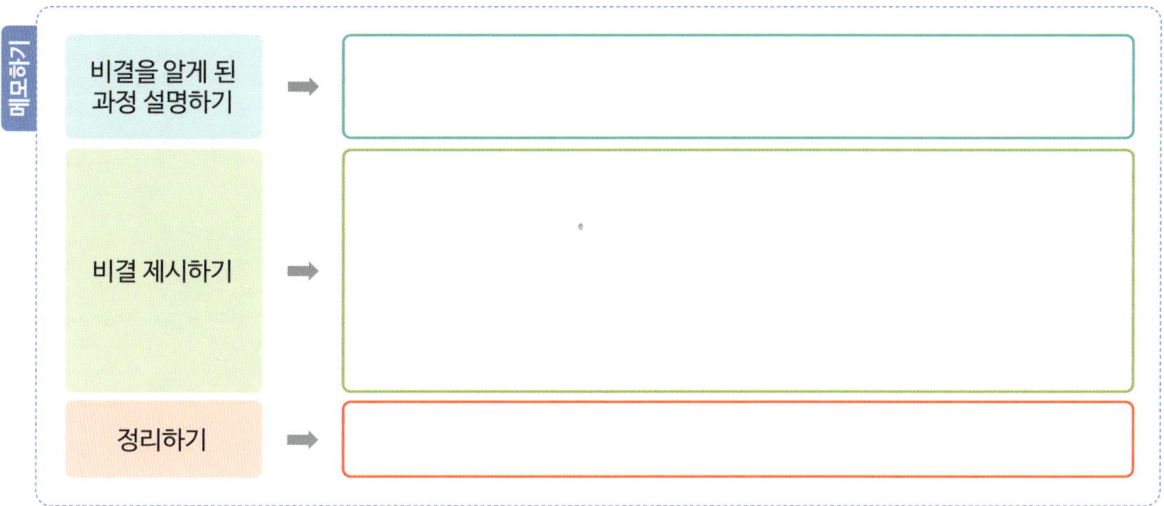

3 메모한 내용을 바탕으로 여러분의 비결을 친구들에게 이야기해 보세요.

보기

비결을 알게 된 과정 설명하기
저는 평소에 인간관계를 잘 맺는 법에 관심이 많아서 인간관계와 관련된 많은 책을 읽으면서 인간관계가 좋은 사람들의 공통점과 인간관계를 잘 맺는 **비결을 알게 되었습니다.**

비결 제시하기
좋은 인간관계를 맺는 **비결은** 먼저 자기 자신과 잘 **지내는 것입니다.** 자기 자신과 잘 지내는 것은 나를 있는 그대로 인정하고 내 모습 그대로를 사랑하는 것입니다. 사람은 누구나 장점이 있는가 하면 단점도 있기 마련입니다. 그 누구도 완벽할 수 없으니 자신의 단점도 있는 그대로 받아들이는 태도가 필요합니다. 자신의 단점을 받아들이는 사람이 다른 사람의 단점도 잘 받아들일 수 있습니다.

정리하기
즉 자기 자신과 잘 지내는 사람이 다른 사람과도 잘 **지낼 수 있는 것입니다.**

7-2 심리와 성격

1. 여러분은 자신의 성격을 생각할 때 어떤 단어들이 떠오릅니까?

2. 여러분의 성격 중 장점과 단점은 무엇입니까? 왜 그렇게 생각합니까?

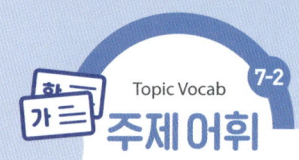

주제 어휘 7-2

1 다음은 성격을 나타내는 표현입니다. 알맞은 표현을 쓰고 이 중 자신을 잘 나타내는 표현은 무엇인지 이야기해 보세요.

1)	침착하지 못하고 하나하나 잘 챙기지 못해요.		⇔	꼼꼼하다
2)	지나치게 조심성이 많고 작은 일에도 걱정을 해요.		⇔	
3)	인생이나 앞으로의 일이 잘될 거라고 생각해요.		⇔	
4)	시간이 나면 많은 사람들과 어울리기보다는 혼자만의 시간을 갖는 게 더 좋아요.		⇔	
5)	저는 망설이기만 하고 결정을 잘 못하는 사람이에요.			
6)	어떤 일을 하기 전에 조심스럽게 여러 번 생각해요.			
7)	일을 할 때 제가 주인이 된 것처럼 나서서 해요.			
8)	동료들과 힘을 합해서 일을 하려고 해요.			
9)	주장을 할 때는 그에 맞는 근거를 들어야 해요.			
10)	계획을 세우지 않고 그때그때 상황이나 기분에 따라 일을 결정할 때가 많아요.			

낙관적　　내향적　　논리적　　비관적　　외향적　　주도적　　즉흥적
협조적　　대범하다　덜렁대다　소심하다　신중하다　우유부단하다

2 다음은 능력을 나타내는 표현입니다. 여러분은 아래의 능력을 얼마나 가지고 있다고 생각합니까? 그래프에 표시해 보고 왜 그렇게 생각하는지 이야기해 보세요.

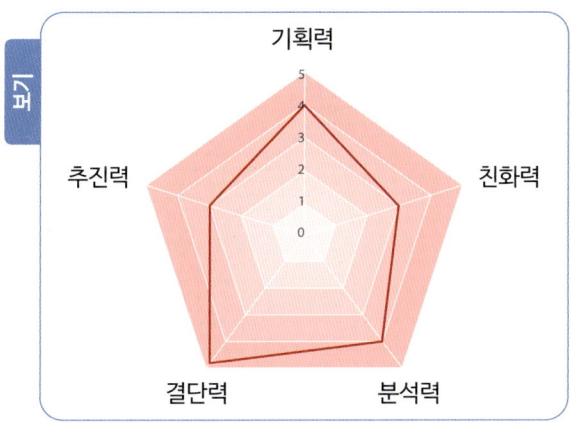
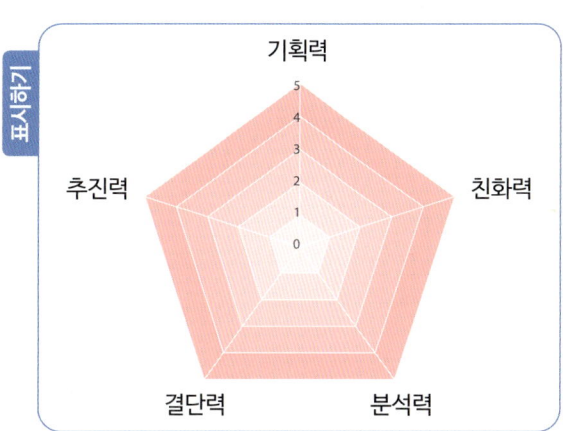

읽어 보세요 1

준비

1. 여러분 나라에서 잘 알려진 심리 검사가 있습니까? 어떤 검사입니까?

2. 심리 검사로 알 수 있는 것은 무엇입니까?

지능　성격　적성　진로　마음　?

읽기 다음은 DISC 검사에 대한 인터넷 백과사전의 글입니다. 글을 읽고 질문에 답해 보세요.

DISC 검사
[DISC assessment]

　　DISC 검사는 성격과 행동하는 방식에 따라 사람들을 네 가지 유형으로 분류한 심리 검사이다. 이 검사는 사람을 외향적인지 내향적인지, 과제 지향적인지 인간 지향적인지에 따라 주도형, 사교형, 안정형, 신중형의 네 가지 유형(D, I, S, C)으로 분류한다. 유형별 특징은 아래와 같다.

　　주도형은 외향적이며 과제 지향적인 유형이다. 이런 유형은 목표를 성취하는 것을 중요하게 생각하기 때문에 적극적이며 도전을 두려워하지 않는다. 자신이 주도적으로 일하는 것을 선호하며 일을 추진하는 속도가 매우 빠르나 권위적이라는 평가를 받기도 한다.

　　사교형은 외향적이면서 인간 지향적인 유형이다. 사교적이고 말솜씨가 뛰어날뿐더러 낙관적이기 때문에 분위기를 밝게 만들어 주는 사람이라 할 수 있다. 즉흥적으로 일하는 것을 좋아하며 열정적이지만 일을 마무리 짓는 데 약한 경향이 있다.

　　안정형은 내향적이면서 인간 지향적인 유형으로 대인 관계가 원만한 것이 가장 큰 특징이라고 할 수 있다. 인내심이 강하고 배려심도 많으며 모든 일에 협조적이기 때문에 타인과 갈등이 생기는 경우가 거의 없다. 갈등이 생기는 상황을 싫어해서 스스로 문제를 피하거나 포기할 때도 있으며 이로 인해 우유부단하다는 평가를 받기도 한다.

　　신중형은 내향적이면서 과제 지향적인 유형으로 논리적이고 분석적이라서 작은 일까지 꼼꼼히 확인하여 완벽하게 일을 **마무리해 낸다**. 완벽을 추구하기 때문에 일을 할 때 다른 사람을 비판하는 경우가 잦으므로 주의해야 한다.

중심 내용 파악하기
1. DISC 검사는 어떤 검사입니까?

세부 내용 파악하기
2. DISC 검사의 각 유형과 유형별 특징에 대해 써 보세요.

확장 활동하기
3. 여러분은 어떤 유형일 것 같습니까? 왜 그렇게 생각합니까?

문법과 표현

동-어 내다 ☞ 17쪽
신중형은 논리적이고 분석적이라서 작은 일까지 꼼꼼히 확인하여 완벽하게 일을 마무리해 낸다.

읽어 보세요 2

준비

1. 자기소개서를 써 본 적이 있습니까? 자기소개서에는 어떤 내용이 들어갑니까?

2. 자신의 강점을 소개하는 글을 쓸 때 그 강점을 잘 드러내기 위해 어떤 경험을 예로 들고 싶습니까?

아르바이트   학교생활   유학 생활   공모전 준비   ?

읽기   다음은 자기소개서 쓰는 법을 소개한 글의 일부입니다. 글을 읽고 질문에 답해 보세요.

강점과 약점, 보완점 쓰기

가장 열정적으로 했던 일과 그 일을 통해 깨달은 자신의 강점 및 약점을 기술하되 약점을 보완하기 위해 노력했던 일이나 현재 노력하고 있는 일을 써 주시기 바랍니다.

> 저의 가장 큰 강점은 기획력과 추진력이라고 생각합니다. 이런 강점을 활용하여 학교 축제 때 동아리에서 운영하는 카페의 매출을 크게 올린 적이 있습니다. 제가 가입한 봉사 동아리는 매년 학교 축제 때마다 카페를 열었습니다. 3학년 때 동아리 회장을 맡게 되면서 저는 카페 행사를 단순한 연례행사로만 볼 것이 아니라 열정적으로 이끌어 보고 싶다는 생각을 하게 되었습니다. 제가 계획한 방향은 크게 두 가지로, '메뉴의 차별화'와 '소비자의 관심 끌기'였습니다. 학교에서는 팔지 않는 과일 주스를 판매했고 음료를 두 잔 이상 구매하는 사람들에게 간식을 주었습니다. 과일 주스와 간식 덕분에 축제 날 저희 카페에는 사람들이 모이기 시작했습니다. 그 결과 전년보다 매출을 두 배나 올리게 되었습니다.
>
> 저의 또 다른 강점은 분석력입니다. 분석력을 발휘했던 경험으로 중학생들의 공부를 도와주는 봉사 활동을 했던 일을 말씀드리고 싶습니다. 그때 저는 열심히 공부해도 성적이 오르지 않는 학생들의 과목별 성적과 공부 시간, 공부 방법 등을 분석하여 각 학생에게 개선할 내용을 알려 주었습니다. 학생마다 부족한 부분에 초점을 두고 공부할 수 있도록 도와준 결과, 학생들의 성적이 크게 향상되었습니다.
>
> 기획력과 추진력 그리고 분석력이 저의 큰 **강점이라면** 급한 성격은 제가 고쳐야 할 점이라고 생각합니다. 제가 일을 빨리하는 편이다 보니 협업을 할 때 저보다 일이 느린 사람들을 보면 가끔은 답답하다고 느끼기도 했습니다. 그러나 카페 행사나 봉사 활동 등 다른 사람들과 같이 일하는 경험을 통해 중요한 깨달음을 얻었습니다. 일이 잘되려면 자신의 속도로만 밀고 나가기보다는 다른 사람들의 속도에 맞추기도 하고 서로 이해하는 과정을 거쳐 협력하는 것이 중요하다는 것입니다. 이런 깨달음은 앞으로 회사에서 협업을 할 때에도 큰 도움이 될 것이라 확신합니다.

↳ **평가:** 이 글에서 제시된 강점은 회사에서 요구하는 인재상에 잘 맞는다. 또한 자신의 구체적인 경험을 씀으로써 실제 그런 강점을 갖추고 있다는 것을 보여 주고 있다. 약점의 경우 인사 담당자가 부정적인 평가를 하지 않도록 치명적이지 않은 단점을 쓰는 것이 좋다. 그런 관점에서 약점으로 급한 성격을 쓴 것은 적절하며 고치려는 적극적인 의지가 있다는 인상을 주어 호감 가는 자기소개서라고 할 수 있다.

중심 내용 파악하기

1 자기소개서에서 강점과 약점으로 언급된 것을 쓰세요.

강점	• 기획력 • •
약점	•

세부 내용 파악하기

2 이 사람은 자기의 강점을 나타내기 위해 어떤 경험을 썼습니까?

3 이 사람은 학교 축제 준비와 봉사 활동 경험을 통해 무엇을 깨달았습니까?

4 호감 가는 자기소개서를 쓰기 위해서는 강점과 약점을 어떻게 써야 합니까?

확장 활동하기

5 위의 자기소개서를 평가한다면 몇 점을 주고 싶습니까? 왜 그런지 이야기해 보세요.

이야기해 보세요

1 여러분은 자신의 강점과 약점을 잘 알고 있습니까? 다음 중 자신을 잘 설명할 수 있는 표현에 표시하고 개수를 아래에 써 보세요.

가	나	다	라
도전적이다	사교적이다	느긋하다	신중하다
적극적이다	열정적이다	협조적이다	정확하다
권위적이다	유머 감각이 있다	배려심이 많다	논리적이다
대범하다	낙관적이다	인내심이 강하다	분석적이다
결단력 있다	즉흥적이다	안정을 추구한다	비관적이다
결과를 중시한다	말솜씨가 좋다	갈등을 싫어한다	완벽을 추구한다
총 개	총 개	총 개	총 개

※ 개수가 많이 나온 것이 자신의 유형이며 가, 나, 다, 라는 순서대로 D(주도형), I(사교형), S(안정형), C(신중형)을 의미합니다.   출처: Marston(1928)

2 결과가 어떻습니까? 그 결과가 맞다고 생각합니까?

문법과 표현

동-는다면, 형-다면, 명이라면 ☞ 17쪽

기획력과 추진력이 저의 큰 강점이라면 급한 성격은 제가 고쳐야 할 점이라고 생각합니다.

Writing 7-2 쓰기

자신의 강점과 약점을 소개하는 글을 써 보세요.

준비해 보세요

1 여러분의 가장 큰 강점과 약점은 무엇입니까? 약점을 극복하기 위해 어떤 노력을 했습니까?

표현을 연습해 보세요

1 다음은 강점을 기술할 때 사용하는 표현입니다. 다음 표현을 사용하여 여러분의 강점을 기술해 보세요.

강점 기술하기

▶ 자신의 강점을 쓰고, 그 강점이 드러나는 경험을 씁니다.

- 가장 큰 강점은 …이다
- 이 강점을 활용하여 …은 적이 있다
- …은 강점이라고 생각하다

1) 저의 **가장 큰 강점은 분석력입니다. 이 강점을 활용하여** 대학교에 다니며 봉사 활동으로 중고등학생들의 공부를 도와준 적이 있습니다.

1) 분석력
- 분석력이 큰 강점임.
- 중고등학생들 공부를 도와줌.

2)
-
-

2 다음은 약점을 기술할 때 사용하는 표현입니다. 다음 표현을 사용하여 여러분의 약점을 기술해 보세요.

약점 기술하기

▶ 자신의 약점을 쓰고, 약점을 극복하기 위해 어떤 노력을 했거나 하고 있는지 씁니다.

- …이 뛰어난 반면에 …는 데에는 부족함이 있다
- 약점을 보완하고자 …어서 …어지다
- …이 강점이라면 …은 조금 고쳐야 할 점이라고 할 수 있다
- …을 개선하기 위해 …고 있다

1) 일에 대한 **분석력이 뛰어난 반면에** 일의 결과를 **표현하는 데에는 부족함이 있습니다.** 대학교 첫 학기 때 발표를 하면서 표현력이 부족하다는 것을 깨달았으며 **약점을 보완하고자** 관련된 책도 읽고 연습도 많이 **해서** 지금은 발표 실력이 크게 **좋아졌습니다.**

1) 표현력
- 일의 결과를 표현하는 데에 부족함이 있음.
- 책도 읽고 연습도 많이 함.

2)
-
-

써 보세요

1 자신의 강점과 약점을 소개하는 글의 개요를 써 보세요.

2 자신의 강점과 약점을 소개하는 글을 써 보세요.

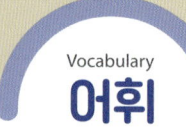

Vocabulary
어휘

7-1. 인간관계와 심리

주제 어휘

경청(傾聽)하다
동 귀를 기울여 듣다.
장시간 경청해 주셔서 감사합니다.
to listen attentively

공감(共感)하다
동 남의 감정, 의견, 주장 등에 대하여 자기도 그렇다고 느끼다.
아마도 제 주장에 공감하시리라 믿습니다.
to empathize with

공통(共通)의 관심사(關心事)를 갖다
둘 또는 여럿 사이에서 두루 통하고 관심을 끄는 일을 가지다.
우리는 이 자리에 공통의 관심사를 갖고 모였습니다.
to have a common interest

과장(誇張)되게 행동(行動)하다
사실보다 지나치게 불려서 행동하다.
그의 단점은 버릇없이 굴고 과장되게 행동하는 것이다.
to act exaggeratedly

관계(關係)를 끊다
사람, 사물, 현상 등이 서로 관련 맺은 것을 잘라 이어지지 않게 하다.
그는 그가 아는 모든 사람과 관계를 끊고 산속으로 들어갔다.
to break a relationship

관계(關係)를 맺다 [맨따]
사람, 사물, 현상 등이 서로 관련을 갖게 하다.
두 나라는 경제적으로 긴밀한 관계를 맺고 있다.
to form a relationship

관계(關係)를 유지(維持)하다
사람, 사물, 현상 등이 서로 관련 맺은 것을 그대로 이어 나가다.
사람들과 좋은 관계를 유지하는 비결을 알고 싶습니다.
to maintain a relationship

남의 눈치를 보다
다른 사람의 마음을 그때그때 상황으로 미루어 알아내려고 하다.
그는 성격이 소심해서 자꾸 남의 눈치를 본다.
to walk on eggshells

대화(對話)를 이어 나가다
대화가 끊어지지 않게 계속하다.
나는 전 남자 친구와 만나는 것이 불편했지만 어쩔 수 없이 대화를 이어 나갔다.
to carry on a conversation

대화(對話)에 끼다
대화에 섞이거나 들어가다.
회사 일이 바빠 며칠 신문을 못 읽었더니 동료들의 대화에 끼지 못하겠다.
to join in a conversation

뒤에서 험담(險談)을 하다
보이지 않는 곳에서 남의 단점을 들어 말하다.
같은 반이 된 몇 명의 아이들과 뒤에서 반장의 험담을 한 일이 마음에 걸린다.
to talk behind one's back

무리(無理)한 요구(要求)를 하다
정도가 지나치게 심한 요구를 하다.
사장이 무리한 요구를 해서 아르바이트를 그만두었다.
to make unreasonable demands

문제(問題)를 회피(回避)하다
문제에 대해 나서지 않고 피하다.
그는 어려운 일이 생길 때마다 문제를 회피하려고 한다.
to avoid a problem

부자연(不自然)스러운 모습을 보이다
익숙하지 못하거나 억지로 꾸민 듯하여 자연스럽지 못한 모습을 나타내다.
왜 좋아하는 사람 앞에만 서면 부자연스러운 모습을 보이게 되는지 모르겠다.
to show an unnatural appearance

어색(語塞)함을 느끼다
잘 모르거나 별로 만나고 싶지 않았던 사람과 마주 대하여 자연스럽지 못함을 느끼다.
같은 공간에 낯선 사람과 둘만 있으면 어색함을 느끼기 마련이다.
to feel awkward

있는 그대로 드러내다
있는 모습과 똑같이 나타내다.
자기 모습을 숨기지 말고 있는 그대로 드러내라.
to reveal as it is

있는 그대로 받아들이다
어떤 사실을 그것과 똑같이 인정하거나 이해하다.
마음을 비우고 상황을 있는 그대로 받아들이려고 노력해야 한다.
to accept as it is

자존감(自尊感)이 높다
자기를 스스로 소중하게 대하는 마음이 크다.
연예인이 되려고 하는 아이들은 자존감이 높은 편이다.
to have high self-esteem

존중(尊重)하다
동 높여 귀중하게 대하다.
우리는 다른 사람의 의견을 존중해야 한다.
to respect

취향(趣向)이 비슷하다
하고 싶어 하거나 좋아하는 것이 비슷하다.
나는 그녀와 음악 취향이 비슷하다.
to have similar taste

듣기

들어 보세요 **1**

기울이다
동 한쪽을 낮추다.
아래쪽을 잘 보려고 상체를 앞으로 기울였다.
to tilt

몸짓 [몸찓]
명 몸을 움직이는 모양.
그는 유명한 개그맨의 몸짓을 흉내 내었다.
gesture

본능적(本能的)
관 명 태어나면서부터 이미 하게 되어 있는 동작이나 운동에 따라 움직이려고 하는 (것).
아기가 손가락을 빠는 것은 본능적인 행동이다.
instinctive

사회생활(社會生活)
명 사람이 사회의 구성원으로서 집단적으로 모여서 질서를 유지하며 살아가는 공동생활.
사회생활을 하기에 문제가 없을 정도라고 생각되어 병원에서 퇴원했다.
social life

유사(類似)하다
형 서로 비슷하다.
두 사람은 형제처럼 외모가 유사하다.
to be similar

전략(戰略) [절략]
명 정치, 경제 등의 사회적 활동을 하는 데 필요한 일을 잘 해결하는 방법.
새로운 상품을 팔기 전에 판매 전략을 짰다.
strategy

들어 보세요 **2**

강박(强迫)
명 어떤 생각이나 감정에 사로잡혀 심리적으로 심하게 내리 눌리는 느낌을 받는 것.
그는 1등을 해야 한다는 강박 때문에 불안한 시간을 보냈다.
obsession

모순(矛盾)되다
동 어떤 사실의 앞뒤나 두 사실이 서로 맞지 않다.
네가 지금 한 말은 앞뒤가 모순된다.
to be contradictory

생김새
명 생긴 모양.
그녀는 생김새도 밉지 않고 마음에 그늘이 없다.
appearance

심리(心理) 상담사(相談士) [심니]
심리적 문제를 해결하기 위해 찾아온 사람과 전문적으로 문제를 의논하는 사람.
요즘 심리 상담사의 역할이 점점 커지고 있다.
psychology counselor

차분하다
형 마음이 가라앉아 조용하다.
차분하게 앉아서 기다려라.
to be calm

한결
부 전에 비하여 한층 더.
친구의 얼굴을 보니 마음이 한결 낫다.
better

말하기

설문지(設問紙)
명 조사를 하거나 통계 자료 등을 얻기 위하여 어떤 주제에 대해 문제를 내어 묻는 질문지.
시장은 면담이나 설문지 조사 등의 방법을 통해 주민들의 의견을 모았다.
questionnaire

횟수(回數) [회쑤/휃쑤]
명 돌아오는 차례의 수.
그 사람이 아침에 지각한 횟수가 이번 달만도 벌써 열아홉 번쯤 된다.
number of times

7-2. 심리와 성격

주제 어휘

결단력(決斷力) [결딴녁]
명 딱 잘라서 판단을 하거나 결정을 내릴 수 있는 능력.
그는 결단력이 부족해서 망설이는 일이 많다.
decisiveness

기획력(企劃力) [기횡녁]
명 어떤 일을 이루려고 계획하는 능력.
그는 뛰어난 기획력과 돋보이는 감각을 가진 감독이다.
planning skill

낙관적(樂觀的)
관 명 인생이나 사물을 밝고 희망적으로 보는 (것).
그녀는 워낙 낙관적이어서 좀처럼 절망하지 않는다.
optimistic

내향적(內向的)
관 명 성격이 내성적이고 사교적이지 않은 (것).
우리 엄마는 매사에 세심한 내향적 기질을 가졌다.
introverted

논리적(論理的) [놀리적]
관 명 옳은 방향으로 사고해 가는 과정에 맞는 (것).
그의 이야기는 인과 관계가 명확해서 매우 논리적이다.
logical

대범(大汎/大泛)하다
형 성격이나 태도가 사소한 것에 얽매이지 않으며 너그럽다.
어린아이가 너무나 대범하게 행동한다.
to be bold

덜렁대다
동 침착하지 못하고 자꾸 가볍게 행동하다.
그 애는 아까부터 덜렁대더니 결국 지갑을 차에 놓고 내렸다.
to be clumsy

분석력(分析力) [분성녁]
명 어떤 현상에 대해 복잡한 것을 풀어서 단순하게 볼 수 있는 능력.
그의 성공 비결은 뛰어난 분석력과 실천력에 있다.
analytical skill

비관적(悲觀的)
관 명 인생을 어둡게만 보아 슬퍼하거나 절망스럽게 여기는 (것).
모든 것을 비관적으로 보는 이들은 우울증에 걸리기 쉽다.
pessimistic

소심(小心)하다
형 용감하지 못하고 조심성이 지나치게 많다.
저 아이는 체격은 큰데 의외로 소심해.
to be timid

신중(愼重)하다
형 매우 조심스럽다.
그는 매사에 신중하여 무리하게 일을 진행하지 않는다.
to be careful

외향적(外向的)
관 명 성격이 활발하고 사교적인 (것).
동생은 외향적이고 활달한 성격이지만 형은 내성적이다.
extroverted

우유부단(優柔不斷)하다
형 망설이기만 하고 결정을 내리지 못하다.
그는 이러지도 저러지도 못하는 자기의 우유부단한 성격이 정말 싫었다.
to be indecisive

주도적(主導的)
관 명 어떤 일에 주장이 되어 이끄는 (것).
나는 모임을 주도적으로 이끌어 갔다.
leading

즉흥적(卽興的)
관 명 그때그때 느끼는 기분에 따라 하는 (것).
저는 즉흥적인 구매를 많이 하는 편이에요.
impromptu

추진력(推進力) [추진녁]
명 목표를 향하여 밀고 나아가는 힘.
그는 일을 할 때 너무 소극적인 태도로 임하기 때문에 일의 추진력이 부족하다.
driving force

친화력(親和力)
명 다른 사람들과 사이좋게 잘 어울리는 능력.
그녀는 타고난 친화력이 있어서 낯선 사람들과도 금방 어울린다.
affinity

협조적(協調的)
관 명 힘을 합하여 서로 조화를 이루는 (것).
그는 우리 일에 협조적이고 대단히 열성적이었다.
cooperative

읽기

읽어 보세요 1

대인(對人) 관계(關係)
다른 사람을 상대하고 사귀는 일.
우리는 대인 관계를 통해서 인생을 배우고 자신을 되돌아본다.
interpersonal relationship

말솜씨 [말쏨씨]
명 말하는 솜씨.
그는 말솜씨가 뛰어나 거짓말도 진실처럼 이야기한다.
speaking skill

분석적(分析的)
관 명 내용을 구성 요소들로 자세히 나누어 보는 (것).
문법을 잘하려면 분석적 사고가 필요하다.
analytical

비판(批判)하다
동 현상이나 사물의 옳고 그름을 판단하여 밝히거나 잘못된 점을 지적하다.
사회의 모순을 비판하는 소설이 많이 나왔다.
to criticize

완벽(完璧)하다
형 부족함이 없이 완전하다.
그들은 완벽하고 자세하게 계획을 짰다.
to be perfect

지능(知能)
명 지혜와 재능을 함께 이르는 말.
머리가 좋고 나쁨은 지능 지수로 측정이 가능하다.
intelligence

지향적(志向的)
관 명 어떤 목표나 목적을 향하여 나아가는 (것).
오로지 추억 속에서 살고 계시는 아버지의 과거 지향적 사고방식이 답답하게 느껴진다.
oriented

추구(追求)하다
동 목적을 이루기 위해 계속 따르며 구하다.
각 나라는 자기 나라의 이익만을 추구하고 있다.
to pursue

읽어 보세요 2

강점(强點) [강쩜]
명 남보다 강하거나 뛰어난 점.
그는 모든 일에 자신감이 있는 것이 강점이다.
strength

약점(弱點)
명 모자라서 남에게 뒤떨어지거나 당당하지 못한 점.
그는 다른 사람의 약점을 마음에 두지 않는다.
weakness

연례행사(年例行事) [열례행사]
명 해마다 정기적으로 하는 행사.
된장, 고추장을 담그는 일은 우리 집의 연례행사다.
annual event

인사(人事) 담당자(擔當者)
직원을 뽑거나 내보내거나 평가하는 것과 관계되는 일을 맡아 하는 사람.
그는 이번에 인사 담당자로부터 높은 평가를 받았다.
Human Resources manager

차별화(差別化)
명 둘 이상의 대상을 각각 등급이나 수준 등에 차이를 두어 구별된 상태가 되게 함.
새로 나온 제품은 기존 제품과 차별화를 시도했다.
differentiation

치명적(致命的)
관 명 생명을 위협하는 (것).
피를 너무 많이 흘렸고 상처가 치명적이었다.
fatal

협력(協力)하다 [혐녀카다]
동 힘을 합하여 서로 돕다.
회사가 발전하려면 사원들이 서로 협력해야 한다.
to cooperate

협업(協業)
명 많은 사람들이 힘을 합해서 하는 일.
이 문제를 해결하기 위해서는 학교와 기업 간의 협업이 필요하다.
collaboration

❖ 자유롭게 써 보세요.

8

직업의 미래

8-1 평생 직업

8-2 변화하는 직업

8-1	평생 직업	8-2	변화하는 직업
듣기 1	책 소개 프로그램을 듣고 내용 파악하기	읽기 1	미래 인재에 대한 칼럼을 읽고 내용 파악하기
듣기 2	여행 작가 인터뷰를 듣고 계기 파악하기	읽기 2	미래 직업에 대한 글을 읽고 전망하는 내용 파악하기
말하기	미래 계획 이야기하기	쓰기	전망하는 글 쓰기

8-1 평생 직업

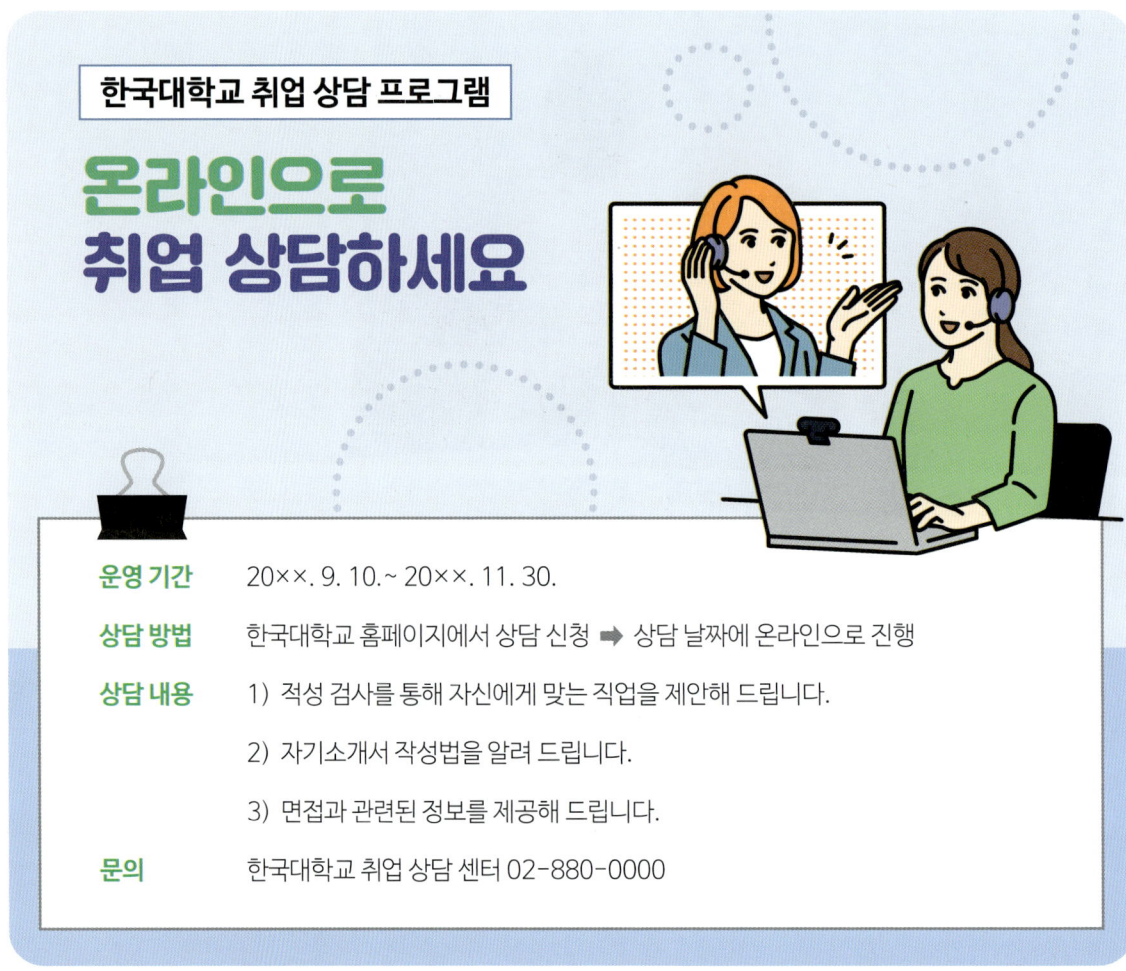

1 무엇에 대한 안내문입니까?

2 이곳에서 무엇을 상담받을 수 있습니까? 여러분도 상담하고 싶은 것이 있습니까?

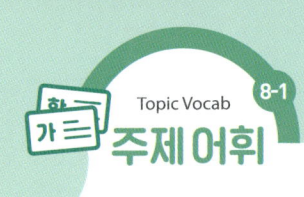

주제 어휘 (Topic Vocab 8-1)

1 다음은 직업 선택의 조건과 관련된 표현입니다. 사람들이 직업을 선택할 때 중시하는 조건을 살펴보고 여러분이 중요하게 여기는 조건에 대해서도 이야기해 보세요.

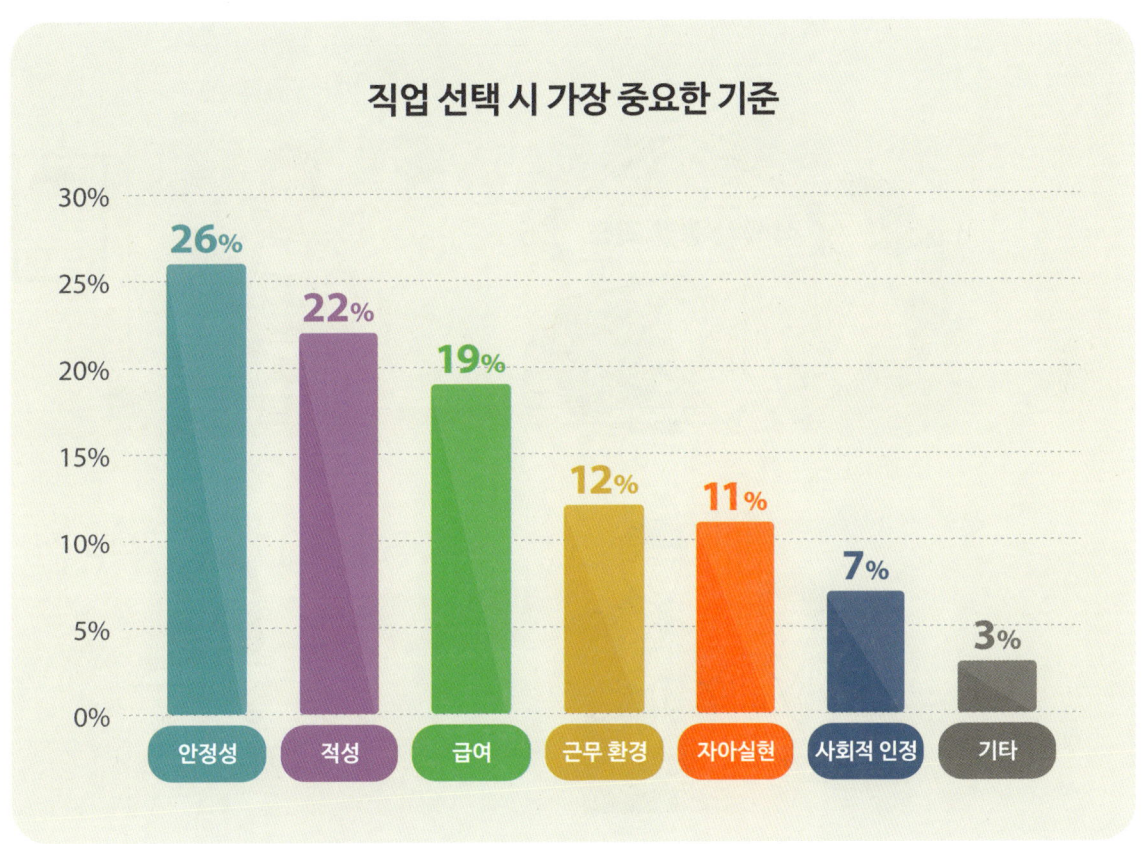

직업 선택 시 가장 중요한 기준

- 안정성: 26%
- 적성: 22%
- 급여: 19%
- 근무 환경: 12%
- 자아실현: 11%
- 사회적 인정: 7%
- 기타: 3%

저는 **근무 분위기가 자유로운** 곳에서 일하고 싶어요. 엄격한 규칙이나 권위적인 분위기는 저와 정말 맞지 않거든요.

정규직/비정규직	연봉/월급/성과급/수당	안정적이다	정년이 보장되다
사회적으로 인정받다	자아실현을 하다	복지가 잘되다	근무 분위기가 자유롭다

8-1. 평생 직업

2 다음은 취업이나 창업 준비와 관련된 표현입니다. 취업이나 창업을 하기 위해서 무엇을 하면 좋습니까?

전공에 대한 **전문성을** 더 **갖추고** 싶다면 대학원에 진학할 수 있어요. 대학원에서의 시간을 자신의 **능력을 개발하기** 위한 **기회로 삼는다면** 나중에 더 좋은 조건으로 취직할 수도 있을 거예요.

| 경력을 쌓다 | 인턴을 하다 | 자격증을 따다 | 전문성을 갖추다 | 높은 학점을 받다 |
| 기회로 삼다 | 시간을 들이다 | 능력을 개발하다 | 외국어 실력을 쌓다 | 공모전에서 입상하다 |

듣기

🎧 들어 보세요 1

준비

1 여러분은 취업을 위해 준비하고 있는 것이 있습니까? 무엇을 준비하고 있습니까?

> 외국어 실력   자격증   학점   경력   ?

2 다음은 평생직장에 대한 생각을 조사한 결과입니다. 이러한 결과가 나타난 이유가 무엇일지 말해 보세요.

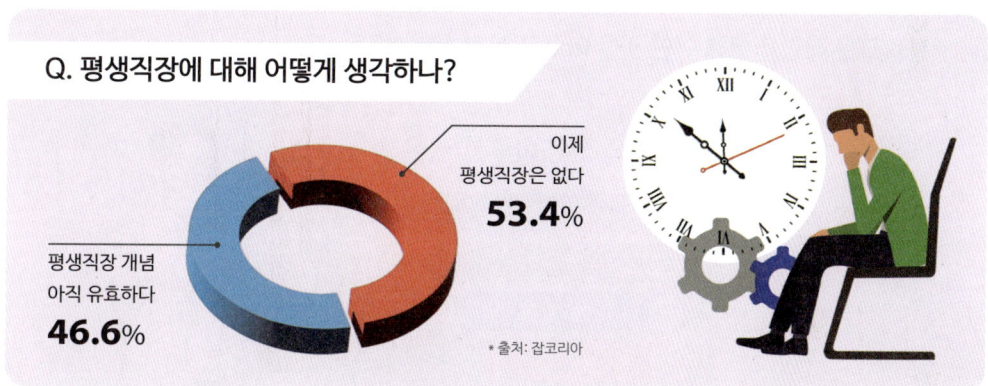

듣기 다음은 책을 소개하는 프로그램입니다. 잘 듣고 질문에 답하세요.

중심 내용 파악하기

1 책의 제목은 무엇입니까?

2 책의 중심 내용은 무엇입니까?

> 미래에는 _____ 이 사라질 것이기 때문에 자신만의 _____ 을 갖추기 위해 노력해야 한다.

세부 내용 파악하기

3 남자가 언급한 현재 인기 있는 직업이 사람들에게 요구하는 조건이 <u>아닌</u> 것을 고르세요.

① 자격증   ② 전문성   ③ 높은 학점   ④ 외국어 점수

추론하기

4 다음 중 책에서 추천하는 방법대로 미래를 준비하는 사람은 누구일까요? 왜 그렇게 생각합니까?

① 줄리앙: 전 현재 다니고 있는 회사의 연봉이 높지 않아서 무조건 돈을 더 많이 주는 회사로 옮기려고 해요.
② 켈 리: 전 승진이 빠른 편이에요. 지금처럼 열심히 하면 이 회사에서 높은 자리까지 올라갈 수 있지 않을까요?
③ 매 튜: 전 지금 다니는 회사를 평생직장이라고 생각하지 않아요. 저만의 능력과 전문성을 갖춰서 10년 후에는 제 사업을 하고 싶어요.
④ 프 엉: 전 졸업 후에 대기업에 취직하려고 해요. 대기업에 취직하려면 학점도 좋아야 하고 외국어 자격증도 따야 해서 1학년이지만 쉴 틈이 없어요.

🎧 들어 보세요 2

준비

1 사람들은 직업을 통해 어떤 것을 이루고 싶어 합니까?

직업을 통해 이루고 싶은 것
① 능력 향상시키기
② 경제력 키우기
③ 하고 싶은 일 해 보기
④ 다른 사람 돕기

2 여러분이 직업을 통해서 이루고 싶은 것은 무엇입니까?

듣기 **다음은 인터뷰 프로그램입니다. 잘 듣고 질문에 답해 보세요.**

중심 내용 파악하기

1 이 사람은 어떤 일을 하고 있습니까?

2 인터뷰에서 여자가 말하려는 것은 무엇입니까?

> 지금 현실에 만족하지 못한다면   .

문법과 표현

명 이자 명   ☞ 18쪽
다빈치연구소의 설립자이자 미래학자로 유명한 토머스 프레이는 앞으로 10년 안에 세계적으로 20억 개의 일자리가 사라질 거라고 전망했습니다.

세부 내용 파악하기

3 이 사람은 대학을 졸업한 후 어떤 일을 했습니까?

4 이 사람은 왜 회사를 그만두고 여행을 떠났습니까?

5 이 사람에 대한 설명으로 맞는 것을 고르세요.

① 퇴직을 결심한 후 고민하지 않고 사표를 냈다.
② 경제적으로 어려워 직장을 그만둔 것을 후회했다.
③ 책을 내기 위해 그림과 글을 꾸준히 SNS에 올렸다.
④ 여행을 다니며 그림을 그리는 동안 행복감을 느꼈다.

이야기해 보세요

1 안정적인 직장을 그만두고 자신이 좋아하는 일을 선택하는 것에 대해서 어떻게 생각합니까?

저는 정말 멋지다고 생각해요. 왜냐하면….

저는 좀 무모하다고 생각해요. 왜냐하면….

2 여러분은 안정적인 직장을 구해서 정년 때까지 다니고 싶습니까? 아니면 실력을 쌓아서 더 좋은 직장으로 옮기고 싶습니까? 왜 그렇게 생각합니까?

문법과 표현

동-는 것을 계기로, 명-을 계기로   ☞ 18쪽

그런 깨달음을 계기로 조금이라도 어릴 때 한번 해 보자는 생각으로 직장을 그만두고 여행을 떠나게 된 거예요.

말하기 (Speaking 8-1)

🎤 여러분의 미래 계획에 대해 말해 보세요.

준비해 보세요

1 여러분은 미래에 대한 계획이나 목표가 있습니까? 친구들과 이야기해 보세요.

2 미래 계획에 대해 이야기할 때 어떤 내용을 이야기하면 좋을까요?

| 목표 | 계기 | 노력하는 점 | 구체적인 계획 | ? |

표현을 연습해 보세요

1 다음은 목표를 제시할 때 사용하는 표현입니다. 다음 표현을 사용하여 '한국어 5급 수료'를 목표로 제시해 보세요.

목표 제시하기
▸ 자신의 목표가 무엇인지 제시합니다.

- 목표는 …이 되는 것입니다
- 꿈은 …는 것입니다
- 앞으로 … 분야의 전문가가 되고 싶습니다

1) 제 **목표는 통역사가 되는 것입니다.** 이 세상에는 여러 언어가 있지만 저는 한국어를 전문적으로 통역하는 통역사가 되고 싶습니다.
2) 제 **꿈은** 세계 여행을 하면서 그 경험을 책으로 **내는 것입니다.**

---

1) 통역사 _____
   • 통역사가 되는 것

2) 세계 여행 _____
   • 세계 여행 경험을 책으로 내는 것

3) 한국어 5급 수료 _____
   •

2 다음은 계기를 설명할 때 사용하는 표현입니다. 다음 표현을 사용하여 '한국어 5급 수료'를 목표로 하게 된 계기를 설명해 보세요.

> ### 계기 설명하기
> ▶ 목표를 가지게 된 계기나 배경을 설명합니다.
>
> - 어릴 때부터 …에 관심이 많았습니다
> - 어릴 때부터 …에 재능[소질]이 있었습니다
> - …을 계기로 …의 꿈을 갖게 되었습니다

1) 저는 **어릴 때부터** 다른 나라의 **문화에 관심이 많았고 외국어에 재능이 있었습니다.** 어느 날 TV에서 통역사를 소개하는 프로그램을 우연히 보게 되었는데 그 프로그램을 본 **것을 계기로 통역사의 꿈을 갖게 되었습니다.**

2) **어릴 때부터** 저는 세계 여러 나라의 문화와 **역사에 관심이 많았지만** 다른 나라로 여행을 가 보지는 못했습니다. 대학생 때 친구들과 유럽으로 배낭여행을 가게 되었는데 그 **여행을 계기로** 세계 **여행의 꿈을 갖게 되었습니다.**

1) 통역사	2) 세계 여행	3) 한국어 5급 수료
• 다른 나라의 문화에 관심이 많았고 외국어에 재능이 있었음. • 통역사를 소개하는 프로그램을 보게 됨.	• 세계 여러 나라의 문화와 역사에 관심이 많았음. • 친구들과 배낭여행을 가게 됨.	• •

3 다음은 계획을 말할 때 사용하는 표현입니다. 다음 표현을 사용하여 '한국어 5급 수료'라는 목표를 이루기 위한 계획을 이야기해 보세요.

> ### 계획 말하기
> ▶ 목표를 이루기 위해 어떤 노력을 하고 있는지, 어떤 계획이 있는지 이야기합니다.
>
> - …기 위해(서) …고 있습니다
> - 앞으로 …을 계획[예정]입니다

1) 꿈을 **이루기 위해서** 저는 1년 전에 한국에 왔고 지금까지 한국어 공부를 **하고 있습니다. 앞으로** 저는 한국의 대학에 진학해서 통번역학을 **전공할 계획입니다.**

2) 늦어도 30대 초반에는 꼭 세계 여행을 **떠나기 위해** 지금은 디자인 회사에서 일하면서 돈을 **모으고 있습니다.** 또 세계 여행을 하고 있는 여러 사람들의 인터넷 글을 보며 방문할 나라와 대강의 여행 일정도 **짤 예정입니다.**

1) 통역사	2) 세계 여행	3) 한국어 5급 수료
• 한국어 공부를 하고 있음. • 통번역학을 전공할 계획임.	• 돈을 모으고 있음. • 여행 일정을 짤 예정임.	• •

8-1 Speaking
말하기

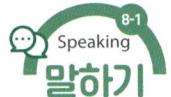

이야기해 보세요

1 여러분은 미래에 어떤 일을 하고 싶습니까?

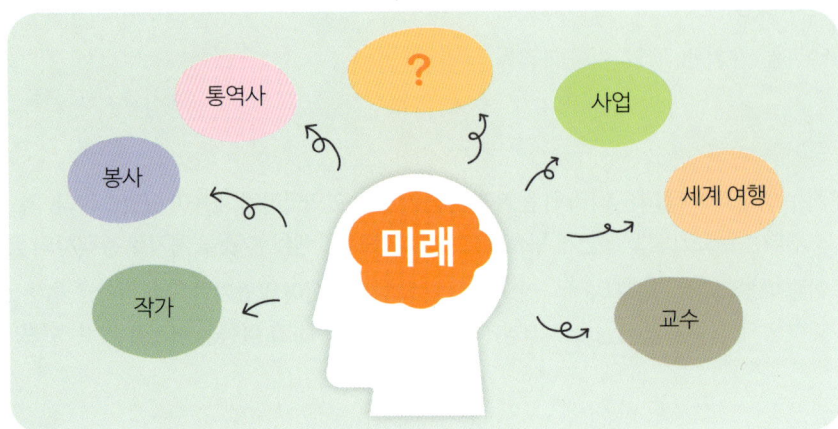

2 여러분이 미래에 하고 싶은 일에 대해 보기와 같이 메모해 보세요.

보기

목표 제시하기	➡	• 통역사
계기 설명하기	➡	• 어릴 때부터 다른 나라 문화에 관심이 많았고 외국어에 재능이 있었음. • 통역사를 소개하는 TV 프로그램을 본 것이 계기가 되었음.
계획 말하기	➡	• 한국에 유학을 와서 한국어를 공부하고 있음. • 한국 사람과 이야기할 기회를 자주 만듦. • 앞으로 한국 대학에 진학해서 통번역학을 전공할 계획임.

메모하기

목표 제시하기	➡	
계기 설명하기	➡	
계획 말하기	➡	

3 메모한 내용을 바탕으로 친구들에게 이야기해 보세요.

> 보기
>
> **목표 제시하기**
> 제 목표는 통역사가 되는 것입니다.
>
> **계기 설명하기**
> 저는 어릴 때부터 다른 나라의 문화에 관심이 많았고 외국어에도 재능이 있었습니다. 어느 날 TV에서 통역사를 소개하는 프로그램을 우연히 보게 되었는데 그 프로그램을 본 것을 계기로 통역사의 꿈을 갖게 되었습니다.
>
> **계획 말하기**
> 이 꿈을 이루기 위해서 저는 1년 전에 한국에 왔고 지금까지 한국어 공부를 하고 있습니다. 한국어를 정확하고 자연스럽게 사용하기 위해 저는 한국 사람과 이야기할 기회를 자주 만들려고 노력합니다. 앞으로 저는 한국의 대학에 진학해서 통번역학을 전공할 계획입니다.

Intro 들어가기 8-2 변화하는 직업

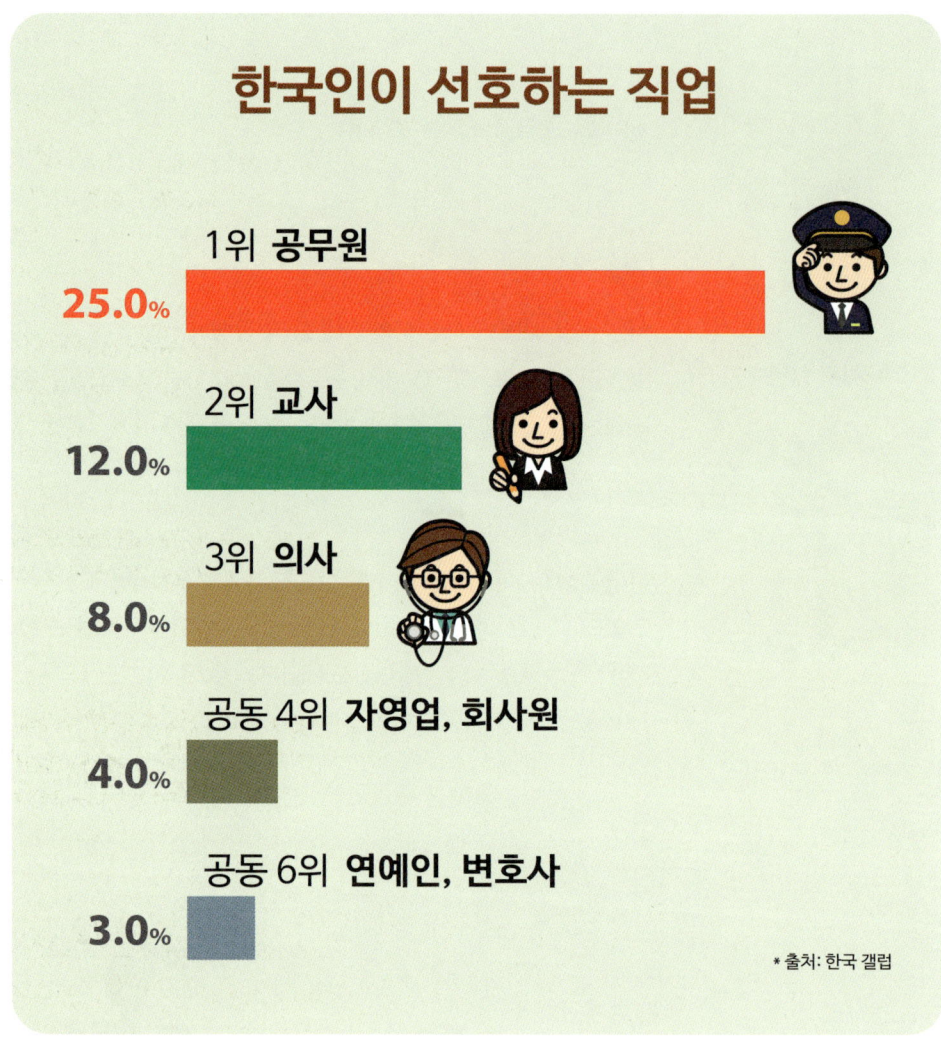

1. 위 그래프는 한국에서 가장 인기 있는 직업을 보여 줍니다. 현재 여러분 나라에서 인기 있는 직업은 무엇입니까?

2. 그 직업은 20년 후에도 인기가 있을까요? 왜 그렇게 생각합니까?

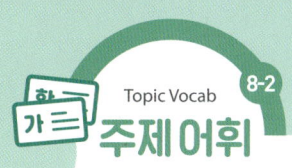

Topic Vocab 8-2 주제 어휘

1 다음은 인간의 능력이나 성질을 나타내는 표현입니다. 알맞은 뜻을 연결해 보세요.

1) 창의력 • • 정보를 수집하거나 분석, 활용하는 능력

2) 비판적 사고력 • • 새로운 것을 생각해 내는 능력

3) 문제 해결 능력 • • 옳고 그름을 따져 생각하는 능력

4) 정보 처리 능력 • • 인간을 인간답게 하는 인간 본래의 성질

5) 인간성 • • 문제가 발생했을 때 적절하게 해결하는 능력

6) 감수성 • • 외부 세계의 자극을 받아들이고 느끼는 성질

2 이 책은 어떤 내용을 담고 있는 것 같습니까? 여러분은 이런 예측에 동의합니까?

 이 책에서 앞으로 **인공 지능** 시대가 열릴 거라고 **전망했는데** 여기서 말한 것처럼 미래 사회에는 **인공 지능 기술이 인간을 대신해서** 많은 일을 하게 될 것 같아요.

4차 산업 혁명과 미래 유망 직업

인공 지능 시대가 열린다
- 육체노동은 로봇이 하게 된다.
- 반복적이거나 단순한 업무는 무인 장비가 대신한다.

인공 지능이 대체할 수 없는 미래 유망 직업에 눈을 돌려라
- 첨단 기술 관련 직업
- 환경 분야의 직업
- 의료 및 보건 분야의 직업
- 예술 분야의 직업

4차 산업 혁명	인공 지능	첨단 기술	무인 장비
의료/보건/환경/예술 분야	유망하다	전망하다	육체노동을 하다
대체 불가능하다	기술이 인간을 대신하다	반복적인/단순한 업무를 하다	

읽어 보세요 1

준비

1. 다음은 인공 지능이 인간이 해 오던 일을 대신할 수 있을지에 대해 조사한 결과입니다. 여러분의 생각은 어떻습니까?

> **인공 지능이 인간의 업무를 대신할 수 있을까?**
>
> 대신할 수 있다
> **67.9%**
> · 일 처리가 빨라서
> · 정확도가 높아서
>
> 대신할 수 없다
> **32.1%**
> · 타인과 의사소통이 불가능해서
> · 유지·보수 비용이 비싸서
>
> *출처: 인크루트

2. 인공 지능 기술로 대체될 수 없는 인간의 능력에는 어떤 것이 있을까요?

읽기 다음은 미래 인재에 대한 칼럼입니다. 글을 읽고 질문에 답해 보세요.

새로운 혁명의 시작

몇 해 전 한 바둑 시합이 세계인의 눈길을 끌었다. 인간과 인공 지능 프로그램의 대결로 화제가 된 그 시합에서 세계 최고 실력을 갖춘 한국의 바둑 기사가 패하면서 사람들의 관심은 인공 지능 기술에 집중되었다. 많은 사람들이 인간이 기계와의 싸움에서 패하는 것을 보며 **두렵기도 하고 놀랍기도 한** 혼란스러운 마음을 느꼈고 전문가들은 인공 지능 기술이 가져올 변화를 예상하며 미래 사회의 모습에 대한 전망을 내놓았다.

전문가들은 현재의 인공 지능 기술이 인간의 두뇌를 대체할 수준까지는 도달하지 못했다는 데 동의하고 있다. 그러나 인공 지능 프로그램이 바둑 시합에서 인간을 상대로 승리한 것은 대량의 정보를 처리하여 문제를 해결하는 능력에서는 인공 지능 기술이 인간을 앞서게 되었음을 보여 준다.

인공 지능 기술이 빠른 속도로 발전하고 있는 지금, 미래학자들은 미래 사회가 필요로 하는 인재의 모습이 지금과 다를 것이라고 말한다. 정보를 대량으로 처리하는 일은 인공 지능 기술을 활용하는 것이 더 효율적이기 때문이다. 따라서 앞으로 인간은 지금까지 인류가 쌓아 온 많은 지식을 학습하는 능력보다는 그 지식과 정보를 활용해서 인간의 생활을 더욱 편리하게 만드는 능력을 개발해야 한다. 전문가들은 이러한 능력을 갖춘 인재가 되기 위해서는 인간의 삶을 잘 이해할 수 있는 감수성과 문제 상황을 분석하여 대안을 제시할 수 있는 비판적 사고력, 그리고 가치 있는 것을 새롭게 만들어 낼 수 있는 창의력 등을 기르기 위해 노력해야 한다고 지적한다.

기술의 발달은 인간의 삶에 큰 변화를 가져온다. 인공 지능 기술의 발전은 또 어떤 변화를 가져오게 될까? 그 누구도 미래를 정확히 전망할 수는 없다. 그러나 분명한 것은 또 한 번의 혁명이 이미 시작되었다는 사실이다. 미래 사회의 변화에 적극적으로 대응하기 위해 어떤 노력을 기울여야 할지 진지하게 고민해야 할 것이다.

중심 내용 파악하기

1 글쓴이의 중심 생각은 무엇입니까?

> 인공 지능은 인간보다 _____ 능력이 뛰어나다. 따라서 인간은 많은 지식을 학습하려고 하기보다는 _____ 능력을 개발해야 한다.

세부 내용 파악하기

2 인공 지능과 인간의 바둑 시합을 보고 사람들은 어떤 감정을 느꼈습니까?

3 전문가들이 제시한 인간이 개발해야 할 세 가지 능력을 구체적으로 쓰세요.

능력	구체적 내용
감수성	인간의 삶을 잘 이해할 수 있음.

확장 활동하기

4 미래 사회의 변화에 대응하기 위해 어떤 노력을 해야 한다고 생각합니까?

문법과 표현

동형-기도 하고 동형-기도 하다   ☞ 19쪽

많은 사람들이 인간이 기계와의 싸움에서 패하는 것을 보며 두렵기도 하고 놀랍기도 한 혼란스러운 마음을 느꼈다.

읽어 보세요 2

준비

1 다음은 진로 정보 사이트에서 제시하고 있는 미래의 유망한 직업입니다. 무슨 일을 하는 직업입니까?

인공 지능 전문가
"스스로 생각하는 능력을 가진 컴퓨터 시스템을 개발하거나 관리합니다."

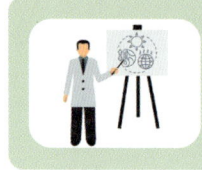

기후 변화 대응 전문가
"기후 변화를 예측하고 그에 따른 문제점을 해결하기 위한 대책을 마련합니다."

2 유망하다고 생각하는 분야가 있습니까? 그렇게 생각하는 이유는 무엇입니까?

읽기 다음은 미래의 직업에 대해 전망하는 글입니다. 글을 읽고 질문에 답해 보세요.

미래의 유망 직업

과학 기술의 발전으로 사람이 하던 업무 중 많은 부분을 기술이 대신할 수 있게 되었습니다. 미래 사회는 어떻게 변화하고 그에 따라 미래 직업은 어떻게 바뀔까요? 미래의 사회와 직업을 전망해 봤습니다.

◆ **미래 기술 관련 직업**

미래학자들은 5년 안에 현재 인간이 하는 업무의 반 이상을 기술이나 기계가 대신할 것으로 전망하고 있습니다. 육체노동이나 같은 업무를 반복적으로 하는 일, 정보를 대량으로 처리하는 일은 무인 장비나 인공 지능이 할 가능성이 크다는 것입니다. 따라서 미래에는 인간의 일을 대신하는 기술 및 장비를 개발하거나 관리하는 인공 지능 전문가, 로봇 공학자 같은 직업이 유망할 것으로 전망됩니다.

◆ **환경 관련 직업**

환경 오염은 나날이 심해져서 그로 인해 발생하는 문제 또한 인간의 삶에 큰 영향을 끼치고 있습니다. 깨끗한 환경을 위해 세계 각국은 새로운 에너지를 개발하고 기후 변화를 해결하기 위한 방안을 마련하려고 더욱 노력할 수밖에 없을 것입니다. 따라서 재생 에너지를 개발하거나 기후 변화 대책을 마련할 수 있는, 환경 분야의 전문 지식과 기술을 갖춘 환경 전문가를 찾는 곳이 많아질 것입니다.

◆ **보건 및 의료 관련 직업**

미래 사회에는 일을 할 수 있는 인구가 줄어들고 고령자는 계속 늘어날 것으로 보입니다. 노인 인구의 증가는 보건 및 의료 관련 직업의 필요성을 높일 것으로 전망됩니다. 따라서 의사, 간호사, 간병인, 심리 상담사 등 신체와 정신 건강을 돌봐 주는 보건 및 의료 분야의 전망이 밝을 것으로 보입니다.

◆ **문화, 예술 관련 직업**

첨단 기술 발달은 생활의 편리함을 가져다주지만 사람들은 더욱 외로움을 느낄 수 있습니다. 미래학자 존 나이스비트는 기술이 발달하면 할수록 사람들이 인간성을 더욱 추구하고 원하게 될 것이라고 **전망한 바 있습니다**. 따라서 문학, 미술, 음악, 영화와 같이 인간성과 감수성 등을 일깨워 주는 작가, 화가, 음악가, 영화 감독 등의 예술가가 큰 인기를 얻을 것으로 예상됩니다.

중심 내용 파악하기

1 무엇에 대해 이야기하고 있습니까?

세부 내용 파악하기

2 미래 사회의 직업에 대한 전망을 표로 정리해 보세요.

	미래 유망 직업	하는 일
기술	인공 지능 전문가, 로봇 공학자	
환경		재생 에너지를 개발하거나 기후 변화 대책을 마련함.
보건		
문화		

이야기해 보세요

1 다음은 현재는 사라진 직업입니다. 무슨 일을 하는 직업일까요? 여러분이 알고 있는 사라진 직업에 대해서 이야기해 보세요.

버스 안내원

전화 교환원

굴뚝 청소부

2 여러분은 현재 존재하는 직업 중에 어떤 직업이 사라질 것 같습니까? 또 어떤 직업이 계속 남아 있을까요? 왜 그렇게 생각하는지 이야기해 보세요.

| 사라질 직업 | 번역가 | 비서 | 계산원 | ? |
| 계속 남을 직업 | 작가 | 운동선수 | 영화감독 | ? |

문법과 표현

동-는 바 있다/없다   ☞ 19쪽

미래학자 존 나이스비트는 기술이 발달하면 할수록 사람들이 인간성을 더욱 추구하게 될 것이라고 전망한 바 있습니다.

쓰기 (Writing 8-2)

미래의 직업에 대해 전망하는 글을 써 보세요.

▸ 준비해 보세요

1 4차 산업 혁명이 일어남에 따라 현재 사회는 어떻게 변화하고 있습니까? 사회가 변화함에 따라 어떤 직업이 유망해질 것 같습니까?

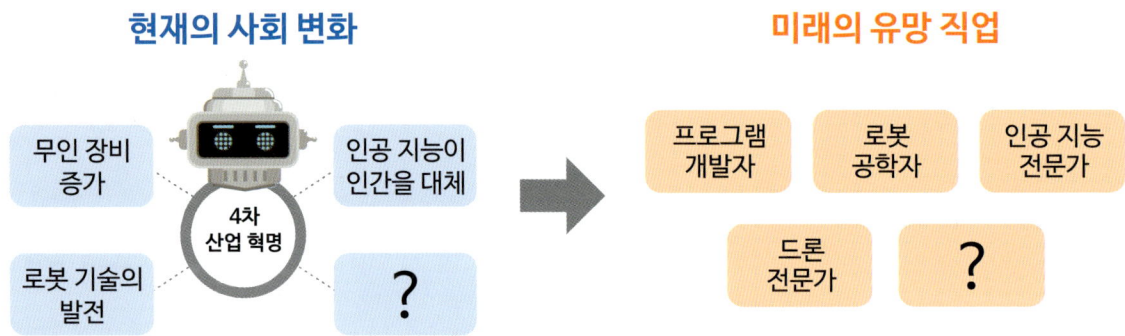

▸ 표현을 연습해 보세요

1 다음은 현재의 사회 변화를 기술할 때 사용하는 표현입니다. 다음 표현을 사용하여 4차 산업 혁명으로 인한 사회 변화에 대해 기술해 보세요.

현재의 사회 변화 기술하기	
▸ 미래 전망의 근거가 될 수 있는 현재의 사회 변화를 서술합니다.	• 현재 …고 있다 • …는 것이 현실이다 • …는 추세이다

1) **현재** 4차 산업 혁명으로 로봇이나 무인 장비가 인간이 해 오던 일을 대신하는 경우가 **늘고 있다**. 주문이나 계산, 서빙 등의 일을 로봇이나 무인 장비가 하는 가게가 빠르게 증가하고 **있는 것이 현실이다**.

1) 4차 산업 혁명으로 인한 현재 사회 변화
   • 로봇이나 무인 장비가 인간의 일을 대신하게 됨.
   • 주문, 계산, 서빙 등을 로봇이나 무인 장비가 하는 가게가 증가하고 있음.

2) 4차 산업 혁명으로 인한 현재 사회 변화
   •
   •

2 다음은 미래의 직업을 전망할 때 사용하는 표현입니다. 다음 표현을 사용하여 4차 산업 혁명으로 인해 변화될 미래 직업에 대해 전망해 보세요.

미래의 직업 전망하기
▶ 미래의 유망 직업에 대한 전망을 제시합니다.

- …을 가능성이 크다
- …을 것으로 전망되다 [예상되다/보이다]

1) 앞으로도 이러한 추세는 계속되어 단순 반복 업무의 대부분은 로봇이나 무인 장비가 대신하게 **될 가능성이 크다**. 따라서 로봇이나 무인 장비를 개발하는 직업이 **유망할 것으로 전망된다**.

1) 4차 산업 혁명으로 인한 미래 직업 전망
- 단순 반복 업무는 로봇이나 무인 장비가 대신하게 됨.
- 로봇이나 무인 장비를 개발하는 직업이 유망할 것임.

2) 4차 산업 혁명으로 인한 미래 직업 전망
-
-

✏ 써 보세요

1 현재 우리 사회에 일어나고 있는 변화로 인해 미래에는 어떤 직업이 유망할 것 같습니까?

저출산, 고령화 | 기후 변화 | 세계화 | 4차 산업 혁명

- 노인 인구가 늘어나고 있어요. 그래서 미래에는….
- 아이를 낳는 사람이 점점 줄어들고 있어요. 그래서 미래에는….
- 기후 변화로 전 세계가 많은 어려움을 겪고 있어요. 그래서 미래에는….
- 전 세계가 하나의 국가처럼 긴밀하게 연결되고 있어요. 그래서 미래에는….
- 사회가 발전하면서 오히려 소외감을 느끼는 사람들도 늘고 있어요. 그래서 미래에는….
- ?

Writing 8-2 쓰기

2 미래의 직업에 대해 보기와 같이 개요를 써 보세요.

보기

현재의 사회 변화 1 기술하기	• 인공 지능 기술이 인간의 능력을 넘어서고 있음. 특히 대량의 정보 처리 능력이 뛰어남. • 인간의 일을 인공 지능 로봇이나 무인 장비가 대신하는 경우가 늘고 있음.
미래의 직업 전망하기	• 단순 반복 업무는 대부분 기계가 인간을 대신하게 될 가능성이 큼. • 인공 지능 기술을 개발하거나 관리하는 일이 유망함.

개요 짜기

현재의 사회 변화 2 기술하기	
미래의 직업 전망하기	
현재의 사회 변화 3 기술하기	
미래의 직업 전망하기	

'미래 사회' 하면 떠오르는 것

3 개요를 바탕으로 미래의 직업을 전망하는 글을 완성해 보세요.

쓰기

제목	미래의 유망 직업	
서론	미래학자들은 미래 사회의 모습이 현재와는 상당히 다를 것이라고 전망하며 지금까지 사람들이 해 오던 일에도 변화가 있을 것이라고 주장한다. 현재도 과학 기술이 발전하면서 인간의 일자리를 기술이 대신하게 되는 경우가 급격히 늘고 있다. 앞으로 다가올 미래 사회에서 인간은 어떤 일을 하게 될까?	
본론	현재 인공 지능 기술은 대량의 정보를 빠른 시간 내에 처리하여 문제를 해결하는 능력에서 이미 인간보다 뛰어나다는 평가를 받는다. 그에 따라 인간이 해 오던 일들을 점차 인공 지능 로봇이나 무인 장비가 대신하는 경우도 늘고 있다. 앞으로도 이러한 추세는 계속되어 단순 반복 업무는 대부분 기계가 인간을 대신하게 될 가능성이 크다. 동시에 인공 지능 기술을 개발하거나 관리하는 인공 지능 전문가 같은 직업이 유망할 것으로 전망된다.	현재의 사회 변화 1 기술하기, 미래의 직업 전망하기
		현재의 사회 변화 2 기술하기, 미래의 직업 전망하기
		현재의 사회 변화 3 기술하기, 미래의 직업 전망하기
결론	그 누구도 미래를 정확히 전망할 수는 없지만 우리가 알 수 있는 한 가지 분명한 것은 새로운 변화가 이미 시작되었다는 사실이다. 미래 사회의 변화에 적극적으로 대응하기 위해 어떤 노력을 기울여야 할지 진지하게 고민해야 할 것이다.	

8-1. 평생 직업

주제 어휘

경력(經歷)을 쌓다   [경녁]
학업이나 직업과 관련된 경험을 많이 하다.
졸업 후에 바로 취직을 해서 경력을 쌓다가 올해 대학원에 진학했다.
to gain experience

공모전(公募展)에서 입상(入賞)하다
우수한 작품을 공개 모집하는 대회에서 상을 탈 수 있는 등수 안에 들다.
그는 예선에서 탈락하여 이번 공모전에서 입상하지 못했다.
to win a prize in a contest

근무(勤務) 분위기(雰圍氣)가 자유(自由)롭다
직장에서 일을 하는 상황이나 환경이 자유롭다.
우리 회사는 필요한 경우에 출퇴근 시간을 조정하거나 재택근무를 하게 하는 등 근무 분위기가 자유롭다.
to have a free working atmosphere

기회(機會)로 삼다
어떤 일을 하는 데 적절한 시기나 경우로 만들다.
그 사람은 이번 일의 실패를 성공할 수 있는 기회로 삼았다.
to take as an opportunity

높은 학점(學點)을 받다
대학 또는 대학원에서 성적을 잘 받다.
이번 학기는 전공과목 시험을 잘 봐서 높은 학점을 받을 수 있었다.
to receive high grades

능력(能力)을 개발(開發)하다   [능녁]
일을 해낼 힘을 발달시키다.
이번 직원 연수의 목적은 각 사원의 능력을 개발하는 것에 초점을 두고 있다.
to develop one's ability

복지(福祉)가 잘되다
사람들이 행복한 삶을 살 수 있도록 돕는 체계가 잘되어 있다.
경제가 발전한 나라는 대부분 사회 복지가 잘되어 있다.
to have good welfare

비정규직(非正規職)
명 근로 방식 및 기간 등에서 정규직과 달리 보장을 받지 못하는 직위.
비정규직 노동자들은 그들의 업무가 안정적이지 않다는 불안감에 시달리고 있다.
part-time employee

사회적(社會的)으로 인정(認定)받다
사회에서 좋다고 인정받다.
의사, 판사 등은 우리나라에서 사회적으로 인정받는 직업이다.
to be socially recognized

성과급(成果給)   [성꽈급]
명 일을 해서 이룬 결과를 기준으로 받는 돈.
올해 실적이 가장 우수한 팀에는 성과급을 지급하기로 했다.
bonus

수당(手當)
명 직장에서 본래 받기로 정해진 돈 이외에 따로 받는 돈.
대부분의 회사에서는 야근을 하거나 주말에 일을 하게 되면 수당을 지급한다.
additional compensation

시간(時間)을 들이다
어떤 일에 시간을 쓰다.
회의 참가자들은 행사 내용을 의논하는 데 많은 시간을 들였다.
to spend time on

안정적(安定的)
관 명 바뀌어 달라지지 않고 일정한 상태를 유지하게 되는 (것).
직업 선호도 조사에서 공무원이 안정적인 직업 1위를 차지했다.
stable

연봉(年俸)
명 일을 해서 1년 동안 받는 돈의 총액.
나는 회사를 옮기면서 더 높은 연봉을 받게 되었다.
annual salary

외국어(外國語) 실력(實力)을 쌓다
다른 나라 언어를 사용할 수 있는 능력을 기르다.
집에서도 외국어를 사용할 수 있는 환경을 만들어 주신 부모님 덕에 외국어 실력을 쌓을 수 있었다.
to build foreign language skill

월급(月給)
명 일을 해서 한 달마다 받는 돈.
월급의 반이 생활비로 지출되고 있다.
monthly pay

인턴을 하다
회사나 기관에서 정식 구성원이 되기에 앞서 훈련을 받는 과정을 하다.
1년 동안 인턴을 해 보니 업무의 특성과 나에게 맞는 업무가 어떤 것인지를 알게 되었다.
to do an internship

자격증(資格證)을 따다
일정한 자격을 인정하여 주는 증서를 얻다.
수미는 학원에 다니면서 미용사 자격증을 따기 위해 노력하고 있다.
to get a certificate

자아실현(自我實現)을 하다
자아의 본질을 완전히 이루다.
자신이 원하던 일을 하게 된 영수는 자아실현을 했다는 만족감에 가득 차 있었다.
to achieve self-realization

전문성(專門性)을 갖추다 [전문썽]
전문적인 성질이나 특성을 가지다.
신문사에서는 다양한 취재 경험과 전문성을 갖춘 경력 기자를 찾고 있다.
to acquire expertise

정규직(正規職)
명 비정규직과 달리 일정 기간을 정하지 않고 정년까지 일할 수 있도록 보장된 직위.
민수는 인턴으로 일하다가 졸업 후에 정규직 사원으로 채용되었다.
full-time employee

정년(停年)이 보장(保障)되다
공무원이나 직원이 직장에서 물러나도록 정해져 있는 나이까지 일할 수 있도록 보호되다.
요즘 젊은이들은 연봉이 적더라도 정년이 보장된 안정적인 일자리를 선호한다.
to guarantee retirement age

듣기

들어 보세요 1

맞이하다
동 오는 것을 맞다.
새해를 맞이해서 계획을 세웠다.
to welcome

머지않다
형 시간적으로 멀지 않다.
머지않아 소식이 올 것이다.
to be near

부제(副題)
명 서적, 논문, 문예 작품 등의 제목에 덧붙어 그것을 보충하는 제목.
'한국의 맛'이라는 부제로 열린 전시회에서는 다양한 음식을 경험해 볼 수 있다.
subtitle

불확실성(不確實性) [불확씰썽]
명 확실하지 않은 성질이나 그런 상태.
인간은 불확실성의 세계 속에서 산다.
uncertainty

설립자(設立者)
명 기관이나 조직체 등을 새로 만들어 세운 사람.
나의 할아버지가 이 학교의 설립자이시다.
founder

애쓰다
동 마음과 힘을 다하여 무엇을 이루려고 힘쓰다.
그는 봄의 아름다움을 표현하고자 애쓰고 있다.
to try hard

억(億)
만(萬)의 만 배가 되는 수.
이 건물 공사에 10억 정도가 들었다.
one hundred million

자동화(自動化)되다
동 다른 힘을 빌리지 않고 스스로 움직이거나 작용하게 되다.
이 공장은 모든 생산 과정이 자동화되었다.
to be automated

저자(著者)
명 글로 써서 책을 지어 낸 사람.
그 책을 다 읽었지만 저자의 생각을 알 수 없었다.
author

종말(終末)
명 계속된 일이나 현상의 맨 끝.
곧 지구의 종말이 찾아올 것이라는 이야기가 계속되고 있다.
end

평생직장(平生職場)
명 입사해서 정년퇴직할 때까지 계속 근무하는 직장.
평생직장의 개념이 사라지고 회사를 옮기는 사람들이 많아지고 있다.
lifelong job

희망적(希望的) [히망적]
관 명 앞으로 잘될 가능성이 있는 (것).
그는 그 일의 전망에 대해서 희망적으로 말했다.
hopeful

들어 보세요 2

과감(果敢)히
부 일을 딱 잘라서 결정할 줄 알거나 용감하게.
결정했으면 고민하지 말고 과감히 행동으로 보여 줘라.
boldly

기록(記錄)하다
동 주로 후일에 남길 목적으로 어떤 사실을 적다.
그는 수첩에 일의 진행 과정을 간단하게 기록했다.
to record

또래
명 나이나 수준이 서로 비슷한 무리.
어릴 때는 자기 또래와 어울리는 것을 좋아하기 마련이다.
peer

사표(辭表)
명 직장에서 맡고 있던 일이나 책임지고 있던 일을 스스로 그만두겠다고 적어 내는 문서.
그는 다니던 직장에 사표를 냈다.
resignation letter

말하기

대강(大綱)
명 자세하지 않은 간단한 내용.
그 영화를 보지 않아서 자세한 내용은 모르지만 대강은 알고 있다.
rough outline

초반(初盤)
명 어떤 일이나 일정한 기간의 처음 단계.
경기 초반부터 우승을 하기 위한 양 팀의 경쟁이 치열했다.
early stage

통번역학(通翻譯學)
명 통역학과 번역학을 함께 이르는 말.
대학원에 진학하여 통번역학을 전공했다.
Translation and Interpretation Studies

8-2. 변화하는 직업

주제 어휘

4차(次) 산업 혁명(産業革命)
인공 지능, 사물 인터넷, 빅데이터, 모바일 등 정보통신기술의 혁신적인 변화가 나타나는 네 번째 산업 혁명.
인공 지능, 빅데이터, 로봇공학 등 4차 산업 혁명과 관련된 일자리가 늘어나고 있다.
Fourth Industrial Revolution

감수성(感受性)
명 외부 세계의 자극을 받아들이고 느끼는 성질.
나는 감수성이 풍부한 편이라서 영화나 드라마를 볼 때 자주 눈물을 흘린다.
sensitivity

기술(技術)이 인간(人間)을 대신(代身)하다
여러 과학 기술이 사람이 할 일을 대신하다.
요즘 민감하거나 위험한 일을 할 때는 기술이 인간을 대신하고 있다.
technology replaces humans

단순(單純)한 업무(業務)를 하다
복잡하지 않고 간단한 일을 맡아서 하다.
이곳에서는 증명서 발급 등 단순한 업무를 처리하고 있다.
to do simple tasks

대체(代替) 불가능(不可能)하다
다른 것으로 대신하는 것이 가능하지 않다.
인간의 삶에서 공기는 대체 불가능하다.
to be irreplaceable

무인(無人) 장비(裝備)
사람 없이 작동하는 기계나 시설.
기술이 발전하면서 반복적인 업무나 정보를 대량으로 처리하는 일은 무인 장비가 할 가능성이 커지고 있다.
unmanned equipment

문제(問題) 해결(解決) 능력(能力) [능녁]
문제를 잘 처리할 수 있는 능력.
선생님은 학생들의 문제 해결 능력을 길러 주는 교육을 하겠다는 의지를 나타내셨다.
problem solving ability

반복적(反復的)인 업무(業務)를 하다
계속 되풀이되는 일을 맡아서 하다.
그는 입사 후부터 계속 반복적인 업무만 해 지루함을 느꼈다.
to do repetitive tasks

보건(保健) 분야(分野)
사람의 건강과 생명을 보호하고 증진하는 일과 관련된 부분.
보건 분야에는 약학, 간호학 등이 포함되어 있다.
health field

비판적(批判的) 사고력(思考力)
현상이나 사물의 옳고 그름을 판단하여 생각하는 능력.
문제 상황을 분석하여 대안을 제시할 수 있도록 비판적 사고력을 기르기 위해 노력해야 한다.
critical thinking skill

예술(藝術) 분야(分野)
음악, 미술, 체육 등 감상의 대상이 되는 아름다움을 표현하려는 인간의 활동과 관련된 부분.
이 사람은 예술 분야에서 30년 동안 다양한 일을 해 왔다.
arts field

유망(有望)하다
형 앞으로 잘될 듯한 희망이나 전망이 있다.
해양 식물이 미래의 유망한 식량 자원으로 떠오르고 있다.
to be promising

육체노동(肉體勞動)을 하다
몸을 움직여 그 힘으로 하는 노동.
육체노동을 하는 사람들은 일은 힘들지만 자신이 흘린 땀으로 보상을 받기 때문에 그만큼 보람을 느낀다고 한다.
to do physical labor

의료(醫療) 분야(分野)
병이나 상처를 고치는 기술이나 일과 관련된 부분.
의료 분야에서는 음성 인식 기술이 잘 활용되고 있다.
medical field

인간성(人間性) [인간썽]
명 인간의 본성.
그 사람과 함께 지내면서 그가 인간성이 좋은 사람이라는 것을 알게 됐다.
human nature

인공 지능(人工知能)
인간의 지능이 가지는 학습, 추리, 적응, 논증 등의 기능을 갖춘 컴퓨터 시스템.
일상생활 속에서 쉽게 발견할 수 있는 인공 지능 기술은 음성 인식, 얼굴 인식 등이다.
artificial intelligence(AI)

전망(展望)하다
동 앞날을 헤아려 내다보다.
경제 전문가들은 그 회사의 장래를 매우 밝다고 전망하고 있다.
to predict

정보(情報) 처리(處理) 능력(能力)
정보를 다루거나 새로운 정보를 만드는 능력.
정보 처리 능력 자격증이 있는 사람은 소프트웨어 개발, 정보 통신 등 컴퓨터 시스템을 개발하거나 데이터 통신을 이용하는 기업에서 활동한다.
information processing skill

창의력(創意力) [창의력/창이력]
명 새로운 것을 생각해 내는 능력.
면접관은 창의력을 발휘한 경험을 이야기해 달라고 했다.
creativity

첨단(尖端) 기술(技術)
수준이 높은 과학 기술.
최근에는 전자, 컴퓨터, 항공기, 신소재 등 첨단 기술 산업이 발달하고 있다.
advanced technology

환경(環境) 분야(分野)
명 생물에게 직간접적으로 영향을 주는 자연적 조건이나 사회적 상황과 관련된 부분.
환경 분야에서는 깨끗한 생활 환경을 만들기 위해 대기 오염 물질을 분석하고 있다.
environmental field

읽기

읽어 보세요 1

대결(對決)
명 둘이 맞서서 이기고 지거나 잘하고 못하고를 가림.
드디어 두 팀 간의 대결이 이루어졌다.
showdown

대량(大量)
명 아주 많은 분량이나 수량.
식당 주인은 시장에서 싸고 질 좋은 식재료를 대량으로 구입했다.
bulk

대안(對案)
명 어떤 일에 대처할 방법이나 계획.
갑자기 생긴 일이라 대안이 쉽게 떠오르지 않는다.
alternative

대응(對應)하다
동 어떤 일이나 상황에 맞추어 태도나 행동을 취하다.
그 기업은 회사의 이미지를 훼손한 방송사에 강력히 대응하겠다고 밝혔다.
to respond

두뇌(頭腦)
명 머리뼈안에 있는 부분.
그는 왼쪽 두뇌를 다쳐 말을 못 하게 됐다.
brain

미래학자(未來學者)
명 앞으로 다가올 상황에 대해 연구하는 사람.
미래학자들은 특강에서 미래에 대한 다양한 예측 결과를 소개했다.
futurist

보수(補修)
명 건물이나 시설 등의 낡거나 부서진 것을 손보아 고침.
도로 보수를 위하여 차로 하나를 막고 있다.
repair

상대(相對)
명 서로 겨루는 대상.
이번 대회에서 그는 쉽게 여길 상대가 아니다.
opponent

앞서다
동 발전이나 진급, 중요성 등의 정도가 남보다 높은 수준에 있거나 빠르다.
우리나라의 기술 수준이 다른 나라에 크게 앞서는 상황이 아니다.
to take the lead

정확도(正確度)
명 바르고 확실한 정도.
기상청에서는 날씨 예보의 정확도를 높이기 위해서는 새로운 컴퓨터의 도입이 필요하다고 했다.
accuracy

패(敗)하다
동 싸움이나 승부를 가리는 경기 등에서 지다.
결승전에서 상대편에게 2 대 1로 패했다.
to lose

혼란(混亂)스럽다 [홀란스럽따]
형 보기에 엉망이 되어 어지럽고 질서가 없는 데가 있다.
예상한 대로 일이 흘러가지 않아 그는 몹시 혼란스러워 했다.
to be confused

읽어 보세요 2

각국(各國)
명 각 나라.
그는 유럽 각국을 여행했다.
each country

간병인(看病人)
명 병을 앓고 있는 사람을 보살피고 돌보는 사람.
그 간병인은 누워 있는 환자를 정성스럽게 돌봤다.
caregiver

간호사(看護師)
명 의사의 진료를 돕고 환자를 돌보는 사람.
간호사는 환자의 상태를 차트에 기록하고 있다.
nurse

계산원(計算員)
명 나가고 들어오는 돈을 따져 금액을 세어 맞추는 사람.
매장의 계산원은 손님이 바구니에 담아 온 물건의 값을 계산해 주었다.
cashier

고령자(高齡者)
명 나이가 보통의 정도보다 훨씬 많은, 늙은 사람.
젊은 사람들이 거의 도시로 떠나 이 마을 주민은 대부분이 고령자다.
elderly

굴뚝
명 불을 땔 때 연기가 밖으로 빠져나가도록 만든 구조물.
시골집 굴뚝에서 연기가 나오고 있다.
chimney

나날이
부 매일매일 조금씩.
생활 환경이 나날이 개선되고 있다.
day by day

로봇 공학자(工學者)
로봇을 개발하기 위한 기초 기술을 연구하여 다양한 분야에 쓰이는 로봇을 제작하는 사람.
사회에서 로봇의 영향력이 커지면서 로봇 공학자의 역할도 중요해지고 있다.
robotics engineer

문학(文學)
명 사상이나 감정을 언어로 표현한 예술 작품.
김 교수님은 문학에 대한 열정을 가지고 계시는 분이다.
literature

비서(祕書)
명 중요한 자리에 있는 사람의 일정이나 일을 챙겨 주는 사람.
비서를 통해 사장과의 만남을 예약했다.
secretary

일깨우다
동 잘 알려 주거나 가르쳐서 깨닫게 하다.
이 사건은 국민들에게 환경 보호의 중요성을 일깨워 주었다.
to enlighten

쓰기

긴밀(緊密)하다
형 서로의 관계가 매우 가깝고 빈틈이 없다.
두 나라는 경제적으로 긴밀한 관계를 맺고 있다.
to be close

소외감(疏外感)
명 남에게 따돌림 당해 멀어진 듯한 느낌.
학교를 옮긴 후 친구가 없어 소외감을 느꼈다.
sense of alienation

서울대 한국어+

5A

부록

듣기 지문
모범 답안
어휘 색인
참고 자료

1. 건강한 삶

들어 보세요 1

남: 안녕하십니까? 생활 속의 유용한 건강 정보를 전해 드리는 '매일 건강 정보' 시간입니다. 바쁘다는 이유로 아침을 거르고 점심이나 저녁도 간단하게 해결하는 것은 현대인들에게 일상이 된 지 오래인데요. 최근에는 1인 가구가 늘고 혼자 밥을 먹는 문화까지 자리 잡으면서 즉석식품이나 편의점 도시락의 매출이 크게 증가했다고 합니다. 이 시간에는 한국대학교 병원 이혜진 교수와 함께 바람직한 식습관과 영양에 대해 알아보겠습니다.

교수님, 안녕하세요? 요즘 끼니를 대충 때우는 사람들이 많은데요. 이런 식습관 때문에 생기는 문제에는 어떤 것들이 있을까요?

여: 네. 요즘 많은 분들이 식사를 규칙적으로 하지 않고 패스트푸드나 즉석식품을 자주 드시는데요. 현대인들의 영양 섭취 상태를 분석해 보면 탄수화물이나 지방, 나트륨의 섭취량은 점점 증가하고 있고요. 채소나 과일은 잘 먹지 않기 때문에 칼슘이나 철 등의 무기질, 비타민의 섭취량은 필요량에 미치지 못하고 있습니다. 이런 영양 불균형 상태가 지속되면 빈혈, 고혈압, 당뇨 등과 같은 만성 질환에 걸릴 수 있으므로 주의할 필요가 있습니다.

남: 교수님, 요즘 저열량 식단이나 고단백, 저탄수화물 식단이 유행하기도 하는데요. 이런 식단이 건강에 도움이 될까요?

여: 아닙니다. 그런 식단을 계속 유지할 경우 역시 영양 불균형 문제가 발생합니다. 우리 몸에 필요한 모든 영양소가 다 포함된 식품은 없기 때문에 건강을 위해서는 여러 가지 음식을 골고루 먹는 것이 중요합니다.

균형 잡힌 식사만 꾸준히 해도 각종 질병을 **예방하는 데** 큰 도움이 되니까 평소 자신의 식습관을 돌아보고 확인하는 것이 좋겠습니다.

들어 보세요 2

여: 안녕하세요? 한국인의 건강 밥상 두 번째 시간입니다. 지난 시간에는 나물을 활용한 음식에 대해 설명해 드렸는데요. 오늘은 닭으로 할 수 있는 건강 음식을 소개해 드리겠습니다.

세계에는 여러 종류의 닭 요리가 있습니다. 미국의 프라이드치킨, 인도의 탄두리치킨, 일본의 가라아게 등을 그 예로 들 수 있는데요. 그만큼 닭은 대중적으로 사랑받는 식재료입니다.

닭으로 만든 한국의 대표적인 음식을 **꼽으라면** 삼계탕을 들 수 있습니다. 삼계탕은 간단히 말해 인삼과 닭을 함께 끓인 음식인데요. 여름철에 특히 많이 먹는 보양식이지요. 더운 여름에 뜨거운 음식을 먹는 것이 이상해 보이겠지만 삼계탕은 영양이 풍부해서 더위에 지쳤을 때 기운을 북돋우기에 좋은 음식입니다.

그렇다면 삼계탕은 어떤 효능이 있을까요? 삼계탕에는 닭과 인삼을 비롯해서 대추, 마늘, 찹쌀 등의 재료가 함께 들어갑니다. 닭은 단백질 함유량은 높고 지방은 적어 떨어진 체력을 보충하는 데 좋고 소화도 잘됩니다. 인삼은 면역력을 키우고 피로를 해소하는 데 도움이 됩니다. 대추와 마늘은 무기질과 비타민이 풍부해서 노화를 방지할 뿐만 아니라 혈액 순환을 돕습니다. 찹쌀은 몸을 따뜻하게 해 주기 때문에 여름 감기와 같은 질병으로부터 몸을 보호하는 효과가 있습니다. 삼계탕에 들어가는 재료들의 이러한 효능 덕분에 예로부터 우리나라 사람들은 삼계탕을 먹으면 무더운 여름을 건강하게 보낼 수 있다고 믿었습니다.

삼계탕은 들어가는 재료가 많아 만드는 방법이 복잡할 거라 생각하기 쉬운데요. 사실 만드는 방법은 간단합니다. 먼저 찹쌀을 물에 30분 정도 불립니다. 찹쌀을 불리는 동안 나머지 재료인 인삼, 대추, 마늘을 잘 씻어 준비합니다. 그다음 닭 속에 준비한 재료를 넣습니다. 마지막으로 냄비에 물을 넣고 물이 끓으면 속을 꽉 채운 닭을 넣고 푹 삶아 줍니다. 그러면 삼계탕이 완성됩니다.

지금까지 집에서도 간단하게 만들 수 있는 삼계탕에 대해 알아봤는데요. 이번 주말에는 가족과 함께 삼계탕 한 그릇씩 나누며 피로도 풀고 면역력도 키워 보시기 바랍니다.

2. 행복과 휴식

들어 보세요 1

남: 안녕하십니까? 서울대학교 심리학과 교수 최인철입니다. 오늘 여러분은 행복에 대한 강연을 듣기 위해 이 자리에 오셨는데요. 우리가 행복에 대해 이야기하려면 먼저 행복에 대한 정의부터 내려야겠지요?

행복이란 무엇일까요? 사회적으로 성공하는 것, 경제적으로 여유로운 것, 마음이 편안한 것, 사랑하는 사람과 함께 있는 것 등 이 질문에 대한 답은 사람마다 다를 겁니다. 그러나 우리 몸을 움직이기 위해서는 3대 영양소가 필요한 것처럼 행복하기 위해서도 꼭 필요한 세 가지 요소가 있습니다.

첫 번째 요소는 '자유'입니다. 항상 누군가가 시키는 일을 억지로 해야만 한다면 우리는 불행하다고 느낄 수밖에 없습니다. 사람은 내 마음대로 하고 싶은 일을 할 수 있을 때 행복을 느낍니다. 따라서 자유로운 상태에 있는 것은 행복을 위한 필수 요소입니다. 두 번째 요소는 자신이 스스로 능력이 있다, 즉 '유능'하다고 느끼는 것입니다. 열등감을 느낄 때 우리는 행복하지 않습니다. 어떤 일을 스스로 잘한다고 느낄 때, 또 목표를 성취했을 때 우리는 행복을 경험하게 됩니다. 행복을 위한 마지막 필수 요소는 '관계'입니다. 사람은 좋은 인간관계에서 행복을 느낍니다. 가족, 친구, 연인과 같은 사람들과 관계가 좋을 때 사랑, 감사, 편안함을 느끼고 이러한 감정이 행복으로 연결될 수 있습니다. 3대 영양소가 우리 몸에 에너지를 주는 것처럼 이 세 가지 요소가 우리에게 행복 에너지를 주는 것입니다.

지금까지 행복을 위해 기본적으로 갖춰야 하는 필수 요소인 '자유', '유능', '관계'에 대해서 이야기했습니다. 이러한 것들은 행복을 위한 매우 기본적인 필수 요소라고 할 수 있습니다. 그런데 이런 필수 요소만 있으면 우리는 행복을 느끼며 살 수 있을까요? 그렇지는 않습니다. 행복한 삶을 살기 위해서는 이러한 필수 요소를 갖춰야 할뿐더러 행복도를 높이는 활동도 할 필요가 있습니다. 다시 말해, 일상을 행복한 활동들로 채우려는 적극적인 노력도 필요하다는 것입니다. 그렇다면 사람들은 어떤 활동을 할 때 행복감을 느낄까요?

들어 보세요 2

남: 사람들이 하는 활동은 크게 재미있는 활동과 의미 있는 활동으로 나눌 수 있습니다. 재미있는 활동은 말 그대로 즐거움을 느끼는 활동입니다. 의미 있는 활동이란 스스로 가치가 있다고 여기는 활동을 뜻합니다.

이번 연구에서는 재미와 의미, 또 이 둘과 행복의 관계를 살펴봤는데요. 사람들이 어떤 활동을 할 때 즐거워하고 어떤 활동을 할 때 의미가 있다고 느끼는지를 조사하고 행복도를 측정했습니다.

여기 슬라이드의 표를 봐 주십시오. x축은 의미를, y축은 재미를 나타냅니다. 즉, 오른쪽으로 갈수록 사람들이 의미가 있다고 응답한 활동이며 위로 갈수록 재미있다고 응답한 활동입니다. 오른쪽 위에 있는 활동을 한번 봐 주십시오. '친구 만나기', '산책', '운동', '여행'이 보이시죠? 이런 활동들은 매우 재미있으면서도 의미 또한 크다고 느낀 활동입니다. 반대로 왼쪽 아래에 있는 활동은 재미도 없고 의미도 별로 없다고 느낀 활동인데요. 어떤 활동들이 있나요? 사람들이 응답한 활동에는 '낮잠 자기', '텔레비전 보기', 'SNS 하기' 등이 있었습니다.

그런데 여기에 매우 흥미로운 점이 있습니다. 사람들의 응답을 살펴보면, 사람들은 어떤 활동에 대해 재미있다고 느낄 때 그 활동이 의미도 있다고 생각했으며, 스스로 의미 있는 일을 한다고 생각할 때 재미를 느끼는 경우가 많았습니다. 중요한 것은 사람들이 재미도 있고 의미도 있는 활동을 할 때 강한 행복감을 느꼈다는 것입니다. 이를 통해 '친구 만나기', '산책', '운동', '여행' 등의 활동을 많이 **함에 따라** 더 행복한 삶을 살게 된다는 것을 알 수 있습니다.

이에 비해 텔레비전을 보거나 SNS를 하는 것은 재미와 의미의 정도가 모두 낮은 활동인데요. 우리는 시간이 날 때 운동이나 산책을 하기보다는 텔레비전을 보거나 낮잠을 자려고 하죠. 그러나 이 연구 결과를 보면 그런 시간을 줄이고 산책하거나 운동을 하는 등 몸을 움직일 때 우리의 행복감이 높아진다는 것을 확인할 수 있습니다.

혹시 여러분의 일상이 재미없거나 의미 없는 활동들로 이루어져 있지는 않습니까? 행복도를 높일 수 있는 활동들로 여러분의 일상을 잘 채워 나가는 것. 거기에 행복의 비밀이 있다고 말씀드리고 싶습니다.

3. 언어와 학습

들어 보세요 1

선생님: 다음에 배울 속담은 '소 잃고 외양간 고친다'예요. 여러분, 이 속담을 들어 본 적이 있나요? 혹시 무슨 뜻인지 아는 사람 있어요?

남: 소를 잃어버린 후에 외양간을 고친다고 했으니까 문제를 해결하기에 이미 늦었다는 뜻인 것 같아요.

선생님: 맞아요. 외양간을 고친다고 해서 잃어버린 소를 다시 찾을 수는 없겠죠? 이 속담은 이미 일이 잘못된 다음에 문제를 해결하려고 하는 모습을 보여주고 있는데요. 뒤늦게 문제를 해결하려고 하지만 소용이 없다는 뜻입니다. 웨이 씨 나라에도 비슷한 속담이 있지 않은가요?

남: 네. 우리 나라에도 비슷한 속담이 있어요. 그런데 속담에 나오는 동물은 달라요. 우리는 "늑대가 양을 잡아먹은 후에 양 우리를 잠근다"라고 이야기해요.

선생님: 켈리 씨 나라는 어때요?

여: 우리도 이런 속담이 있어요. '말을 도둑맞은 후에 마구간 문을 닫는다'고 해요.

선생님: 네. 다른 나라인데도 이렇게 비슷한 의미의 속담이 있다는 게 재미있지요? 또 의미는 비슷한데 다른 동물들이 나온다는 것도 흥미로운데요. 속담에는 그 속담이 쓰이는 사회의 문화가 반영되어 있기 때문에 속담을 보면 그 사회 사람들의 생활 모습을 알 수 있어요. 한국 속담에는 '소'가 자주 나오는데요. 이를 통해 소가 한국 사람에게 친숙한 동물이었을 거라고 추측해 볼 수 있습니다. 과거에 한국은 주로 농사를 짓는 농경

사회였기 때문에 소는 흔하게 볼 수 있는 동물이었어요. 한국에서는 소를 흔하게 볼 수 **있었던 데 반해** 웨이 씨와 켈리 씨 나라에서는 '양'이나 '말'이 흔하게 접할 수 있었던 동물이었겠지요.

남: 선생님, 그런데요. '외양간'이라는 말도 좀 그렇고요. 속담에는 어려운 말들이 많이 나오는 것 같아요.

선생님: 네. 맞아요. 속담 중에는 처음 들었을 때 이해하기 어려운 말들이 많이 있죠. '낫 놓고 기역 자도 모른다'는 속담을 예로 들 수 있는데요. 기역 자 모양으로 생긴 낫을 보면서도 기역 자를 알지 못한다는 말로, 아는 것이 없다는 뜻을 가지고 있습니다. 여기에서의 '낫'도 농경 사회에서는 많이 볼 수 있던 물건이었기 때문에 속담에 쓰였을 겁니다. 하지만 현대 사회에서는 낫이 더 이상 흔하게 보이는 물건이 아니기 때문에 처음 들었을 때는 어렵게 느낄 수 있어요. 이처럼 속담에 현재 잘 쓰이지 않는 것들이 등장하는 이유는 속담이 과거의 문화를 반영하고 있기 때문입니다. 따라서 그 의미를 알고 제대로 쓰기 위해서는 먼저 과거부터 이어져 온 문화에 대한 이해가 필요하겠지요?

들어 보세요 2

남: 언어와 문화가 밀접한 관련이 있다는 사실은 모두 알고 계실 텐데요. 세계 여러 나라의 관용어를 비교해 보면 같은 뜻을 가진 관용어라도 문화에 따라 다른 표현을 사용한다는 것을 알 수 있습니다.

관용어는 일반적으로 두 개 이상의 단어로 이루어지는데 단어가 기본적으로 가지고 있는 본래의 의미를 넘어 다른 뜻을 나타냅니다. 관용어는 그 언어가 쓰이는 사회의 문화를 담고 있는데요. 그래서 그 언어를 사용하는 사람들의 가치관이나 생각 등이 반영되기도 합니다. 또한 언어가 변하는 것처럼 관용어도 변화합니다. 사회가 변화함에 따라 새로 생기기도 하고 없어지기도 하는 것이지요. 따라서 그 나라에서 살아온 사람이 아니면 관용어를 들었을 때 그 의미를 바로 파악하기는 어렵습니다.

그렇다면 같은 뜻을 가진 관용어는 문화에 따라 어떻게 다르게 표현될까요? 관용어 중에는 신체 부위와 관련된 것이 많은데요. 우리나라 관용어에 "발이 넓다"라는 표현이 있습니다. 이 표현은 아는 사람이 많아서 활동의 범위가 넓은 사람을 뜻하는 말인데요. 즉, 인맥이 넓다는 뜻이지요. 인맥이 넓은 사람을 우리나라에서 발이 넓다고 **하는 데 비해** 일본에서는 "얼굴이 넓다"라고 합니다. 우리말에서는 많은 곳을 돌아다녀서 아는 사람이 많다는 뜻으로 '발'을 쓴다면 일본어에서는 사람을 사귀는 범위가 넓어서 아는 사람이 많다는 뜻으로 '얼굴'을 쓰는 것이지요.

어른이 되었다고 이야기할 때 우리는 "머리가 굵다"라고 이야기하지요? 중국어에도 비슷한 표현이 있는데요. 바로 "어깨가 단단해지다"입니다. 우리말에서는 머리가 커져 생각하고 판단하는 능력이 어른처럼 되었다는 의미로 쓰이는 데 반해 중국어에서는 신체 부위 중 어깨가 어른처럼 자랐다는 의미로 이야기하는 것입니다.

"발톱을 드러내다"라는 관용어도 종종 쓰이는데요. 무슨 뜻일까요? 바로 숨겨 왔던 힘을 드러낸다는 뜻입니다. 같은 뜻을 독일에서는 "이빨을 드러내다"라고 표현합니다. 다른 단어를 썼지만 육식 동물이 다른 동물을 위협할 때 발톱이나 이빨을 드러내 보이는 데서 유래했다는 점이 공통점이지요.

지금까지 문화에 따라 다르게 나타나는 관용어에 대해 이야기해 봤는데요. 흥미롭지 않습니까? 외국어를 배울 때 우리말의 관용어와 같은 뜻을 가진 말을 그 나라에서는 어떻게 표현하는지 알아보면 문화와 생각의 차이를 알 수 있고 때로는 공통점도 알 수 있어서 더 재미있게 배울 수 있을 겁니다.

4. 사고와 고정 관념

들어 보세요 1

교수: 자, 지금까지 앞에서 본 다큐멘터리의 내용을 정리해 보면 서양의 경우 개인을 더 중시하고 동양은 관계를 더 중시한다고 할 수 있겠지요? 간단한 실험을 하는 것도 봤는데요. 주변 사람은 찡그리고 있고, 가운데에 있는 사람은 웃고 있는 그림을 제시했을 때 동양인들은 웃고 있는 사람이 행복해 보이지 않는다고 대답하고, 서양인들은 행복해 보인다고 대답하는 모습을 볼 수 있었습니다.

이제 조별로 모여서 방금 본 다큐멘터리에 대해 자신의 의견을 말해 보는 시간을 갖겠습니다. 자유롭게 자신의 생각을 이야기해 보세요.

여: 음, 저는 다큐멘터리에서 말한 동양인과 서양인의 차이에 동의해요. 저도 저 다큐멘터리에서 제시한 그림을 봤을 때 동양인처럼 반응했거든요. 주변 사람들이 웃고 있는 경우에는 가운데 사람이 행복해 보였지만, 주변 사람들이 찡그리고 있는 경우에는 가운데 사람이 웃고 있어도 행복해 보인다는 생각이 안 들더라고요. 동양인들은 아무래도 공동체 의식이 강하고 관계를 중시하는 편이라 주변 사람들의 눈치를 보는 경향이 있는 것 같아요.

남: 서양인들은 개인주의 성향이 강하고 동양인들은 공동체주의 성향이 강하다는 말은 예전부터 있어 왔지만 요즘 시대에는 맞지 않는다고 생각해요. 오히려 세대에 따라 차이가 있는 것 같은데요. 젊은 사람들은 개인주의 성향이 강한 데 비해 나이 든 사람들은 관계를 중시하고 공동체를 중시하는 경향이 강한 거죠. 사고방식은 그 사람이 자란 환경이나 교육 등에 의해 영향을 받을 수밖에 없기 때문에 한국처럼 빠르게 변화하는 사회에서는 세대 간 사고방식이나 문화의 차이가 그만큼 크게 존재할 수밖에 없다고 생각해요.

여: 기성세대보다는 젊은 세대가 더 개인주의 성향이 강한 것 같기는 해요. 하지만 세대별로 조금 차이가 있을 뿐이지 전체적으로 보면 서양인에 비해 동양인에게 공동체를 중시하는 경향이 분명히 더 있다고 봐요. 지금도 설날 같은 명절에는 친척들이 많이 모이고 결혼식 같은 중요 행사에도 서로 꼭 참석하잖아요.

남: 글쎄요. 요즘은 한국에서도 친척과 가깝게 지내지 않는 경우가 많은 것 같은데요. 시대가 변하면서 공동체를 중시하는 문화는 많이 약해졌어요. 그래서 지금 실험을 다시 한다면 동양인과 서양인의 차이가 명확히 구분되는 결과가 나오기보다는 세대별로 다른, 좀 더 복잡한 결과가 나올 거라고 생각해요. 특히 젊은 세대만을 대상으로 실험을 한다면 **동서양을 막론하고** 공동체나 다른 사람과의 관계보다는 개인을 중시한다는 결과가 나올 것 같아요.

들어 보세요 2

남: 안녕하세요. 저는 5급에서 공부하고 있는 에릭이라고 합니다. 제가 한국에서 가장 좋아하는 것은 사람들 사이의 정인데요. 오늘은 그 정에 대해서 이야기해 보려고 합니다.

제가 처음 한국에 왔을 때 한국 사람들이 차갑다는 느낌을 받았습니다. 길거리를 다니는 사람들의 얼굴이 무표정하고 행동도 무뚝뚝해 보였기 때문입니다. 그런데 한국에 살면서 한국인에 대한 이런 첫인상이 바뀌는 경험을 몇 가지 하게 되었습니다. 한번은 계단에서 무거운 짐 가방을 옮기고 있는데 갑자기 모르는 분이 다가와 도움이 필요하냐고 묻더니 가방을 계단 위까지 들어 주셨습니다. 또 한번은 식당에서 무인 주문 기계를 어떻게 사용해야 할지 몰라 답답해하고 있는데 모르는 분이 옆으로 오시더니 주문하는 걸 도와주셨습니다. 우리 나라에서는 도움을 **요청하면 몰라도** 아무런 요청도 하지 않는 낯선 사람을 도와주는 일은 별로 없기 때문에 이런 일이 매우 신기하게 느껴졌습니다. 또 혼자 기차 여행을 한 적이 있었는데 옆자리에 앉은 아주머니께서 간식을 사시더니 처음 본 저한테도 나눠 주셨습니다. 이런 경험들을 통해 저는 한국 사람들이 표정은 무뚝뚝하지만 마음은 따뜻하다는 것을 알게 되었습니다.

지금 다니고 있는 회사도 정이 많은 가족적인 분위기입니다. 우리 나라에 비해 좀 권위적인 부분이 있기는 하지만 상사들도 어려운 일이 있을 때 말씀드리면 친동생을 챙기는 것처럼 도와주십니다. 지난번 제 생일 때는 낯선 곳에서 혼자 생활하는 제가 외로움을 느낄까 봐 사무실에서 동료와 부장님이 같이 생일을 축하해 주셔서 정말 감동받았습니다.

한국 사람들은 작은 일이라도 어려움에 처한 사람을 보면 적극적으로 도와주고 기대하지 않았던 것까지 챙겨 주는 경우가 많습니다. 그래서 한국에서는 고향에 있는 것 같은 따뜻함을 느끼게 되는데 그게 바로 정인 것 같습니다. 옛날부터 한국은 공동체를 중시하는 문화였다고 들었습니다. 개인보다는 공동의 이익을 먼저 생각하고 이웃이나 친구의 일도 자신의 일처럼 챙기는 것을 중요하게 여겼다고 말이지요. 현대에 오면서 개인을 중시하는 사고방식이 강해졌겠지만 전통적인 공동체주의가 지금까지 남아 이렇게 정으로 나타나는 것이라고 봅니다.

한국도 예전에 비해서는 정이 많이 사라지고 있다고 들었습니다. 하지만 한국에 살다 보면 정 많은 한국 사람들을 아직도 많이 볼 수 있습니다. 여러분이 한국에 처음 오셨다면 한국 사람들이 좀 무뚝뚝해 보여서 다가가기 어렵게 느껴질 수도 있습니다. 하지만 조금만 다가가면 정이 넘치는 한국 사람들의 진짜 모습을 볼 수 있을 것입니다. 여러분도 한국인의 정을 꼭 느껴 보시기 바랍니다.

5. 기후와 지형

들어 보세요 1

여: 전국적으로 폭염이 10일 이상 계속되면서 밤에는 열대야까지 나타나 잠을 이루지 못하는 분들이 많으실 텐데요. 최민준 기상 전문 기자와 함께 열대야 현상에 대해 좀 더 자세히 알아보겠습니다. 최민준 기자, 열대야 현상에 대해 설명해 주시겠어요?

남: 네. 열대야란 무더운 밤을 가리키는 말인데요. 정확하게는 오후 6시부터 다음 날 오전 9시 사이에 최저 기온이 25℃ 이상이면 열대야라고 합니다. 이런 열대야 현상이 왜 생기는지 궁금하신 분들이 많으시지요? 열대야는 우리나라의 고온 다습한 여름 날씨와 관련이 있습니다. 즉, 습도가 높으면 낮 동안에 뜨거워진 땅의 열이 밤이 되어도 쉽게 식지 않기 때문에 밤에도 더위가 계속되는 것입니다.

여: 그렇군요. 지역에 따라 열대야가 나타나는 일수에 차이가 있지요?

남: 네. 기온이 높은 남부 지역이나 습도가 높은 해안가에는 특히 열대야가 많이 나타납니다. 또한 남부 지역이나 해안가가 아니더라도 서울, 대구 같은 대도시에서는 도시화로 인한 열섬 현상 때문에 열대야가 더 자주 나타나는데요. 열섬 현상이란 바람이 도시의 여러 건물에 막혀 순환하지 못하는 것이 원인이 되어 도시 중심부의 기온이 올라가는 것을 뜻합니다. 평년 기준으로 주요 도시의 열대야 일수를 살펴보면 제주가 29.9일로 가장 많고 대구는 18.5일, 서울은 12.5일로 나타납니다.

여: 그런데 열대야가 전보다 더 자주 나타나고 있다면서요?

남: 네. **아시다시피** 세계 여러 나라들이 기후 변화로 몸살을 앓고 있는데요. 기후 변화로 인해 평균 열대야 일

수가 급격히 늘어나서 작년에는 모든 주요 도시에서 21일 이상의 열대야가 나타났습니다. 제주의 경우, 한 달 넘게 열대야가 지속되기도 했습니다. 열대야 일수가 늘어날 뿐만 아니라 초열대야 현상까지 나타나고 있는데요. 초열대야 현상은 밤 최저 기온이 30℃ 이상인 것을 말합니다. 기후 전문가들은 지구 온난화로 인한 기후 변화 때문에 폭염과 열대야 일수가 점점 더 늘어날 것으로 전망하고 있으며 초열대야 현상도 더 자주 나타날 수 있다고 합니다.

여: 그렇군요. 오늘 밤에도 열대야가 나타날까요?

남: 네. 오늘도 폭염 때문에 많은 분들이 고생하셨을 텐데요. 오늘 밤에도 열대야가 발생할 것으로 보입니다. 밤사이 예상 최저 기온은 서울 26℃, 제주 29℃ 등으로 전국 곳곳에서 열대야가 나타나겠습니다.

여: 네. 감사합니다. 지금까지 최민준 기상 전문 기자였습니다.

들어 보세요 2

여: 지금까지 기후 변화가 무엇인지, 또 그 원인이 무엇인지 살펴봤는데요. 그렇다면 기후 변화는 우리 삶에 어떤 영향을 미치고 있을까요?

먼저 영상을 봐 주시기 바랍니다. 이 영상은 2019년 호주에서 발생했던 산불에 대한 뉴스 영상입니다. 산불의 규모가 얼마나 컸는지 짐작할 수 있는데요. 다음 사진들은 산불로 인해 파괴돼 버린 산과 마을의 모습입니다. 이 사진들은 기후 변화가 얼마나 큰 재해를 불러오는지를 잘 보여 주고 있습니다. 2019년 9월에 시작된 산불은 6개월 동안 꺼지지 않고 계속되었는데요. 이 산불로 인해 10만km² 이상의 숲이 사라졌습니다. 그 과정에서 많은 사람들이 목숨을 잃고 집을 잃었으며 코알라를 비롯한 수많은 야생 동물들이 불에 타 죽었습니다. 기후학자들은 호주 산불을 비롯한 세계 곳곳에서 발생하는 대형 산불의 원인을 기후 변화로 보고 있습니다. 지구 온난화로 인해 지속된 폭염과 가뭄이 대형 산불로 이어지고 있다는 것입니다. 기후 변화로 인한 재해는 이뿐만이 아닙니다. 기상청의 자료에 따르면 폭우 및 폭설, 초강력 태풍과 기록적인 한파 등의 이상 기후는 1980년 이후 세계 곳곳에서 매년 증가해 왔고 그로 인한 피해도 크게 늘고 있다고 합니다.

다음으로 이 표를 봐 주십시오. 이 표는 지구의 평균 기온이 상승하면 해수면의 높이도 상승한다는 사실을 보여 줍니다. 1880년부터 2012년까지 지구의 평균 기온이 꾸준히 상승했고 이에 따라 1901년부터 2010년까지 해수면도 지속적으로 상승했습니다. 기후학자들은 앞으로 지구 온난화가 지속될 경우, 2100년에 지구의 평균 기온은 3.7℃, 해수면은 63cm 상승할 거라고 합니다. 문제는, 지구의 평균 기온과 해수면이 상승하게 되면 세계 여러 해안 도시가 침수되고, 수많은 동식물의 서식지가 파괴되어 동식물이 멸종하게 되는 등 예상하지 못한 재난이 발생할 수 있다는 것입니다.

지금까지 말씀드린 것을 통해 기후 변화는 현재 발생하고 있는 자연재해의 주요 원인이며 인류의 미래를 위협하는 존재임을 알 수 있습니다. 다음의 그래프는 기후 변화 문제를 해결할 수 있다고 생각하는지 묻는 질문에 82%의 사람들이 그렇다고 응답한 것을 보여 주고 있습니다. 저는 지구 온난화를 막기 위해 다 같이 적극적으로 노력해야 한다는 점을 강조하고 싶습니다. 지구 온난화가 **계속되는 한** 기후 변화에 따른 자연재해도 계속 발생할 것이기 때문입니다. 이상으로 발표를 마치겠습니다. 지금까지 제 발표를 들어 주셔서 감사합니다.

6. 환경과 주거 공간

들어 보세요 1

사회자: 오늘은 살기 좋은 도시에 대해 이야기를 나눠 보겠습니다. 각 나라 대표로서 여러분 나라의 살기 좋은 도시에 대해 소개해 주시기 바랍니다. 호주 대표부터 말씀해 주시겠습니까?

남1: 호주에서 살기 좋은 도시는 멜버른입니다. 멜버른은 아름다운 도시 경관으로 유명한데요. 도시 곳곳에 아름다운 공원이 조성되어 있습니다. 또 현대적인 건축물과 잘 보존된 19세기 건축물이 어우러져 있어 과거와 현재가 공존한다는 느낌도 듭니다. 멜버른은 역사적인 건물이나 유적을 잘 보존하고 있는 걸로도 유명한데요. 예를 들면 유적지에서는 페인트를 칠할 때도 나무를 다듬을 때도 허가를 받아야 합니다. 또한 멜버른은 최고의 스포츠 도시로도 손꼽히는데요. 세계적인 여러 스포츠 대회가 자주 열리기 때문에 수영, 축구, 경마 등의 운동을 즐길 수 있는 시설도 잘 마련되어 있습니다.

여1: 한국에는 살기 좋은 도시가 많이 있지만 생활하기에는 서울이 가장 **편하지 않을까 합니다**. 서울은 '24시간 깨어 있는 도시'라는 말이 있는데요. 24시간 문을 여는 식당이나 카페, 편의점들이 곳곳에 있어서 늦은 밤이나 새벽에도 필요한 것을 구할 수 있다는 것이 큰 장점입니다. 서울의 또 다른 특징은 무엇이든 배달을 시킬 수 있다는 것입니다. 배고플 때는 음식을 주문하여 바로 먹을 수 있고 고기, 채소, 계란 등의 식료품도 주문하면 당일이나 다음 날 새벽까지 집 앞에 갖다주기 때문에 직접 장을 보러 다니지 않아도 됩니다. 또한 인터넷 서비스가 잘돼 있어서 어디서든지 빠른 속도의 인터넷을 쉽게 사용할 수 있는 점도 서울의 장점입니다.

남2: 오스트리아의 살기 좋은 도시는 빈입니다. 유럽 여러 도시 중에서도 자연 친화적인 도시로 유명한 곳인데요. 공원이나 숲 같은 녹지가 전체 도시 공간의 50%를 차지하고 있습니다. 그리고 대중교통 체계도 잘 갖춰져 있어 도시 어디든 쉽게 대중교통으로 갈 수 있기 때문에 시민들의 대중교통 이용률이 매우 높습니다. 또한 문화 예술의 도시라고 불릴 정도로 1년 내내 다양한 예술 공연이나 전시회를 볼 수 있다는 것도 큰 장점입니다.

여2: 일본의 살기 좋은 도시를 들라면 도쿄를 말할 수 있습니다. 경제의 중심지로서 주택 가격이 높고 인구가 밀집되어 있기는 하지만 장애인, 노인, 임산부를 비롯한 시민들을 위한 편의 시설이 잘 갖춰져 있어 생활하기에 편리합니다. 특히 세계 최고 수준의 치안을 자랑하기 때문에 혼자 살아도 안전한 도시입니다.

사회자: 네. 각 나라의 살기 좋은 도시에 대해 이야기를 들어 봤는데요. 소개해 주신 도시마다 모두 서로 다른 매력을 가지고 있는 것 같습니다. 그러면 여러분께서 생각하시는 살기 좋은 도시의 가장 중요한 조건은 무엇인지 말씀해 주시겠습니까?

들어 보세요 2

여: 안녕하십니까? 저는 독일에서 온 마리라고 합니다. 지금부터 '생태 도시'에 대해 **발표하고자 합니다**. 제가 이 주제를 선택한 이유는 지금 우리가 해야 하는 가장 중요한 일 중 하나가 환경을 지키는 일이라고 생각했기 때문입니다. 아시다시피 현재 세계는 산업화와 도시화로 인해 환경 오염과 기후 변화의 위기에 놓여 있습니다. 그렇다면 우리는 개발을 멈춰야 할까요? 편리한 생활을 하면서도 환경을 보존할 수 있는 방법은 없을까요? 저는 생태 도시야말로 이 문제의 해결책이 될 수 있다고 생각합니다.

제가 발표할 내용은 다음과 같습니다. 먼저 '생태 도시'가 무엇인지 그 개념부터 살펴보겠습니다. 이어서 생태 도시의 유형을 살펴보고, 성공적인 사례가 되는 도시들을 소개하며 각 도시가 지닌 특색이 무엇인지 알아보겠습니다. 결론에서는 현재의 도시들이 어떻게 하면 자연 친화적인 생태 도시로 변화할 수 있는지에 대한 제 의견을 말씀드리겠습니다.

먼저 '생태 도시'란 인간과 자연환경이 공존할 수 있는 체계를 갖춘 도시를 말합니다. 생태 도시는 인구 집중과 환경 오염 등 도시의 여러 문제점을 해결하기 위한 방법으로 전 세계의 주목을 받고 있습니다.

생태 도시는 중점을 두는 목표에 따라 세 가지 유형으로 분류될 수 있습니다. 첫 번째 유형은 '생물 다양성 생태 도시'로 풍부한 녹지와 맑은 하천 등 생물이 서식하는 환경을 조성하는 데 중점을 두는 도시입니다. 두 번째 유형은 '자연 순환성 생태 도시'로 자원을 절약하고 재사용하는 체계를 만드는 데 중점을 두며 재생 에너지를 사용합니다. 세 번째 유형은 '지속 가능성 생태 도시'입니다. 이 도시는 시민의 편의를 최대한 고려하면서도 환경 오염을 최소화할 수 있도록 교통, 주택, 인구 등에 대해 계획을 세워 조성한 도시입니다.

이제 세 가지 유형을 대표하는 생태 도시를 소개하고 그 도시의 특징을 살펴보겠습니다. 먼저 첫 번째 유형의 도시로 스위스의 취리히를 들 수 있습니다. 과거에는 하천이 심각하게 오염되었지만 폐수가 강으로 흘러 들어가지 않도록 하천을 복원하여 다양한 생물이 살 수 있게 만들었습니다. 두 번째 유형의 도시는 독일의 프라이부르크로 태양광 발전으로 유명한 도시입니다. 길에서 태양광 발전 시설이 설치된 건물을 흔하게 볼 수 있으며 태양열 주택이나 호텔도 많습니다. 마지막은 브라질의 쿠리치바인데요. 많은 사람들이 버스를 이용할 수 있도록 교통 체계가 갖춰진 점이 특징입니다. 이러한 교통 체계 덕분에 많은 시민들이 짧은 배차 간격과 빠른 속도를 자랑하는 버스를 이용하면서 자동차 매연과 교통 혼잡 문제를 해결할 수 있었습니다.

그럼 지금까지 말씀드린 것을 간단히 정리하고 제 의견을 말씀드리겠습니다. 그동안 도시는 자연을 훼손하며 무분별하게 개발된 곳으로, 환경 오염을 낳은 원인으로 인식되어 왔습니다. 그렇지만 이런 도시도 우리가 노력하여 세계의 여러 생태 도시들처럼 바꿀 수 있다면 우리는 편리한 생활을 누리면서도 깨끗하고 아름다운 자연을 지켜 나갈 수 있을 것입니다.

이상으로 제 발표를 마치겠습니다. 들어 주셔서 감사합니다.

7. 인간과 심리

들어 보세요 1

남: 너 요새 LTI 채널에서 하는 '호감 가는 카페' 본 적 있어? 내가 요즘 즐겨 보는 프로그램인데 정말 볼 만해. 요즘 그 프로그램 보면서 유용한 정보를 많이 얻는다니까.

여: 그래? 나는 그냥 남녀가 소개팅하는 프로그램인 줄 알았는데 정보도 얻을 수 있어?

남: 응. 그 프로그램에서 서로 모르는 남자와 여자가 소개팅하면서 나누는 이야기나 몸짓을 심리학적으로 해석해 주는데 내가 모르던 재미있는 사실이 많아. 거기서 소개팅을 하는 사람들을 관찰해 보면 상대방에게 호감을 느낄 때 하는 행동들이 있대. 일단 상대방이 마음에 들면 몸을 전체적으로 상대방을 향해 기울이는 모습을 보이고 손도 탁자 아래에 두지 않고 잘 보이게 위에 둔다는 거야.

여: 무의식적으로 그런다는 말이야?

남: 응. 자기도 모르게 그런 행동을 하는 거지. 그리고 상대방에게 호감이 있으면 상대방을 따라 하는 현상도 나타난대. 이 말을 듣고 자세히 보니까 진짜 상대방이 물을 마시면 따라 마시고, 머리를 만지면 자기도 머

여: 리를 만지고, 신기하게 표정까지 비슷해지더라고.

여: **듣고 보니** 나도 친한 친구들한테 그러는 것 같아. 친구하고 같은 메뉴를 시키거나 친구가 웃으면 나도 웃게 되고 친구가 고민을 얘기할 때는 나도 모르게 심각한 표정이 되고 말이야.

남: 맞아. 꼭 연인 관계뿐만 아니라 친구 사이에서도 그런 현상이 나타난대. 프로그램에서는 상대방에게 호감을 얻는 심리학적인 전략도 알려 줬는데, 신나고 설렜던 경험에 대해 물어보는 게 상대방의 호감을 얻는 좋은 방법이래. 상대방이 신나고 설렜던 자기 경험을 말하면서 다시 그때의 감정이 생각나고 두근거림을 느끼게 되는데 그걸 지금 이야기를 들어 주는 사람한테 느끼는 감정으로 착각하게 된다는 거야.

여: 재미있다. 호감 가는 사람이 생기면 방송에서 알려주는 전략들을 써 봐야겠는데.

남: 응. 나도 그 생각 했어. 거기서 알려주는 정보가 인간관계에도 도움이 많이 되겠더라. 사회생활하면서 처음 만나는 사람하고 친해지기가 참 어렵잖아. 근데 거기서 이런 말도 하더라고. 사람은 본능적으로 비슷한 사람한테 매력을 느낀대. 외모, 환경, 취향, 관심사 등 무엇이든지 유사할수록 호감도가 높아진다는 거야. 그러니까 처음 보는 사람과 좋은 관계를 맺고 싶다면 서로의 공통점을 찾을 수 있는 대화를 이어 나가면 좋다는 거지. 최근에 재미있게 본 드라마에 대해 말한다든지, 좋아하는 음악, 여행지 등을 이야기하면서 공통의 관심사를 발견하면 서로 금방 친해질 수 있대.

들어 보세요 2

여: 안녕하세요? 심리 상담사 조용민입니다. 제가 오늘 여러분께 말씀드릴 내용은 인간관계를 잘 맺는 사람들의 비결입니다. 최근에 인간관계를 어려워하는 사람들이 많은 것 같습니다. 이런 분들은 남의 눈치를 많이 보거나 다른 사람에게 잘 보이고 싶어 무리해서 노력하는 경우가 많습니다. 그런데 장기간 이런 상태가 지속되면 스트레스를 받게 되고 스트레스가 쌓이면 결국 인간관계를 회피하는 경우까지 생기게 됩니다. 그럼 편안하게 인간관계를 맺고 유지하는 사람들에게는 어떤 비결이 있을까요?

첫 번째 비결은 자기 자신을 있는 그대로 인정하는 것입니다. 사람은 그 누구도 완벽할 수 없습니다. 누구나 장점이 있는가 하면 단점도 있기 마련입니다. 자신의 단점을 부끄러워하고 없애야 하는 것으로만 생각하는 사람들도 있는데요. 자신의 단점까지도 있는 그대로 받아들여야 자기 자신과 잘 지낼 수 있습니다. 이렇게 자신과 잘 지내는 사람이 다른 사람과도 편안하게 관계를 맺을 수 있습니다.

자신을 있는 그대로 인정한 다음에는 다른 사람들 앞에서도 자신의 모습을 솔직하게 드러내려고 노력해야 합니다. 모순되는 것처럼 들리겠지만 다른 사람들과 잘 지내고 싶다면 그 사람들에게 잘 보이려고 하지 말아야 합니다. 어떤 사람에게 잘 보이고 싶다는 마음을 가질 때 우리는 그 사람 앞에서 해야 할 말도 하지 못하고 눈치를 보고 때로는 너무 **조심스러운 나머지** 부자연스럽게 행동하기까지 합니다. 상대방에게 잘 보이려는 마음을 내려놓고 자기 자신을 있는 그대로 보여 주려 노력하십시오. 다른 사람 앞에서 자신의 모습을 꾸밀 필요가 없다면 스스로 마음이 편안해져 사람들과 관계 맺는 것도 한결 쉬워질 겁니다. 자신이 다른 사람들과 있을 때 편안한 본래의 모습인지 부자연스러운 모습인지 알려면 여러 사람들과 있을 때 자신이 어떻게 행동하는지 살펴보는 것이 좋습니다. 제가 만난 어떤 분은 원래는 차분하고 조용한 성격인데 여러 사람들과 있으면 사람들을 재미있게 해 줘야 한다는 강박이 생겨 자기도 모르게 과장되게 행동한다고 하셨는데요. 이처럼 집단 안에서의 자기 모습이 진짜 자신의 모습이 아니라는 것을 깨달았다면 자기 자신을 있는 그대로 드러내도록 연습해야 합니다.

나 자신을 있는 그대로 인정하고 다른 사람 앞에서도 꾸미지 않은 자신의 모습을 보여 주는 것이 어느 정도

가능해졌다면 다른 사람들의 모습도 있는 그대로 인정하려고 노력하십시오. 사람은 생김새가 다양한 것처럼 성격과 성향 역시 매우 다양합니다. 다른 사람을 평가하기보다는 있는 그대로 상대방의 모습을 받아들이고 이해하려 할 때 좋은 인간관계를 맺을 수 있을 겁니다.

8. 직업의 미래

들어 보세요 1

남: 안녕하세요? 한 주에 한 권, 책 소개를 해 드리는 시간입니다. 다빈치연구소의 **설립자이자** 미래학자로 유명한 토머스 프레이는 최근 한 강연에서 앞으로 10년 안에 세계적으로 20억 개의 일자리가 사라지고 대부분의 전통적인 기업과 대학이 문을 닫게 될 거라는 전망을 내놓았다고 합니다. 평생직장이라는 말이 이제 역사 속으로 사라질 수도 있다는 건데요.

너무 어두운 이야기인가요? 이렇게 무겁게 이야기를 시작한 이유는 오늘 소개해 드릴 책의 제목이 바로 "직업의 종말"이기 때문입니다. 제목을 들으니 읽고 싶은 마음이 사라졌다고요? 잠깐 기다려 주십시오. 다행히 책의 제목 아래에는 "불확실성의 시대, 일의 미래를 준비하라"라는 조금은 희망적인 부제가 붙어 있으니까요.

이 책의 저자는 새로운 기술이 등장하고 대부분의 기계가 자동화됨에 따라 전통적인 직업들은 머지않아 사라지게 될 거라고 전망합니다. 이러한 이야기를 들으면 좀 불안해지기도 하지만 사실 역사적으로 보면 직업은 기술의 발전에 따라 사라지고 새로 생기기를 반복해 왔습니다. 문제는 많은 학생들이 높은 학점이나 외국어 점수, 자격증 등 현재 인기 있는 직업이 요구하는 조건을 갖추기 위해 여전히 시간과 노력을 들이고 있다는 것이지요. 그에 대한 보상은 점점 줄어들고 있는데도 말입니다.

그렇다면 우리는 어떻게 해야 할까요? 책에서는 평생 안정적으로 다닐 수 있는 직장은 사라지고 전통적인 직업이 종말을 맞이하고 있는 시대에 우리가 무엇을 준비하면 좋을지 이야기하고 있습니다. 책의 저자는 앞으로 사라질 수도 있는 '안정적인 직업'을 얻기 위해 애쓰기보다는 자신만의 일을 계속해 나갈 수 있는 능력과 전문성을 갖추기 위해 노력하는 것이 더 중요하다고 말합니다. 예를 들면 직장에 다니더라도 어떻게 하면 남들보다 빨리 승진할지 또는 연봉이 얼마나 오를지에 관심을 둘 것이 아니라 현재의 직장을 창업에 필요한 능력을 기르는 기회로 삼아 업무 경험을 쌓는 것이 필요하다고 조언합니다.

여러분은 지금 어떻게 미래를 준비하고 계십니까? 진로를 두고 고민하고 계시거나 취업을 준비하시는 분들은 오늘 소개해 드린 책을 읽어 보시는 것이 어떨까요? 그럼 오늘은 여기서 마무리하겠습니다.

들어 보세요 2

남: 안녕하세요? 만나서 정말 반갑습니다. 미소 씨는 "여행이 그림이 되다"라는 책을 내고 베스트셀러 작가가 되셨는데요. 요즘 많이 바쁘시죠?

여: 네. 너무 감사하게도 많은 분들이 찾아 주셔서 바쁜 시간을 보내고 있습니다.

남: 사람들이 가장 궁금해하는 점은 어떻게 해서 여행을 다니며 그림을 그리게 되셨나 하는 것인데요. 학교 다닐 때부터 작가가 되고 싶으셨나요?

여:	아니요. 처음부터 이 일을 시작한 건 아니었어요. 저도 대부분의 대학생들처럼 학교를 졸업한 후에 회사에 취직을 했어요. 연봉도 높은 편이었고 대기업이기 때문에 복지 제도도 잘되어 있었습니다. 사회적으로 인정받는 안정적인 직장이었어요. 대학에서 미술을 전공할 때 저는 졸업하면 관련 직장에 취직해서 일하다가 나이 들면 퇴직하는 것이 자연스러운 일이라고 생각했던 것 같아요. 하지만 직장 생활을 해 보니 그 생활이 저와 정말 맞지 않았습니다. 안정적인 직장이라고 하지만 정년이 보장되는 것도 아니었어요. 회사에 다니면서 많은 분들이 40·50대에 자신의 의지와 상관없이 퇴직하는 경우가 많다는 것을 알게 됐지요. 40·50대에 퇴직을 한다면 새로운 도전을 하지 못할 것 같다는 생각도 들었어요. 그래서 그런 **깨달음을 계기로** 조금이라도 어릴 때 한번 해 보자는 생각으로 직장을 그만두고 여행을 떠나게 된 거예요.
남:	아, 그렇게 여행을 다니며 그림을 그리게 되신 거군요. 직장을 그만둘 때 좀 두렵다는 생각은 안 드셨어요? 사실 안정적인 삶을 포기한다고 볼 수도 있으니까요.
여:	회사를 그만두기까지 고민이 없었다면 거짓말이죠. 사표를 쓰기 전날은 잠이 잘 안 오더라고요. 그런데 아무리 생각해도 저는 좋아하는 일을 하며 살아 보고 싶었습니다. 사표를 낸 후 세계 곳곳으로 여행을 다니면서 아름다운 풍경이 보이면 그곳에 앉아 그림을 그렸는데요. 여행 다니며 그림을 그리니까 너무 행복해서 경제적으로 조금 힘들어도 직장을 그만둔 것을 후회해 본 적은 없어요. 다녔던 곳들을 기록해 두고 싶어서 제가 그린 그림을 꾸준히 SNS에 올렸는데요. 그게 인기를 얻게 되면서 책까지 내게 됐고, 그 결과로 경제적인 부분도 자연스럽게 해결이 됐어요.
남:	'좋아하는 일을 하며 돈을 번다'는 건 모든 사람의 꿈이지만 실제로는 실현하기 어려운 일처럼 느껴지는데요. 지금도 꿈과 현실 사이에서 고민하는 많은 또래의 청년들에게 해 주실 말씀이 있을까요?
여:	저도 뭐가 정답인지는 잘 모르겠어요. 하지만 이제는 평생직장이 없는 시대라고 하잖아요. 이런 시대에는 오히려 자신이 좋아하고 잘할 수 있는 일을 발견하고 능력을 개발해서 더 전문성을 갖춰야 하는 것 같아요. 지금 젊은 사람들은 백스무 살까지 살 수 있다고 하는데 안정적인 직장에 다닌다고 해도 어차피 예순 살쯤에는 그만둬야 하고요. 지금 현실에 만족하지 못하신다면 한번 과감히 새로운 도전을 해 보시는 걸 추천드립니다. 안 해 보고 후회하는 것보다는 해 보고 후회하는 게 더 낫지 않을까요?

1. 건강한 삶

주제 어휘 p. 19

1
1) 소고기, 생선, 두부, 콩… — 단백질
2) 밥, 감자, 고구마, 빵… — 탄수화물
3) 버터, 식용유, 땅콩… — 지방
4) 우유, 멸치, 미역, 시금치… — 무기질 (칼슘, 철분…)
5) 브로콜리, 당근, 딸기, 오렌지… — 비타민

2
좋은 영양 상태
- 영양이 풍부하다
- 균형 잡힌 식사를 하다
- 면역력을 키우다
- 혈액 순환이 잘되다
- 피로를 해소하다
- 노화를 방지하다
- 빈혈/당뇨/고혈압을 예방하다

나쁜 영양 상태
- 영양 불균형 상태가 되다
- 끼니를 거르다
- 질병에 걸리다
- 만성 질환에 걸리다

들어 보세요 1 p. 21

1 바람직한 식습관과 영양
2 1인 가구가 늘고 혼자 밥을 먹는 문화가 자리 잡았기 때문에
3 <u>탄수화물</u>, <u>지방</u>, <u>나트륨</u> 의 섭취량은 증가하고 <u>칼슘</u> 이나 <u>철</u> 등의 <u>무기질</u>, <u>비타민</u> 의 섭취량은 부족합니다.
4 빈혈, 고혈압, 당뇨 등과 같은 만성 질환에 걸릴 수 있음.
5 그런 식단을 유지하면 영양 불균형 문제가 생김.

들어 보세요 2 p. 22

1 삼계탕
2
- 닭 — 떨어진 체력을 보충하는 데 좋음.
- 인삼 — 여름 감기와 같은 질병으로부터 몸을 보호해 줌.
- 대추, 마늘 — 노화를 방지함, 혈액 순환을 도움.
- 찹쌀 — 면역력을 키우고 피로를 해소하는 데 도움이 됨.

3 (4) (1) (3) (2)

4 ①

주제 어휘 p. 29

1
2) 폐   3) 위   4) 장
5) 척추   6) 관절   7) 근육

읽어 보세요 1 p. 30

1 거북이처럼 목을 길게 내민 자세가 굳어져 생기는 문제들을 모두 거북목 증후군이라 부름.
2 (가): 거북목 증후군 증상
 (나): 거북목 증후군 교정 방법
3 선 자세로 벽에 기댐. → 발뒤꿈치와 엉덩이, 어깨와 뒤통수를 벽에 붙임. → 턱을 최대한 당기고 이 자세를 5분간 유지함. → 이 과정을 3~4회 반복함.
4

컴퓨터를 사용할 때	어깨와 가슴을 펴기 위해 모니터를 눈높이까지 올림.
휴대폰을 사용할 때	화면을 눈높이에 맞추어 최대한 고개를 든 상태로 사용함.
책상에 앉아 공부하거나 일할 때	한 시간에 한 번씩 5~10분 정도 서 있거나 목과 어깨 스트레칭을 해 줌.

읽어 보세요 2 p. 32

1 걷기 운동
2
- ☐ 근력 향상   ☑ 집중력 향상   ☐ 유연성 향상
- ☑ 기억력 향상   ☑ 당뇨 예방   ☑ 우울증 예방
- ☑ 고혈압 예방   ☐ 위염 치료   ☑ 심장 건강 유지
- ☐ 장 건강 유지   ☑ 폐 건강 유지   ☑ 스트레스 해소

3

속도	• 보통 걸음보다 빠른 걸음으로
자세	• 상체를 곧게 세우고 팔을 앞뒤로 흔듦. • 걸을 때 보폭은 평소보다 넓게 하고 발은 발뒤꿈치가 땅에 먼저 닿게 걸어야 함.

4 ①

2. 행복과 휴식

주제 어휘 p. 49

1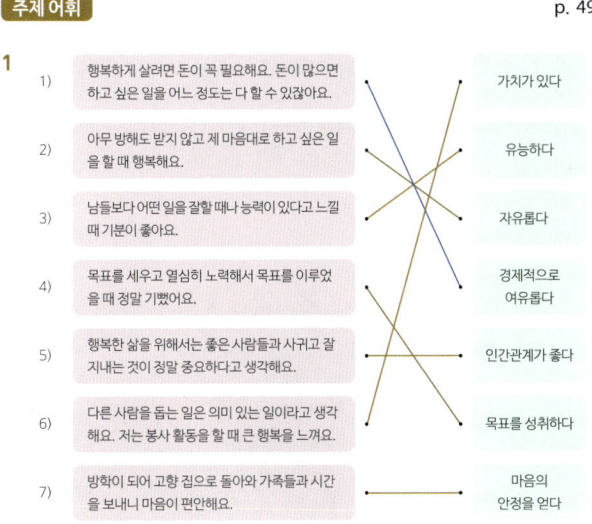

들어 보세요 1 p. 50

1 ③
2 자유, 유능, 관계
3

들어 보세요 2 p. 51

1 일상생활에서 __행복도__ 를 높이는 활동을 많이 해야 하는데, 사람은 __재미__ 도 있고, __의미__ 도 있는 활동을 할 때 강한 행복감을 느낀다.

2 • 재미있는 활동이란 __즐거움을 느끼는__ 활동입니다.
  • 의미 있는 활동이란 __스스로 가치가 있다고 여기는__ 활동입니다.

3

재미있고 의미 있는 활동	친구 만나기, 산책, 운동, 여행
재미도 별로 없고 의미도 크지 않은 활동	낮잠 자기, 텔레비전 보기, SNS 하기

주제 어휘 p. 57

2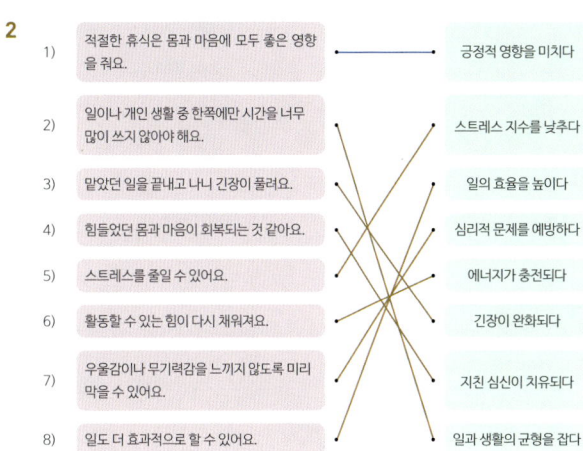

읽어 보세요 1 p. 58

1 일과 개인 생활 사이의 균형을 잡는 것
2 경제력에 비해 행복 지수는 낮은 편임.
3 신체 건강, 정신 건강에 안 좋은 영향을 미침.
4 2) 관심 분야의 강의 듣기
   3) 캠핑 가기
   4) 예술 작품 감상하기

읽어 보세요 2 p. 60

1 ①
2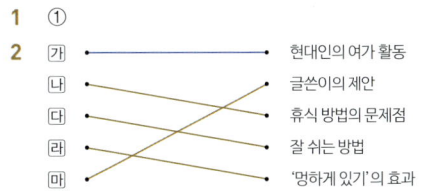

3 뇌가 쉬고 있는 것이 아니기 때문에
4 • 일할 때 활동하던 뇌 영역은 잠을 잘 때처럼 __활동을 멈추고 휴식을 취함__.
  • 일할 때 활동하는 뇌 영역은 활동을 멈추고 다른 뇌 영역이 활성화되어 __창의력을 발휘하는 데 도움이 됨__.

5 ☑ 연구 결과를 이야기하고 있다.
   ☐ 만성 피로 증상의 예를 들고 있다.
   ☐ 자신의 경험을 이야기하고 있다.
   ☑ 뇌 과학자의 말을 인용하여 이야기하고 있다.

3. 언어와 학습

들어 보세요 1 p. 77

1 ②

2 일이 잘못된 후에 <u>문제를 해결하려고 하지만 소용이 없다</u> .

3
한국	소	외양간
웨이의 나라	양	양 우리
켈리의 나라	말	마구간

4 농경 사회에서 많이 볼 수 있는 물건이었기 때문에

들어 보세요 2 p. 78

1 언어와 문화는 <u>밀접한 관련</u> 이 있으며 같은 뜻을 가진 관용어라도 <u>문화</u> 에 따라 다른 표현을 사용한다.

2 ☐ 사회가 변화하더라도 관용어는 변하지 않는다.
   ☐ 단어가 가진 원래 뜻을 알면 관용어의 의미도 알 수 있다.
   ☑ 언어를 사용하는 사람들의 가치관이나 생각이 반영되어 있다.
   ☑ 나라마다 같은 뜻의 말을 어떻게 표현하는지 살펴보면 문화의 차이를 알 수 있다.

3 <u>신체 부위</u> 와 관련된 관용어이다.

4
한국어		일본어	얼굴이 넓다
	발이 넓다	일본어	얼굴이 넓다
	머리가 굵다	중국어	어깨가 단단해지다
	발톱을 드러내다	독일어	이빨을 드러내다

5 1) 내 친구는 아는 사람이 많아서 어쩌면 너와 아는 사이일 수도 있어.
   2) 우리 아이는 이제 스스로 어른처럼 생각하거나 판단하게 되었다고 생각해서 제 말을 잘 안 들어요.

읽어 보세요 1 p. 86

1 외국어를 잘하려면 자신에게 맞는 <u>학습법</u> 을 찾는 것이 좋다.

2
모국어	외국어
무의식적으로 배움.	의식적으로 많은 노력을 해야 함.
모국어가 많이 쓰이는 환경에서 자라면서 자연스럽게 익히게 됨.	외국어가 많이 쓰이는 환경에서 자라면서 자연스럽게 익히는 것이 아님.
모국어 화자라면 누구나 모국어에 능통한 단계에 도달함.	외국어를 배운 사람들이 모두 능통한 단계에 도달하는 것은 아님.

3 ☑ 서점에는 학습법을 알려 주는 많은 책들이 있다.
   ☐ 외국어 공부를 많이 하면 외국어를 잘하게 될 수 있다.
   ☐ 외국어를 모국어만큼 잘하는 것은 어려운 일이 아니다.
   ☑ 모국어를 익히는 과정과 외국어를 배우는 과정은 같지 않다.

4 자신에게 맞는 외국어 학습법을 찾는 방법

읽어 보세요 2 p. 88

1 학습할 때 <u>선호하는 감각</u> 에 따른 <u>학습 유형</u>

2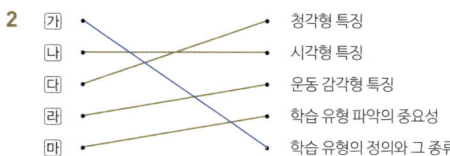
가 — 학습 유형의 정의와 그 종류
나 — 시각형 특징
다 — 학습 유형 파악의 중요성
라 — 청각형 특징
마 — 운동 감각형 특징

3
	시각형	청각형	운동 감각형
선호하는 감각	시각	청각	촉각, 운동 감각
효과적인 교수법	그림, 사진, 도표로 정보를 제시함.	교사와 대화하거나 친구들과 활동을 하게 함.	역할극, 몸을 움직이는 게임을 활용함.
효과적인 학습법	내용을 쓰거나 그림이나 도표를 활용하여 정리함.	친구와 같이 공부하면서 서로 질문하고 대답함.	몸을 움직이거나 걸어 다니며 내용을 암기함.

5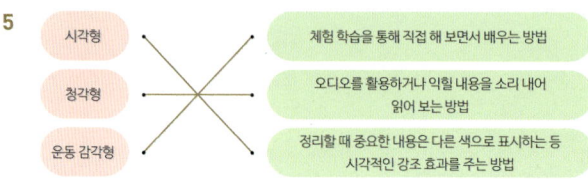
시각형 — 정리할 때 중요한 내용은 다른 색으로 표시하는 등 시각적인 강조 효과를 주는 방법
청각형 — 오디오를 활용하거나 익힐 내용을 소리 내어 읽어 보는 방법
운동 감각형 — 체험 학습을 통해 직접 해 보면서 배우는 방법

4. 사고와 고정 관념

주제 어휘 p. 103

1

들어 보세요 1 p. 105

1 동양인과 서양인의 사고방식의 차이

2
	동양인	서양인
가운데 있는 사람이 행복해 보입니까?	행복해 보이지 않음.	행복해 보임.
실험을 통해 알 수 있는 사고방식은 무엇입니까?	관계를 중시함.	개인을 중시함.

3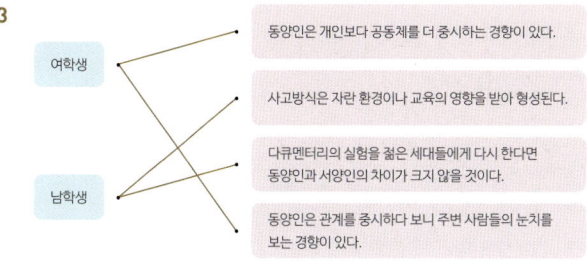

들어 보세요 2 p. 106

1 한국 사람의 정
2 길거리를 다니는 사람들의 얼굴이 무표정하고 행동도 무뚝뚝해서 차갑다는 느낌을 받았음.
3 2) 식당에서 모르는 사람이 무인 주문 기계로 주문하는 걸 도와줌.
   3) 혼자 기차 여행을 할 때 모르는 아주머니가 간식을 나눠 줌.
   4) 회사 상사들도 어려운 일이 있을 때 친동생을 챙기는 것처럼 도와줌.

4 ☑ 한국 회사는 권위적인 분위기가 있다.
   ☑ 아직도 정 많은 한국 사람들이 많이 있다.
   ☐ 한국 사람들은 표정이 밝고 마음이 따뜻하다.
   ☐ 한국 사람들은 모르는 사람의 일은 적극적으로 도와주지 않는다.

5 <u>개인</u> 보다는 <u>공동의 이익</u> 을 생각하고 이웃이나 친구의 일도 자신의 일처럼 챙기는 <u>공동체주의</u> 가 지금까지 남아 정으로 나타났다고 생각한다.

주제 어휘 p. 113

1 2) 시각   3) 가치관   4) 상식
  5) 편견   6) 선입견

읽어 보세요 1 p. 114

1 고정 관념에서 벗어나야 한다
2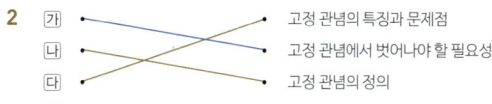
3 고정 관념이란 <u>어떤 대상에 대해 가지는 지나치게 일반화된 생각</u> 이나 <u>사람들의 행동을 결정하는 잘 변하지 않는 의식</u> 을 뜻한다.
4 2) 선입견이나 편견으로 잘못된 판단이나 행동을 하도록 만듦.
5 우리가 알고 있는 사실이 고정 관념은 아닌지 확인하고 새롭게 생각해 보는 자세를 가져야 함.

읽어 보세요 2 p. 116

1 <u>남성 전업주부</u> 에 대한 <u>인식</u> 과 <u>제도</u> 가 개선되기를 바라서
2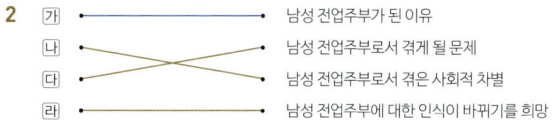
3 회사 생활이 적성에 맞지 않았고, 글쓴이가 집안일과 육아를 맡는 것이 효율적인 선택이었기 때문에
4 2) 남성 전업주부의 존재를 인정하지 않는 사회 제도
   3) 남성 전업주부가 아이를 키울 때 할 수 없는 일
5 성별과 관계없이 집안일과 육아를 맡은 사람이 온전히 그 일의 가치를 인정받는 사회

이야기해 보세요   p. 117

1 세로 줄 양 끝에 있는 10원짜리 동전 두 개를 가운데에 쌓아 올린다.

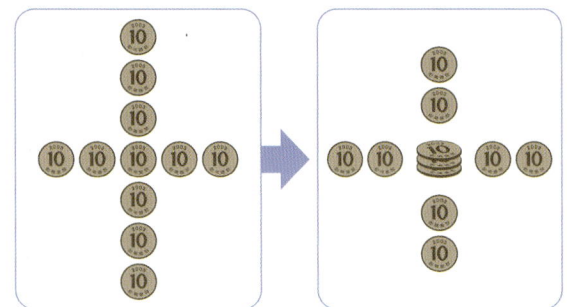

5. 기후와 지형

들어 보세요 1   p. 133

1 오후 6시 부터 다음 날 오전 9시 사이에 최저 기온 이 25℃ 이상 이면 열대야라고 합니다.

2

3 ☑ 열대야 일수는 앞으로도 더 늘어날 것으로 전망된다.
   ☑ 열대야는 낮에 뜨거워진 땅의 열기가 식지 않아 나타난다.
   ☐ 초열대야는 밤에 가장 높은 기온이 30℃ 이상인 때를 말한다.
   ☐ 열대야는 바람이 순환하지 못해 도시 중심부의 기온이 높아지는 것이다.

들어 보세요 2   p. 134

1 기후 변화가 우리 삶에 미치는 영향

2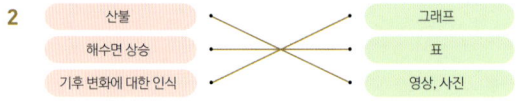

3 ☐ 산불은 1년 넘게 꺼지지 않고 계속되었다.
   ☑ 2019년에 발생하여 많은 야생 동물이 죽었다.
   ☐ 산불로 많은 숲이 사라졌지만 인명 피해는 없었다.
   ☑ 지구 온난화로 인한 폭염과 가뭄이 산불로 이어졌다.

4 ③

5 ☐ 잦은 산불   ☑ 동식물 멸종
   ☐ 기록적인 한파   ☑ 해안 도시 침수
   ☑ 동식물의 서식지 파괴 ☐ 지구의 평균 기온 상승

주제 어휘   p. 141

1 2) 화산   3) 하천   4) 해안
   5) 평야   6) 절벽

읽어 보세요 1   p. 142

1 독특한 지형

2 | 여행지 | 지형적 특징 및 풍경 |
   |---|---|
   | 할롱 베이 | • 수많은 석회암 섬과 여러 모양의 바위로 이루어져 있음.
• 석회암으로 인해 바닷물이 비취색임. |
   | 우유니 사막 | • 원래 바다였는데 건조한 기후로 인해 바닷물이 마르면서 하얀 소금으로 뒤덮인 사막이 됨.
• 우기가 되면 하늘이 물에 비침. |
   | 송네 피오르 | • 빙하가 녹은 골짜기에 바닷물이 들어와서 형성됨.
• 웅장한 산, 가파른 절벽, 곳곳의 폭포, 산꼭대기의 눈이 어우러진 경치 |

3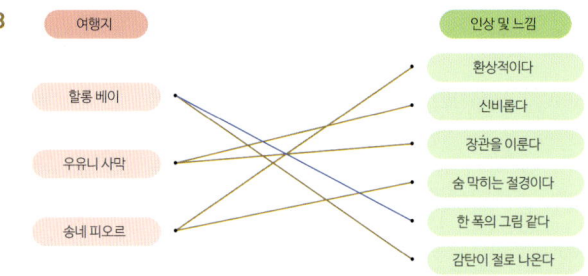

읽어 보세요 2   p. 144

1 한반도지형

2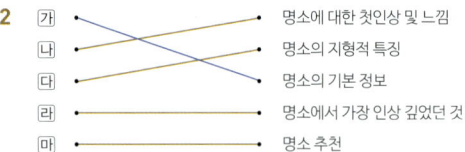

3 지형이 우리나라 국토와 비슷하고 사계절 내내 빼어난 풍경을 자랑해서

4 ☐ 인공적으로 만들어진 지형이다.
   ☑ 하천이 굽이쳐 흐르면서 형성되었다.
   ☑ 울릉도를 떠올리게 하는 바위가 있다.
   ☐ 숲과 절벽이 많은 곳은 서해를 연상시킨다.

5 • 한반도를 꼭 닮은 모습이 신비롭고 주변 풍경도 매우 아름다웠다.
   • 자연의 힘만으로 이런 지형이 형성되었다는 사실이 놀라울 따름이었다.
   • 해가 질 때의 한반도지형은 말로 표현할 수 없을 정도로 아름다웠다.

6. 환경과 주거 공간

들어 보세요 1 p. 162

1. 살기 좋은 도시
2. ☑ 안전 ☐ 교육 ☐ 기후
   ☑ 문화 ☑ 녹지 ☑ 대중교통
   ☑ 편의 시설 ☐ 재생 에너지

3.

멜버른	• 도시 경관이 아름다움.	• 역사적인 건물이나 유적이 잘 보존되어 있음.	• 최고의 스포츠 도시임.
서울	• 밤늦게까지 문을 여는 곳이 많음.	• 무엇이든 배달을 시킬 수 있음.	• 인터넷 서비스가 잘되어 있음.
빈	• 녹지가 많음.	• 대중교통 체계가 잘 갖춰져 있음.	• 문화 예술의 도시임.
도쿄	• 경제의 중심지임.	• 시민들을 위한 편의 시설이 잘 되어 있음.	• 치안이 세계 최고의 수준임.

들어 보세요 2 p. 163

1. 생태 도시
2. ①
3. 생태 도시란 <u>인간</u> 과 <u>자연환경</u> 이 <u>공존할 수 있는</u> 체계를 갖춘 도시이다.

4.

유형	목표	관련 도시
생물 다양성 생태 도시	생물이 서식하는 환경을 조성함.	스위스 취리히
자연 순환성 생태 도시	자원을 절약하고 재사용하는 체계를 만듦.	독일 프라이부르크
지속 가능성 생태 도시	시민의 편의를 최대한 고려하고 환경 오염을 최소화함.	브라질 쿠리치바

5. 도시를 생태 도시로 바꿀 수 있다면 편리한 생활도 누리고 자연도 지킬 수 있을 것임.

주제 어휘 p. 169

1. 2) 다용도실 3) 주방 4) 정원
   5) 침실 6) 서재

읽어 보세요 1 p. 170

1. 자신이 살고 있는 집
2.

	가구 및 물건
현관	신발장, 향초
거실	안락의자, 작은 탁자
침실	침대, 이불, 조명, 장식장, 소품

3. ☐ 주방은 정리를 못 한 채로 소개했다.
   ☑ 높은 층에 있어 밤에 보는 전망이 좋다.
   ☑ 거실에 있는 큰 창으로 빛이 잘 들어온다.
   ☐ 거실, 방 두 개, 주방, 화장실로 구성되어 있다.

4.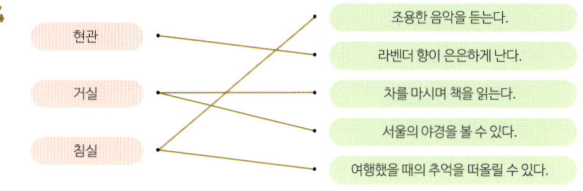

5. 아늑하고 온기가 느껴지는 공간이라는 것을 표현하기 위해서

읽어 보세요 2 p. 172

1.
가	• — • 행복한 어린 시절의 추억
나	• — • '철'의 의미
다	• — • 우리 집의 사계절
라	• — • 꽃밭의 의미와 어머니에 대한 그리움
마	• — • 어린 시절의 집을 그리워하는 나

2. • 옳고 그름을 판단하는 지혜로움과 정신적 성숙
   • 봄, 여름, 가을, 겨울, 1년을 구분해 놓은 계절

3. ☐ 어머니는 마당에 채소를 심으셨다.
   ☑ 집의 마당에는 감나무와 우물이 있었다.
   ☐ 어머니는 이야기를 나눌 사람이 많았다.
   ☑ 작가의 집은 경제적으로 여유롭지 못했다.

4.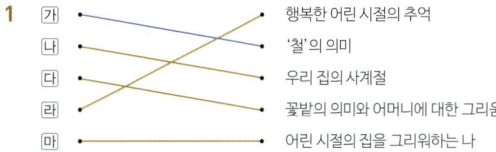

5. 어머니가 만든 꽃밭이 계절마다 다른 꽃을 피워 꽃밭의 사계를 완성했기 때문에

7. 인간과 심리

들어 보세요 1 p. 191

1 소개팅할 때 나누는 이야기나 몸짓을 심리학적으로 해석해 주는 프로그램

2 ☐ 손을 탁자 아래에 둔다.
   ☐ 상대방을 오랫동안 쳐다본다.
   ☑ 상대방 쪽으로 몸을 기울인다.
   ☑ 상대방이 물을 마실 때 따라 마신다.

3

전략	이유
<u>신나고 설렜던 경험</u> 에 대해 물어보기.	경험을 이야기할 때 두근거림을 느끼게 되는데 이것을 상대방에 대한 호감이라고 착각하게 되기 때문에
서로의 <u>공통점</u> 을 찾을 수 있는 대화하기.	사람들은 본능적으로 비슷한 사람에게 매력을 느끼기 때문에

4 1) O   2) O   3) ✕

들어 보세요 2 p. 192

1 인간관계를 잘 맺는 비결
2 2) 다른 사람들 앞에서 자신의 모습을 솔직하게 드러내려고 노력한다.
   3) 다른 사람들의 모습도 있는 그대로 인정하려고 노력한다.
3 남의 눈치를 많이 보거나 다른 사람에게 잘 보이고 싶어서 무리해서 노력한다.
4 ①

주제 어휘 p. 199

1 1) 덜렁대다 ⟷ 꼼꼼하다
   2) 소심하다 ⟷ 대범하다
   3) 낙관적 ⟷ 비관적
   4) 내향적 ⟷ 외향적
   5) 우유부단하다
   6) 신중하다
   7) 주도적
   8) 협조적
   9) 논리적
   10) 즉흥적

읽어 보세요 1 p. 200

1 성격과 행동하는 방식에 따라 사람들을 네 가지 유형으로 분류한 심리 검사

2

읽어 보세요 2 p. 202

1

강점	• 기획력 • 추진력 • 분석력
약점	• 급한 성격

2 학교 축제 때 동아리에서 운영하는 카페의 매출을 크게 올렸던 경험, 중학생들의 공부를 도와줬던 봉사 활동 경험
3 일이 잘되기 위해서는 자신의 속도로만 일하기보다 다른 사람들과 서로 이해하고 협력하여 일하는 것이 중요하다는 것
4 강점은 회사에서 요구하는 인재상에 맞는 것을 제시한 후 구체적인 경험을 쓰고, 약점은 인사 담당자가 부정적인 평가를 하지 않도록 치명적이지 않은 단점을 쓰는 것이 좋음.

8. 직업의 미래

들어 보세요 1 p. 217

1 직업의 종말
2 미래에는 <u>평생 안정적으로 다닐 수 있는 직장</u> 이 사라질 것이기 때문에 자신만의 <u>능력과 전문성</u> 을 갖추기 위해 노력해야 한다.

3 ②
4 ③

들어 보세요 2 — p. 218

1. 작가
2. 지금 현실에 만족하지 못한다면 <u>과감히 새로운 도전을 해 보는 것을 추천한다</u>.
3. 대기업에 취직했음.
4. 직장 생활이 자신과 맞지 않고 정년이 보장되는 것도 아니며, 새로운 도전을 해 보고 싶어서
5. ④

읽어 보세요 2 — p. 228

1. 미래 사회와 유망 직업
2.

	미래 유망 직업	하는 일
기술	인공 지능 전문가, 로봇 공학자	인간의 일을 대신하는 기술 및 장비를 개발하거나 관리함.
환경	환경 전문가	재생 에너지를 개발하거나 기후 변화 대책을 마련함.
보건	의사, 간호사, 간병인, 심리 상담사	신체와 정신 건강을 돌봐 줌.
문화	작가, 화가, 음악가, 영화감독	인간성과 감수성 등을 일깨워 줌.

주제 어휘 — p. 225

1.
   1) 창의력 — 새로운 것을 생각해 내는 능력
   2) 비판적 사고력 — 옳고 그름을 따져 생각하는 능력
   3) 문제 해결 능력 — 문제가 발생했을 때 적절하게 해결하는 능력
   4) 정보 처리 능력 — 정보를 수집하거나 분석, 활용하는 능력
   5) 인간성 — 인간을 인간답게 하는 인간 본래의 성질
   6) 감수성 — 외부 세계의 자극을 받아들이고 느끼는 성질

읽어 보세요 1 — p. 226

1. 인공 지능은 인간보다 <u>대량의 정보를 처리하여 문제를 해결하는</u> 능력이 뛰어나다. 따라서 인간은 많은 지식을 학습하려고 하기보다는 <u>지식과 정보를 활용해서 인간의 생활을 편리하게 만드는</u> 능력을 개발해야 한다.
2. 두렵기도 하고 놀랍기도 한 혼란스러운 마음
3.

능력	구체적 내용
감수성	인간의 삶을 잘 이해할 수 있음.
비판적 사고력	문제 상황을 분석하여 대안을 제시할 수 있음.
창의력	가치 있는 것을 새롭게 만들어 낼 수 있음.

Glossary 어휘 색인

ㄱ

가라아게	22
가뭄	132
가족적	103
가치가 있다	49
가치관	78, 113
각국	228
각종	21
간격	163
간병인	228
간호사	228
감각	88
감각이 돋보이다	169
감꽃	172
감나무	172
감수성	225
감싸다	174
감정적	103
감탄이 절로 나오다	141
강박	192
강수 확률	131
강의 내용을 필기하다	85
강점	202
갖추다	50
개념	53
개요	36
개인주의	103
거북목 증후군	30
건강 검진	33
건축물을 보존하다	161
걸음	32
걸치다	86
격식적 표현을 익히다	85
견디다	116
견해	109
결단력	199
결코	86
경관	162
경력을 쌓다	216
경마	162
경사가 가파르다	141
경사가 완만하다	141
경제 수준이 높다	161
경제력	58
경제적으로 여유롭다	49
경청하다	189
계산원	229
고개를 들다	30
고급	85
고단백	21
고령자	228
고온 다습	131
고정 관념	113
고정 관념에 사로잡히다	113
고정 관념에서 벗어나다	113
고정 관념을 갖다	113
고정 관념이 깨지다	113
고혈압을 예방하다	20
곧다	32
골짜기	142
공감하다	189
공급되다	32
공동	106
공동체주의	103
공모전에서 입상하다	216
공원이 조성되다	161
공통의 관심사를 갖다	189
과감히	218
과거와 현재가 공존하다	161
과언이 아니다	32
과장되게 행동하다	190
과학적	114

관계를 끊다	189	기록적	134
관계를 맺다	189	기록하다	218
관계를 유지하다	189	기상	133
관계를 중시하다	104	기상청	134
관심 분야의 강의를 듣다	57	기술이 인간을 대신하다	225
관용어	75	기운을 북돋우다	22
관절	29	기울이다	191
관점을 바꾸다	113	기회로 삼다	216
교정하다	30	기획력	199
교통수단	163	기후 변화	132
구별되다	91	기후가 온화하다	161
구분되다	105	기후학자	134
국토	144	긴밀하다	231
굳어지다	30	긴장이 완화되다	57
굴뚝	229	깊숙이	172
굽다	30	깨달음	53
굽이치다	144	껴안다	172
궁금증	86	끝없이 이어지다	141
권위적	103	끼니를 거르다	20
권하다	34		
귀가 얇다	75	**ㄴ**	
귀리	22	나날이	228
규모	134	낙관적	199
균형 잡힌 식사를 하다	20	남의 눈치를 보다	190
그루	172	낫 놓고 기역 자도 모른다	76
그룹 활동을 하다	85	내려놓다	60
그르다	172	내향적	199
근거	64	네모나다	170
근력 운동	29	노화를 방지하다	20
근력을 기르다	29	녹지가 많다	161
근무 분위기가 자유롭다	215	논리적	199
근육	29	농경 사회	77
근육량을 늘리다	29	높은 학점을 받다	216
급격히	133	누이	172
긍정적 영향을 미치다	57	눈높이	30
기계	106	눈부시다	58
기기	60	눈이 높다	75
기대감	49	늑대	77

능력을 개발하다	216	두뇌	226
		둥지	170
ㄷ		뒤에서 험담을 하다	190
다양한 어휘를 사용하다	85	뒤통수	30
다용도실	169	들이다	32
단계에 도달하다	85	디지털	60
단백질	19	따가운 시선을 받다	113
단순한 업무를 하다	225	따끈하다	174
단어장을 만들다	85	때때로	142
달고나	172	때우다	21
달콤쌉싸름하다	172	또래	218
담장	172	똠얌꿍	26
당기다	30	띠다	142
당뇨를 예방하다	20		
대강	221	**ㄹ**	
대결	226	라벤더	170
대도시	133	로봇 공학자	228
대량	226		
대범하다	199	**ㅁ**	
대안	226	마구간	77
대응하다	226	마루	172
대인 관계	200	마음의 안정을 얻다	49
대중교통 체계가 갖춰지다	161	만성 질환에 걸리다	20
대체 불가능하다	225	만유인력	60
대추	22	만족감	49
대표적	32	말동무	172
대형 산불	132	말로 표현할 수 없다	141
대화를 이어 나가다	189	말솜씨	200
대화에 끼다	190	맛집을 탐방하다	57
덜렁대다	199	맞이하다	217
도둑맞다	77	매출	21
도시 기반 시설이 잘되다	161	머리가 굵다	75
도시화	133	머물다	172
도표	88	머지않다	217
돌아보다	21	멍하다	60
동식물이 멸종되다	132	면역력을 키우다	20
동양	105	모국어	85
동의하다	105	모국어 화자	85

모래로 뒤덮이다	141	바위로 이루어지다	141
모순되다	192	박람회를 구경하다	57
목 디스크를 예방하다	29	반듯이	30
목숨	134	반려동물을 키우다	57
목표를 성취하다	49	반복적인 업무를 하다	225
몰두하다	59	반복해서 암기하다	85
몸살을 앓다	133	반영하다	77
몸짓	191	반짝반짝	76
묘사	146	발급	116
무	25	발길	144
무기력감	49	발사믹식초	25
무기질	19	발이 넓다	75
무난하다	169	발톱을 드러내다	75
무덥다	22	밥상	22
무뚝뚝하다	104	방식을 선호하다	85
무리한 요구를 하다	190	방안	136
무분별하게 개발되다	161	방음이 잘되다	169
무의식적	85	배차	163
무인 장비	225	배추	25
무직	116	범죄	114
무표정하다	104	별표	91
문득	172	보건 분야	225
문장을 통째로 외우다	85	보드게임을 하다	57
문제 해결 능력	225	보석	142
문제를 회피하다	190	보수	226
문학	228	보수적	103
문화생활을 즐기다	161	보충하다	22
물기	25	보폭	32
뭉친 근육을 풀다	29	복원하다	163
미각	173	복지가 잘되다	215
미래학자	226	복합적	90
미세 먼지	131	본능적	191
밀접하다	78	본래	78
밑줄을 긋다	85	부위	78
		부자연스러운 모습을 보이다	190
ㅂ		부제	217
바닷물	142	북적이다	172
바른 자세를 유지하다	29	분석력	199

분석적	200
분위기가 아늑하다	169
불도장	26
불러들이다	172
불리다	22
불안감	49
불행하다	50
불확실성	217
붉다	144
브로콜리	22
비격식적 표현을 익히다	85
비관적	199
비례하다	86
비밀	51
비서	229
비정규직	215
비취색	142
비타민	19
비판적 사고력	225
비판하다	200
빈 수레가 요란하다	76
빈혈을 예방하다	20
빗물	142
빗방울	172
빙하	141
빚어내다	144
빼어나다	141
뻣뻣해진 몸을 풀다	29
뿌리	114

ㅅ

사공이 많으면 배가 산으로 간다	76
사례	109
사표	218
사회생활	191
사회적으로 인정받다	215
산 중턱	144
산꼭대기	142
산소	32
산업화	163
살림	172
삼시 세끼	172
상냥하다	104
상대	226
상승률	136
상식	113
상식으로 통하다	113
상실	59
상체	32
상추	172
새콤하다	174
색감	170
생김새	192
생태 도시	163
서술하다	63
서식지가 파괴되다	132
서재	169
석양	144
석회암	142
선입견	113
설립자	217
설문지	194
섭취량	21
성과급	215
성숙	172
성취감	49
성향이 강하다	104
세기	162
세대 차이	103
소 잃고 외양간 고친다	76
소곤소곤	76
소득	116
소소하다	54
소심하다	199
소외감	231
소재	174

속담	76	앞서다	226
손이 크다	75	애쓰다	217
수당	215	약점	202
수많다	86	양상추	25
수필	172	어려움에 처하다	106
숙면을 취하다	29	어루만지다	172
순환하다	133	어색함을 느끼다	190
숨이 막히다	141	어우러지다	141
스마트폰	60	억	217
스트레스 지수를 낮추다	57	억지로	50
습득하다	86	언급되다	135
시각	113	엉덩이	30
시각 자료를 이용하다	85	에너지가 충전되다	57
시간을 들이다	216	여	142
시인	172	여기다	51
식구	172	역사적	142
식료품	162	연관	107
식물을 기르다	57	연례행사	202
식습관	21	연봉	215
식재료	22	연상하다	144
신비롭다	141	연어	22
신중하다	199	연인	50
신체	59	열기	133
실태	136	열대야	133
실험	105	열등감	49
실효성	166	열섬 현상	133
심리 상담사	192	열정적	103
심리적 문제를 예방하다	57	영양 불균형 상태가 되다	20
심리학과	50	영양소	21
심장	29	영양이 풍부하다	20
심폐 기능이 향상되다	29	영역	60
십자가	117	영월	144
		예술 분야	225
ㅇ		예술 작품을 감상하다	57
아기자기하다	169	예시하다	54
아열대	135	오직	144
안락의자	170	온기가 느껴지다	169
안정적	215	온대	135

온전히	116	의식적	85
온천	145	의식적으로 노력하다	113
올리브오일	25	의식하다	86
완벽하다	200	의태어	76
외국어 실력을 쌓다	216	이빨	78
외국어에 능통하다	85	이상 기후	132
외향적	199	이어서	166
요리법	24	이익	106
요점을 정리하다	85	인간관계가 좋다	49
욕실	169	인간성	225
용	142	인공 지능	225
우기	142	인구가 밀집되다	161
우리	77	인류를 위협하다	132
우물	172	인맥	78
우수한 교육 환경을 갖추다	161	인명 피해가 발생하다	132
우울감	49	인사 담당자	202
우유부단하다	199	인삼	22
운동 경기를 관람하다	57	인상을 받다	104
울릉도	144	인식이 바뀌다	113
웅장하다	141	인턴을 하다	216
월급	215	일 처리가 신속하다	104
위	29	일과 생활의 균형을 잡다	57
유능하다	49	일깨우다	228
유래하다	78	일반화되다	114
유망하다	225	일수	133
유사하다	191	일의 효율을 높이다	57
유산소 운동	29	있는 그대로 드러내다	189
유연성을 기르다	29	있는 그대로 받아들이다	189
유용하다	21		
유일하다	172	ㅈ	
유적을 보존하다	161	자격증을 따다	216
유창하게 구사하다	85	자동화	217
육식 동물	78	자발적	166
육아	116	자아실현을 하다	215
육체노동을 하다	225	자연 친화적	161
은은한 향이 나다	169	자연을 훼손하다	161
의료 분야	225	자연재해	132
의성어	76	자유롭다	49

자존감이 높다	189	좁은 시각으로 바라보다	113
잘못된 판단을 하다	113	종말	217
장	29	종합하다	166
장관을 이루다	141	좌절감	49
장기간	59	주거	164
장기적	65	주도적	199
장애인	162	주목하다	88
장어덮밥	26	주방	169
재난	134	주의점	34
재사용하다	163	주장	136
재생 에너지를 사용하다	161	주택 가격이 높다	161
저열량	21	중급	85
저자	217	중심부	133
저탄수화물	21	중심지	162
적절하다	32	중점을 두다	163
전략	191	중점적	136
전망이 탁 트이다	169	즉석식품	21
전망하다	225	즉흥적	199
전문성을 갖추다	216	지구력을 기르다	29
전설	142	지능	200
전업주부	116	지방	19
절경이 펼쳐지다	141	지방 자치 단체	166
절벽	141	지속되다	21
절이다	25	지속적	166
점검하다	86	지시	90
정규직	215	지층	146
정년이 보장되다	215	지친 심신이 치유되다	57
정보 처리 능력	225	지향적	200
정원	169	지형이 형성되다	141
정의	50	지형적	142
정이 많다	104	진정하다	61
정확도	226	질병에 걸리다	20
정확한 문법을 사용하다	85	짐	106
제도를 개선하다	113	짝 활동을 하다	85
조명	170	찡그리다	105
조화롭다	167		
존재하다	116	**ㅊ**	
존중하다	189	차별	114

차별화	202
차분하다	192
차이점	81
찹쌀	22
창의력	60, 225
채광이 좋다	169
척추	29
철들다	172
철분	19
첨단 기술	225
첫인상이 바뀌다	104
청각	88
체감 온도	131
체력을 기르다	29
체중을 감량하다	29
체지방을 줄이다	29
초강력 태풍	132
초급	85
초미세 먼지	131
초반	221
초열대야	133
초조하다	90
촉각	88
촉구하다	116
총장	114
최소화하다	163
추구하다	200
추상적	53
추진력	199
추측하다	77
충분한 휴식을 취하다	57
취미 생활을 하다	57
취향이 비슷하다	189
치명적	202
치안이 좋다	161
친밀감	49
친분을 쌓다	116
친화력	199

친환경적	161
칠하다	162
침식 작용	146
침실	169

ㅋ

칼슘	19
콜록콜록	76

ㅌ

탁자	170
탄두리치킨	22
탄수화물	19
태양광 발전	163
태양열 주택	163
턱	30
토도독 톡톡	172
토론	105
통번역학	221
통풍이 잘되다	169
투자하다	37
특색	146
틈틈이	30

ㅍ

파도	175
패스트푸드	21
패하다	226
페인트	162
편견	113
평균 기온이 상승하다	132
평생직장	217
평야	141
폐	29
포근한 느낌이 들다	169
포토푀	26
폭신하다	170
폭포	142

품다	172
피로를 해소하다	20
필수 요소	50
필요량	21

ㅎ

하천	141
한 폭의 그림 같다	141
한결	192
한파	132
함유량	22
합계	90
해석하다	137
해수면이 상승하다	132
해안	141
해안 도시가 침수되다	132
해안가	133
핵심	32
행동이 민첩하다	104
행복감	49
행복도	50
향초	170
허가	162
허둥지둥	76
허리 디스크를 예방하다	29
현대적	169
현실	37
혈액 순환이 잘되다	20
혐오	114
협력하다	202
협업	202
협조적	199
혹은	114
혼란스럽다	226
혼자 중얼거리다	85
혼잡	163
홍수	132
화사하다	169

화산	141
화살표	91
환경 분야	225
환상적	141
활성화되다	60
횟수	194
효능	22
후각	173
휴양지	142
흔하다	77
희망적	217

0~1
4차 산업 혁명	225

a~z
x축	51
y축	51

참고 자료

어휘	고려대한국어대사전
	국립국어원 표준국어대사전(https://stdict.korean.go.kr/main/main.do)
	우리말샘(https://opendict.korean.go.kr/main)
	한국어기초사전(https://krdict.korean.go.kr/kor/mainAction)

1단원 | 30쪽 | 서울아산병원, "거북목 증후군". (https://www.amc.seoul.kr/asan/healthinfo/disease/diseaseDetail.do?contentId=31866)

2단원 | 50쪽 | 최인철, 『굿 라이프, 내 삶을 바꾸는 심리학의 지혜』, 21세기북스, 2018.

플라톤아카데미TV, "[어떻게 살 것인가?] 5강: 행복에 관하여: 마음 vs. 몸 (최인철 교수)" (유튜브 영상), 2014. 11. 27. (https://www.youtube.com/watch?v=8T5JHwYqMWU&t=2066s)

Choi, J., Catapano, R., & Choi, I., "Taking stock of happiness and meaning in everyday life: An experience sampling approach", *Social Psychological and Personality Science* 8(6), 2017(pp.641-651).

| 60쪽 | 안기순, 『멍 때리기의 기적』, 김영사, 2018.

3단원 | 88쪽 | Cohen, A. D., Oxford, R. L., & Chi, J. C., "Learning Style Survey: Assessing Your Own Learning Styles", Regents of the University of Minnesota, 2001.

Fleming, N. D., *Teaching and Learning Styles: VARK strategies*, Neil Fleming, 2001.

5단원 | 134쪽 | IPCC, "기후변화 2014 종합보고서", 기상청, 2014. (http://www.climate.go.kr/home/cc_data/policy/Korean_AR5_total.pdf)

IPCC, "기후변화 2013 과학적 근거, 정책결정자를 위한 요약보고서", 기상청, 2013. (https://www.ipcc.ch/site/assets/uploads/2018/03/ar5-wg1-spm-2korean.pdf)

| 144쪽 | 한국민족문화대백과사전, "영월 한반도지형 (寧越 韓半島地形)". (https://encykorea.aks.ac.kr/Article/E0070026)

6단원 | 163쪽 | 비상학습백과 중학교 사회 ②, "생태 도시". (https://terms.naver.com/entry.naver?docId=3344474&cid=47334&categoryId=47334)

| 172쪽 | 림태주, 『너의 말이 좋아서 밑줄을 그었다』, 웅진지식하우스, 2021.

7단원 | 200쪽 | Marston W. M., *Emotions of Normal People*, Kegan Paul, 1928.

8단원 | 217쪽 | 테일러 피어슨, 『직업의 종말』, 방영호 역, 부키, 2017.

| 226쪽 | 송경진, 『클라우스 슈밥의 제4차 산업혁명』, 메가스터디북스, 2016.

집필진 Authors

장소원 서울대학교 국어국문학과 교수
Chang Sowon Seoul National University Professor at the Department of Korean Language & Literature

파리 5대학교 언어학 박사
Ph.D. in Linguistics, University of Paris 5

이현의 서울대학교 언어교육원 대우전임강사
Lee Hyun Eui Seoul National University LEI Full-time Instructor

이화여자대학교 한국학(한국어교육 전공) 박사 수료
Ph.D. Candidate in Korean Studies(Teaching Korean as a Foreign Language), Ewha Womans University

김미숙 서울대학교 언어교육원 대우전임강사
Kim Mi Sook Seoul National University LEI Full-time Instructor

고려대학교 국어국문학 석사
M.A. in Korean Language & Literature, Korea University

이혜지 서울대학교 언어교육원 대우전임강사
Lee Hyeji Seoul National University LEI Full-time Instructor

이화여자대학교 교육대학원 외국어로서의 한국어교육학 석사
M.A. in Education, Teaching Korean as a Foreign Language, Ewha Womans University

번역 Translator

이수잔소명 통번역가
Lee Susan Somyung Translator & Interpreter

서울대학교 한국어교육학 석사
M.A. in Korean Language Education as a Foreign Language, Seoul National University

감수 Supervisor

김은애 전 서울대학교 언어교육원 대우교수
Kim Eun Ae Former Seoul National University LEI Professor

자문 Consultants

한재영 한신대학교 명예교수
Han Jae Young Hanshin University Honorary Professor

최은규 전 서울대학교 언어교육원 대우교수
Choi Eunkyu Former Seoul National University LEI Professor

도와주신 분들 Contributing Staff

디자인 Design (주)이츠북스 ITSBOOKS
삽화 Illustration (주)예성크리에이티브 YESUNG Creative
녹음 Recording 미디어리더 Media Leader

서울대 한국어+
Student's Book 5A

초판 1쇄 발행 2023년 10월 10일
초판 3쇄 발행 2024년 10월 30일

지은이   서울대학교 언어교육원

펴낸곳   서울대학교출판문화원
주소   08826 서울 관악구 관악로 1
도서주문   02-889-4424, 02-880-7995
홈페이지   www.snupress.com
페이스북   @snupress1947
인스타그램   @snupress
이메일   snubook@snu.ac.kr
출판등록   제15-3호

ISBN 978-89-521-3200-0 04710
     978-89-521-3116-4 (세트)

ⓒ 서울대학교 언어교육원 · 2023

이 책과 음원은 저작권법에 의해서 보호를 받는 저작물이므로
무단 전재와 복제를 금합니다.

Written by Language Education Institute, Seoul National University
Published by Seoul National University Press

Copyright ⓒ 2023 by Language Education Institute, Seoul National University

All rights reserved. No part of this publication may be reproduced in any form
without the written permission from publisher.

서울대 한국어+
문법과 표현
Student's Book
5B

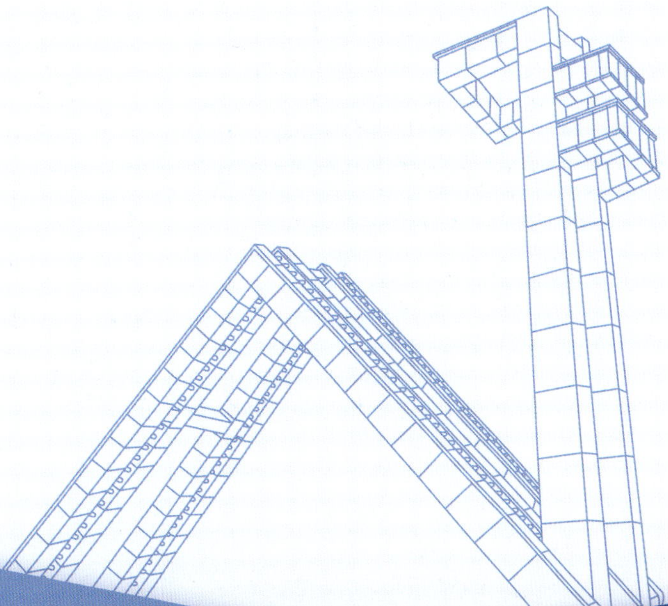

서울대 한국어⁺ 문법과 표현 5B

Student's Book

서울대학교출판문화원

5B

단원	과	문법과 표현
9 교육과 미래	9-1. 현 교육의 문제점	① 동-느니 동-느니 (하다), 형-으니 형-으니 (하다), 명이니 명이니 (하다) ② 동-는 탓에, 형-은 탓에, 명 탓에
	9-2. 미래의 교육	③ 명에 한하여 ④ 동-는 감이 있다, 형-은 감이 있다
10 생활 속 경제	10-1. 광고와 경제	① 동-다시피 하다 ② 동형-을 지경이다
	10-2. 소비와 경제	③ 동-는 동시에, 형-은 동시에, 명인 동시에 ④ 동-는 이상, 형-은 이상, 명인 이상
11 변화하는 사회	11-1. 저출산과 사회 문제	① 동-기에 앞서(서) ② 동형-거나 하다
	11-2. 변화하는 가족	③ 동형-듯(이), 명이듯(이) ④ 동형-음에 틀림없다, 명임에 틀림없다
12 대중 매체	12-1. 뉴 미디어	① 동-는다든가, 형-다든가, 명이라든가 ② 동-으려고 들다
	12-2. 신문과 뉴스	③ 동형-다 못해 ④ 명에 달하다, 명에 그치다

단원	과	문법과 표현
13 역사와 인물	13-1. 나라의 건국과 멸망	① 동-으려야 동-을 수(가) 없다 ② 동형-은들, 명인들
	13-2. 역사 속 인물	③ 동형-기에, 명이기에 ④ 동형-어서야
14 전통문화	14-1. 전통과 장인	① 동형-길래, 명이길래 ② 동-기조차, 명조차
	14-2. 전통과 현대의 만남	③ 동-는 가운데, 형-은 가운데 ④ 동-는 만큼, 형-은 만큼, 명인 만큼
15 대중문화의 힘	15-1. 문화의 영향력	① 동-는답니다, 형-답니다, 명이랍니다 ② 형-으나마, 명이나마
	15-2. 콘텐츠의 힘	③ 명을 바탕으로 ④ 동형-어서인지, 명이어서인지
16 과학과 삶	16-1. 과학의 힘	① 명에 관하여 ② 동-는 법이다, 형-은 법이다
	16-2. 발견과 발명	③ 동형-겠거니 하다, 명이겠거니 하다 ④ 동-기 나름이다, 명 나름이다

9단원

❶ 동-느니 동-느니 (하다), 형-으니 형-으니 (하다), 명이니 명이니 (하다)

▶ 어떤 상황이나 상태에 대해 여러 가지 생각이나 의견을 나열할 때 사용합니다.
▶ 인용을 나타내는 표현과 함께 쓰여 '동-는다느니', '형-다느니', '명이라느니'의 형태로도 사용합니다.
▶ '뭐니 뭐니 해도', '이러니저러니 해도' 등의 관용 표현이 있습니다.

예
- 남편은 매일 야근이니 회식이니 하며 늦게 집에 온다.
- 우리 집 가족 행사 중 최고로 힘든 일은 뭐니 뭐니 해도 김장이죠.
- 정부는 일자리를 만들겠다느니 실업률을 줄이겠다느니 하며 청년들을 위한 정책을 내놓았다.

❷ 동-는 탓에, 형-은 탓에, 명 탓에

▶ 앞 절이 뒤 절의 이유나 원인임을 나타내며 부정적인 결과에 사용합니다.

예
- 며칠 동안 잠도 안 자고 일을 한 탓에 몸살이 나고 말았다.
- 김 과장님은 업무 성과가 안 좋은 탓에 이번에 승진을 못 하게 되셨대요.
- 최근 부산 지역은 폭우 탓에 피해를 크게 입었다고 합니다.

❸ 명에 한하여

▶ 어떤 조건이나 범위에 한정됨을 나타냅니다. 앞에 있는 명사만 가능함을 나타냅니다.
▶ '명에 한해(서)'의 형태로도 사용합니다.

> 예
> - 3만 원 이상 구매한 손님에 한하여 두 시간까지 무료 주차가 가능하다.
> - 이 공연은 15세 이상에 한하여 관람을 허용합니다.
> - 오늘 밤 자정 전에 주문한 제품에 한해서 할인을 해 드립니다.

❹ 동-는 감이 있다, 형-은 감이 있다

▶ 어떤 상태나 상황, 행동에 대해 자신의 느낌을 표현할 때 사용합니다.

> 예
> - 하루에 커피를 너무 많이 마시는 감이 있어서 좀 줄이려고요.
> - 이 옷은 디자인은 마음에 드는데 한겨울에 입기에는 얇은 감이 있네요.
> - 조금 이른 감이 있지만 지금 비행기표를 예매하는 게 낫지 않을까요?

10단원

❶ 동-다시피 하다

- 어떻게 그 어려운 시험에 한 번에 합격했어요?
- 꼭 붙어야겠다는 생각으로 시험 준비할 때 거의 도서관에서 살다시피 했어요.

▶ 어떤 일을 실제로 그렇게 하는 것은 아니지만 거의 비슷하게 할 때 사용합니다.

예
- 요즘 고향에 계신 부모님의 안부가 걱정되어 매일 통화하다시피 한다.
- 밤새 내린 폭설로 인해 시내로 진입하는 차량이 거의 서 있다시피 하고 있다.
- 오늘 밥 먹을 시간도 없을 정도로 너무 바빠서 하루 종일 굶다시피 했어요.

❷ 동형-을 지경이다

- 이제 곧 시작하는데 준비됐어?
- 너무 긴장돼서 심장이 터질 지경이야.

▶ 정도가 심함을 과장해서 표현할 때 사용합니다.
▶ '미치다', '죽다', '쓰러지다' 등 부정적인 표현과 함께 자주 쓰입니다.

예
- 여행 간 곳에 매연이 너무 심해서 숨이 막힐 지경이었어요.
- 아무도 제 말을 믿어 주지 않아 답답해 미칠 지경이에요.
- 굽이 높은 구두를 신고 걸었더니 발이 아파 죽을 지경이다.

❸ 동-는 동시에, 형-은 동시에, 명인 동시에

▶ 앞 절과 뒤 절의 행위나 상태가 같이 일어남을 나타냅니다.

예
- 우리는 현재의 삶을 즐기는 동시에 미래도 준비해야 한다.
- 그를 보자 반가운 동시에 아픈 기억이 떠올라 뒤돌아설 수밖에 없었다.
- 김 선생님은 우리 담임 선생님인 동시에 영어 담당 선생님이시다.

❹ 동-는 이상, 형-은 이상, 명인 이상

▶ 앞 절의 상황이 이미 정해졌으므로 뒤 절의 상황이 올 수밖에 없음을 나타냅니다.

예
- 이미 대회에 나가기로 한 이상 이 정도 다쳤다고 해서 포기할 수는 없습니다.
- 신청자가 이렇게 적은 이상 이번 강연은 취소할 수밖에 없겠는데요.
- 외국인인 이상 한국어를 모국어처럼 말하는 건 어렵다고 봐.

❶ 동-기에 앞서(서)

▶ 앞 절의 행위를 하기 전에 뒤 절의 행위를 순서상 먼저 함을 나타냅니다.
▶ 격식적인 상황에서 많이 쓰입니다.

예
- 결혼식을 시작하기에 앞서 참석해 주신 여러분께 감사의 인사를 드립니다.
- 의대에 진학하기에 앞서서 미리 공부해야 할 것이 있습니까?
- 학생들은 체험 활동을 하기에 앞서서 안전 교육을 받아야 합니다.

❷ 동형-거나 하다

▶ 여러 행동이나 상황, 상태 중에서 대표적인 것을 선택하여 말할 때 사용합니다.
▶ '동형-거나 하면', '동형-거나 해서', '동형-거나 동형-거나 하다'의 형태로 많이 쓰입니다.

예
- 산꼭대기에 올라가면 배고플 테니 김밥을 싸 가거나 하면 좋겠네요.
- 합격 소식은 이메일을 보내거나 해서 개인적으로 알려드리겠습니다.
- 저는 잠을 잘 못 자면 머리가 아프거나 어지럽거나 해요.

❸ 동형-듯(이), 명이듯(이)

▶ 앞 절의 상황과 뒤 절의 상황이 거의 같음을 나타냅니다.

▶ '물 쓰듯(이) 쓰다', '밥 먹듯(이) 하다', '불 보듯(이) 뻔하다', '비 오듯(이) 땀이 흐르다', '눈 녹듯(이) 사라지다', '가뭄에 콩 나듯(이) 하다' 등의 관용 표현이 있습니다.

  예
  - 우리가 이미 알고 있듯이 중력은 지구가 물건을 끌어당기는 힘입니다.
  - 지금까지 열심히 했듯이 앞으로도 열심히 하면 꼭 성공할 수 있을 겁니다.
  - 마사지를 받고 났더니 그동안 쌓였던 피로가 눈 녹듯 사라졌어요.

❹ 동형-음에 틀림없다, 명임에 틀림없다

▶ 말하는 사람의 추측이 틀리지 않고 확실히 맞는다는 것을 표현할 때 사용합니다.

▶ '동-는 게 틀림없다', '형-은 게 틀림없다'의 형태로도 많이 쓰입니다.

  예
  - 그의 만족스러운 표정을 보니 이번 일을 성공적으로 해결했음에 틀림없다.
  - 항상 여행객들로 붐비는 것으로 보아 그곳은 인기 있는 관광지임에 틀림없다.
  - 컵이 깨져 있는 걸 보니 배송 중에 훼손된 게 틀림없어요.

12단원

❶ 동-는다든가, 형-다든가, 명이라든가

명예라든가 돈이라든가 하는 것은 내 인생의 중요한 목표가 아니다. 나는 죽을 때까지 진정한 사랑을 하고 싶을 뿐이다.

▶ 어느 것을 선택하거나 어느 것에 해당해도 상관없는 대상들을 예를 들어 열거할 때 사용합니다.

▶ 명사의 경우 '명이라든가 명 같은'의 형태로 많이 쓰입니다.

> **예**
> - 병원에서 온종일 누워 지낸다든가 입에 맞지 않는 음식을 먹는다든가 하는 것은 생각보다 힘든 일이다.
> - 자상하다든가 능력이 있다든가 이상형에 대해서 말을 좀 해 주세요.
> - 졸업하면 아나운서라든가 프로그램을 진행하는 사회자 같은 방송인이 되고 싶어요.

❷ 동-으려고 들다

우리 강아지는 낯선 사람만 보면 물려고 들어서 걱정이야.

강아지 훈련소에 맡겨 보는 건 어때?

▶ 의도를 가지고 어떤 행동을 적극적으로 하려고 함을 나타냅니다.

▶ '동-으려고만 들다', '명만 동-으려고 들다'의 형태를 사용하여 의미를 강조합니다.

> **예**
> - 그 사람은 어떤 일이든 실패할 것 같으면 처음부터 도전하려고 들지 않는다.
> - 아이 키우는 게 정말 힘드네요. 잘하려고 들면 끝이 없는 게 육아인 것 같아요.
> - 예전에는 경기가 있으면 이기려고만 들었는데 지금은 경기를 즐기는 편이에요.

❸ 동 형 -다 못해

▶ 어떤 상태가 한계에 이르러 더 이상 지속할 수 없거나 그 정도가 더 심함을 표현할 때 사용합니다.
▶ '생각하다 못해'는 '생각다 못해'로 줄여 쓰며 '참다못해', '듣다못해' 등은 붙여 씁니다.

예
- 일도 힘들고 스트레스도 너무 심해서 견디다 못해 직장을 그만뒀어요.
- 바닷물이 맑다 못해 투명해서 바닷속이 그대로 다 들여다보였다.
- 하루에 만 보 걷기를 하려는데 시간이 안 나서 생각다 못해 새벽에 걷기로 했다.

❹ 명 에 달하다, 명 에 그치다

▶ '명 에 달하다'는 일정한 수량이나 정도, 수준, 상태 등에 도달함을, '명 에 그치다'는 더 이상 나아감이 없이 어떤 정도나 상태에 머무름을 나타냅니다.
▶ 규모를 이야기할 때 그 정도가 크면 '명 에 달하다', '명 에 이르다'를, 정도가 작으면 '명 에 그치다', '명 에 불과하다', '명 에 지나지 않다'를 사용합니다.

예
- 설문 조사 결과 반려 식물에 대해 잘 안다고 답한 응답자는 5%에 그쳤습니다.
- 환경 파괴로 반년 만에 제주도의 두 배에 달하는 숲이 사라졌다.
- 혼자 여행하겠다는 계획은 결국 실천하지 못하고 생각에 그치고 말았다.

13단원

❶ 동-으려야 동-을 수(가) 없다

> 윗집에서 나는 소리 때문에 잠을 자려야 잘 수가 없어.

▶ 무엇인가를 하려고 하는데 어떤 이유나 상황 때문에 도저히 할 수 없음을 나타냅니다.

> 예
> - 제주도에 태풍이 심해 비행기를 타려야 탈 수 없는 상황입니다.
> - 물가가 너무 올라서 돈을 아끼려야 아낄 수가 없다.
> - 방이 이렇게 엉망이니 잔소리를 안 하려야 안 할 수가 없구나.

❷ 동형-은들, 명인들

> 시험공부를 좀 더 일찍 시작했어야 했는데….

> 지나간 일을 후회한들 되돌릴 수 없으니 다음 시험은 잘 볼 수 있게 이제부터라도 열심히 하자.

▶ 앞 절의 내용을 이룬다고 해도 뒤 절의 결과가 예상하는 것과 다를 때 사용합니다.
▶ '아무리'와 함께 자주 쓰이며 '-겠어요?' 등 반문하는 표현이 뒤 절에 자주 옵니다.

> 예
> - 경기가 이렇게 안 좋은데 대학을 졸업한들 취직할 수 있겠어요?
> - 아무리 돈이 많은들 건강을 잃으면 아무 소용이 없습니다.
> - 그 사람이 아무리 이 분야의 전문가인들 인공 지능 로봇을 이기기는 어려울 겁니다.

❸ 동형-기에, 명이기에

어떤 비결이 있기에 발표하는 곡마다 인기를 얻습니까?

따로 비결이 있는 것은 아닙니다. 늘 사랑해 주시는 팬분들께 진심으로 감사드립니다.

▶ 앞 절이 뒤 절의 이유나 원인이 됨을 나타냅니다.
▶ 인용을 나타내는 표현과 함께 쓰여 '동-는다기에', '형-다기에', '명이라기에'의 형태로 사용합니다.

예
- 티셔츠가 저렴하기에 사는 김에 동생 주려고 하나 더 샀다.
- 그가 우주여행을 할 수 있는 건 억만장자이기에 가능한 일이다.
- 조카가 수능 시험을 본다기에 찹쌀떡과 초콜릿을 사 주며 응원했다.

❹ 동형-어서야

동생은 어제도 늦게 일어나더니 오늘도 점심 시간이 되어서야 일어났어요.

▶ 어떠한 시간 또는 상황에 이른 후에 비로소 뒤 절의 상태가 되었음을 나타냅니다.
▶ 앞 절이 이유나 원인임을 나타낼 때도 사용합니다. 이때는 '-겠어요?' 등 반문하는 표현과 함께 자주 쓰여 그렇게 될 가능성이 적다는 뜻을 나타냅니다.

예
- 할 일이 너무 많아서 새벽이 되어서야 겨우 잠들 수 있었다.
- 중고 서점에 가서야 그 책을 겨우 찾을 수 있었다.
- 이렇게 아파트 가격이 올라서야 언제 내 집을 마련할 수 있겠어요?

❶ 동 형 -길래, 명 이길래

그냥 와도 되는데 고마워요.

꽃이 예뻐 보이길래 좀 사 왔어요.

▶ 앞 절이 뒤 절의 주어가 한 행동의 원인이나 이유가 될 때 사용합니다.
▶ 인용을 나타내는 표현과 함께 쓰여 '동-는다길래', '형-다길래', '명이라길래'의 형태로도 사용합니다.
▶ 평서문의 경우에는 뒤 절의 주어가 '나, 우리'가 되어야 하며, 의문문의 경우에는 앞 절에 반드시 의문사가 와야 합니다.
▶ 구어에서 많이 쓰입니다.

예
- 철수가 앞에서 걸어가길래 이름을 불렀어요.
- 일기 예보에서 오후부터 폭설이 내린다길래 대중교통을 이용해 회사에 왔습니다.
- 얼마나 무서운 선배길래 그렇게 꼼짝을 못 해요?

❷ 동 -기조차, 명 조차

제가 죽기 전에 우주여행을 할 수 있을 거라고는 상상조차 못했는데 정말 놀랍네요.

▶ 일반적으로 예상하기 어려운 경우까지 포함하여 나타낼 때 사용합니다.
▶ '동-을 수조차'의 형태로도 많이 쓰입니다.

예
- 씻기조차 귀찮아하는 사람들을 위해 이번에 새로운 제품을 출시하게 됐습니다.
- 요즘은 너무 바빠서 해외여행은커녕 국내 여행조차 어려운 상황이다.
- 마라톤을 다 뛰고 나서 쓰러졌는데 너무 지쳐서 일어설 수조차 없었어요.

❸ 동-는 가운데, 형-은 가운데

▶ 앞 절의 상황이나 상태가 계속되는 중에 뒤 절의 행동이나 사건이 일어날 때 사용하며, 앞 절이 뒤 절의 상황이나 배경이 됩니다.

> 예
> - 비가 내리는 가운데 공연은 계속되었고 관객들도 자리를 지켰다.
> - 관객들이 관중석을 꽉 채운 가운데 프로 야구 경기 개막식이 열렸다.
> - 바쁘고 피곤한 가운데 시간을 내어 만든 작품이라 더 정이 간다.

❹ 동-는 만큼, 형-은 만큼, 명인 만큼

▶ 앞 절이 뒤 절의 이유나 근거임을 나타냅니다. 이때 뒤 절은 앞 절의 정도에 비례함을 나타냅니다.

> 예
> - 온 국민이 열정적으로 응원하는 만큼 좋은 성과가 있었으면 합니다.
> - 그 사람을 사랑했던 만큼 헤어질 때 받은 상처도 컸다.
> - 우리 학교의 대표적인 행사인 만큼 전교생 모두 참여해 주시기 바랍니다.

15단원

❶ 동-는답니다, 형-답니다, 명이랍니다

오늘은 한국의 명절 음식에 대해 알아볼 겁니다. 여기 있는 이 음식은 송편인데요. 한국에서는 추석에 송편을 먹는답니다.

▶ 말하는 사람이 어떤 정보를 친근하게 알려 주거나 자랑할 때 많이 사용합니다.

예
- 옛날 옛날 아주 먼 옛날에 토끼와 거북이가 한동네에 살았답니다.
- 지난주에 개봉한 공포 영화는 실제 있었던 사건을 영화화했는데 엄청 흥미진진하답니다.
- 이 구두는 장인이 정성을 들여 만든 제품이랍니다.

❷ 형-으나마, 명이나마

오랜만에 만났는데 이렇게 빨리 헤어져야 해서 아쉽네.

그래도 잠시나마 만날 수 있어서 좋았어.

▶ 인정하기에는 조금 부족한 조건이지만 아쉬운 대로 받아들임을 나타냅니다.
▶ '이렇게, 저렇게, 그렇게, 늦게' 등과 결합하여 많이 쓰이며 '-에나마', '-에서나마', '-에게나마', '-으로나마'의 형태로도 사용합니다.

예
- 부족하나마 도움이 되기를 바라는 마음으로 성금을 준비했습니다.
- 작년에 이용했던 숙박 시설에 대해 늦게나마 후기를 올리려고 합니다.
- 참석하지 못해 아쉽지만 멀리서나마 축하드리며 더욱 발전하기를 기원하겠습니다.

❸ 명을 바탕으로

▶ 어떤 것을 이루는 기본 혹은 근본이 됨을 나타냅니다.

> 예
> - 두 사람의 사랑과 신뢰를 바탕으로 행복한 가정을 꾸리시기 바랍니다.
> - 이번 조사 결과를 바탕으로 출산 장려 정책을 마련할 예정입니다.
> - 그 영화는 실화를 바탕으로 만들어져 더 감동적입니다.

❹ 동형-어서인지, 명이어서인지

▶ 앞 절이 뒤 절의 원인이나 이유일 거라고 추측할 때 사용합니다.
▶ '동형-어서 그런지', '명이어서 그런지'의 형태로도 사용합니다.

> 예
> - 봄이 되어서인지 오후만 되면 자꾸 졸음이 쏟아진다.
> - 그 배우는 모델 출신이어서인지 키도 크고 걸음걸이도 일반인과 다르더라고요.
> - 영수 씨는 어릴 때부터 운동을 해서 그런지 체력이 정말 좋은 것 같아요.

16단원

❶ 명에 관하여

면역력에 관하여 쓴 제 논문입니다.
한번 읽어 봐 주십시오.

▶ 앞의 내용을 대상으로 하거나 앞의 내용과 관계가 있다는 것을 나타냅니다.
▶ '명에 관해(서)', '명에 관한 명'의 형태로도 사용합니다.

예
- 오늘은 마늘의 효능에 관하여 이야기해 보고자 합니다.
- 휴대 전화 요금제에 관해서 궁금한 것이 있는데요.
- 맞춤 광고에 관한 법률을 찾아서 정리해 주세요.

❷ 동-는 법이다, 형-은 법이다

저 배우는 저보다 나이가 많을 텐데 아직도 30대처럼 보이네요.

그러게요. 사람은 누구나 늙는 법인데 연예인들은 나이를 먹지 않는 것 같아요.

▶ 당연히 그렇게 됨을 나타내거나 자연의 법칙이나 진리를 말할 때 사용합니다.

예
- 서두르면 실수하는 법이니 천천히 여유를 가지고 해 보세요.
- 길고 짧은 건 대 봐야 아는 법이죠. 누가 이길지는 경기가 끝나야 알 수 있습니다.
- 옆에 있을 땐 소중한 줄 몰라도 멀리 떨어져 있으면 그리운 법이다.

❸ 동형-겠거니 하다, 명이겠거니 하다

▶ 논리적인 가정에 기초하여 어떤 일을 추측할 때 사용합니다.

예
- 요즘 장마철이라 오늘도 비가 오겠거니 하고 우산을 가져왔지.
- 여섯 시가 넘어서 다들 퇴근했겠거니 하고 사무실에 갔는데 아직도 여럿이 일하고 있었다.
- 남편이 옆 테이블 사람과 웃으며 얘기하고 있길래 친구겠거니 했는데 처음 본 사람이라고 했다.

❹ 동-기 나름이다, 명 나름이다

▶ 어떤 일을 하는 방법이나 정도에 따라 결과가 달라짐을 나타냅니다.

예
- 행복도 불행도 마음먹기 나름이니까 긍정적으로 생각하려고 노력해 보세요.
- 음식은 요리하기 나름이에요. 아무리 재료가 좋아도 요리법에 따라 맛이 달라지잖아요.
- 책도 책 나름이죠. 그런 책은 별로 도움이 안 될 것 같은데요.